HEYNE

Antje Hilliges & Irina Wachidowa

Der Tag, an dem die Wolke kam

Wie wir Tschernobyl überlebten

WILHELM HEYNE VERLAG
MÜNCHEN

Bildnachweis

Privatarchiv Irina Wachidowa, Gerhard Mutz, Peter Hilliges:
S. 1, 2, 3, S. 4 oben, S. 5, 8, 9, 10, 11, 12, 13, 14, 15, 16
taz: S. 4 unten, S. 7 oben
ullstein bild: S. 6 (© Reuters), S. 7 unten (© Ritter)

Umwelthinweis:
Dieses Buch wurde auf chlor- und säurefreiem Papier gedruckt.

Deutsche Originalausgabe 03/2006
Copyright © 2006 by Wilhelm Heyne Verlag, München,
in der Verlagsgruppe Random House GmbH
www.heyne.de
Printed in Germany 2006
Redaktion: Peter Hilliges
Umschlaggestaltung: Hauptmann und Kompanie Werbeagentur,
München – Zürich
Umschlagphotos: Oben: Mit einem Ausschnitt
von © Yann Arthus-Bertrand/Corbis
Unten: © Privatbesitz
Satz: Leingärtner, Nabburg
Druck und Bindung: GGP Media GmbH, Pößneck

ISBN-10: 3-453-64508-1
ISBN-13: 978-3-453-64508-0

Wir widmen dieses Buch den Kindern, die noch nicht geboren wurden. Weil die Frauen, die ihre Mütter sein könnten, einst Kinder von Tschernobyl waren.
Die Angst vor der Zukunft zu überwinden, ist einer der schwersten Schritte zur Bewältigung dieser Katastrophe.

Antje Hilliges und Irina Wachidowa

»Millionen Menschen sind weiterhin direkt von den Konsequenzen dieses Unglücks betroffen. Ich bleibe tief betrübt über ihre Notlage. Es ist besonders beunruhigend, dass nur wenige Menschen die Vielzahl von Problemen, die mit dem Ereignis und seinen Nachwirkungen verbunden sind, realisieren.«

*Kofi Annan während seines Besuchs als UN-Generalsekretär
in Tschernobyl im Juni 2002*

Inhalt

Ein Korb voll Beeren	9
Ein Knall in der Nacht	25
Vor dem Wissen	29
»Geh weiter, Genosse!«	34
»Wir haben ein Problem«	41
»Da ist gar nichts mehr!«	44
Wodka heilt alles!	47
Nur drei Tage	52
Eine Fahrt ins Ungewisse	56
Tödliche Stille	63
Willkommen in der Fremde	69
Ein Aufruf	72
Ein Mann mit Macht	75
Heimatlos	78
David gegen Goliath	82
Obdachlos	85
»Wir haben euch für tot gehalten!«	89
Kein Entkommen	93
Die Wahl zwischen Feuer und Hölle	99
Die erste offizielle Verlautbarung	103
Alles, nur nicht Tschernobyl	106
Noch ein Mann der Partei mit Macht und Einfluss	109
Wo bist du?	111
Ein gut gemeinter Rat	115
»Es muss sein!«	121
Zigarettenpause	126
Weiter, nur weiter	128
Ein Riesenwels	132
Tote Fische	134

Ein Handel mit dem Teufel 137
Ein Urlaub, der keiner ist 141
Ein Schlüssel zur Zukunft 145
Ein namenloser Toter und ein Entschluss 151
Der Taucher aus der Wüste 157
Vom Dorf in die Großstadt 161
Ein verlassenes Zuhause 166
»So kann man nicht leben« 175
Keine Rast 179
Das Schweigen 184
Nina 190
Den Männern, die die Welt gerettet haben 192
»Auf dich – mein Leben lang!« 198
Ein leises Ende 201
Ein starker Halt und das große Los 206
Schlösser in der Fremde 210
Mit leeren Händen 214
Prometheus 221
Neue Freunde 225
»Wir dachten, wir sind allein« 229
Orangene Zeiten 238
Der Albtraum rührt sich und geht wieder 243
Wir leben noch 248
Die Uhren gehen schneller 253

Anhang
Dank 257
Chronik der Katastrophe in Tschernobyl 259
Beispiele für die Folgen der Katastrophe 263
Radioaktive Strahlung im menschlichen Körper 264
Glossar 266
Weiterführende Informationsquellen 268
Karten 270

Ein Korb voll Beeren

»Unbestätigten Meldungen zufolge hat es in der Nacht von Samstag auf Sonntag in der Ukrainischen Sowjetrepublik einen Unfall im Kernkraftwerk Tschernobyl gegeben. Bisher ist nicht bekannt, ob Menschen zu Schaden gekommen sind. Unabhängige Messungen haben einen Anstieg der radioaktiven Strahlung in Süddeutschland und in Teilen Österreichs ergeben. Er ist möglicherweise auf einen Strahlungsaustritt bei der Havarie in der Sowjetunion zurückzuführen. Von offizieller sowjetischer Seite wurde bisher keine Erklärung abgegeben.«

Ich bin gerade achtzehn Jahre alt und sitze vor dem kleinen Fernsehgerät in der Wohnung meiner Eltern in Bielefeld auf dem Boden. Auf den Knien habe ich meinen aufgeschlagenen Schulatlas. Es ist schon die dritte mehr oder weniger gleich lautende Meldung, die ich an diesem Tag verfolge.

Ich bin seit Stunden dabei, an dem Gerät von einem unserer fünf Kanäle zum anderen zu schalten. Es hat mich kaum eine Minute gekostet, auf meinen Karten den Ort zu finden, dessen Name nun in jeder Sendung genannt wird: Russland ist meine große Leidenschaft. Ich lerne die Sprache und kenne mich im Osten bestens aus – obwohl ich noch nie da war und keine Ahnung habe, wie ich das fremde Land jemals mit eigenen Augen sehen soll. Ich verschlinge die Bücher von Dostojewskij und Tolstoj; ich habe mit Anna Karenina am Bahnhof von Petersburg gestanden, ich habe den viel zu frühen Tod Puschkins betrauert und mit dem trägen Oblomow die Geduld verloren. Und seit heute weiß ich, dass es einen Ort namens Tschernobyl gibt. Er liegt in der Ukraine, und es ist sehr unwahrscheinlich, dass ich je meine Füße auf *dieses* Stück sowjetischen Bodens setzen werde ...

Inzwischen sind sich alle Nachrichtensendungen darin einig, dass eine radioaktive Wolke auf uns zukommt. Nein, falsch: Sie ist schon da, nur weiß man nicht genau wo. Denn die russischen Behörden verschleiern die Umstände dessen, was vor drei Tagen weit hinter dem »Eisernen Vorhang« geschehen ist. Doch die Strahlenmessungen, die inzwischen von überall auf der Welt eingehen, lassen vermuten, dass es sich um einen GAU handelt, den »Größten Anzunehmenden Unfall« in einem Atomkraftwerk. Die Wolke kann man nicht sehen, nicht riechen, nicht hören. Sie kann hier sein, in diesem Moment, in diesem Zimmer, lautlos, geruchlos. Ich weiß nicht genau, was die Wolke anrichtet. Zwar wird überall viel über die Gefahren der Atomkraft geredet, Transporte werden spektakulär blockiert. Seitdem vor sechs Jahren die Grünen gegründet wurden, beginnen auch andere Parteien dieses Thema zu diskutieren, obwohl die von Kanzler Helmut Kohl regierte Bundesrepublik Deutschland noch nicht einmal einen Umweltminister hat. Aber alle scheinen sich so gut auszukennen, dass niemand mehr die eigentlichen Details erklärt. Vielleicht habe ich den Teil auch verpasst; die Welt und Zeit Puschkins ist mir manchmal näher als meine eigene. Ich frage mich, wie nah mir die mit den Sinnen nicht auszumachende Wolke sein mag, über die ich so wenig weiß.

Ich stelle mir vor, dass sie einem Menschen alle Lebenskraft raubt und seine Organe zum Versagen bringt, dass innere Blutungen seinem Leben binnen Minuten oder Stunden ein Ende bereiten. Ich halte es für möglich, dass sie wirkt wie ein Blitz, einen Menschen im Bruchteil einer Sekunde auslöscht. Weiter geht meine Fantasie nicht, über genaueres Wissen verfüge ich nicht.

Ich habe meinen Wellensittich in meiner Hand sterben sehen und erlebt, wie mit einem hauchdünnen Zittern das Ende kommt. Meine beste Freundin ist nach den Ferien nicht wieder zur Schule gekommen, weil sie im Wagen ihrer Mutter saß, als die ihn gegen einen Baum fuhr. Aber erst an diesem Tag begreife ich, wie vergänglich das Leben wirklich ist. Alles kann im Zeitraum eines Fingerschnippens vorbei sein. Ich habe noch so viel vor. Ich habe keine Zeit mehr. Ich werde niemals einen Mann lieben, niemals nach Russland fahren. Gleichgültig, wie viel Zeit mir tatsächlich noch bleibt – von diesem Tag an habe ich keine Zeit mehr, weil die Zeit mir nicht mehr gehört, nicht mehr endlos zu meiner Verfügung steht. Ohne dass ich es weiß, kann sie jeden Moment abgelaufen sein.

Ich sehe zum Fenster, als rechnete ich damit, dass sich der Vormittag hinter den sauberen weißen Gardinen verdunkelt. Einer meiner Brüder lebt in München und er nimmt auf der kurzen Liste von mir geliebter Menschen Platz eins ein. Er hat an diesem warmen Frühlingstag frei und wird ihn nutzen, um sich irgendwo am Strand der Isar zu sonnen. Während der Wind die radioaktive Wolke über ihn weht. Ich habe mehrfach versucht, ihn anzurufen. Er ist nicht zu Hause. Wenn ich wenigstens seine Stimme hören könnte, wenn er mir sagen würde, dass alles in Ordnung ist und es ihm gut geht – es ginge mir selber besser. Aber außer dem eintönigen Freizeichen gibt die Leitung nichts her.

Es kann sein, dass ich Menschen, die ich liebe, nie wiedersehe. Es kann sein, dass ich mich nicht verabschiedet habe und nun nicht mehr dazu kommen werde. An einem sonnigen Frühlingstag Ende April 1986 begreife ich, dass alles ganz plötzlich zu Ende sein kann.

Achtzehn Jahre später und zweitausend Kilometer weiter östlich klingelt es an der Tür meiner Wohnung im neunten Stock eines Mietshauses in Kiew.

Ich stelle noch schnell eine Karaffe mit frischem Mineralwasser auf den Tisch und werfe einen letzten Blick auf die drei Gedecke. Aus der Küche duftet es nach Kaffee und Aprikosenkuchen, und beides scheint mir gelungen zu sein. Ich bin leider alles andere als eine perfekte Hausfrau, aber meine Gäste – und ganz besonders diese – sollen sich willkommen fühlen. Rasch noch die Tafelkerze angezündet, und ich öffne die Tür.

Sie kommen lächelnd und leise und ein wenig erschöpft herein, meine Gäste. Ein Weg durch die halbe Stadt liegt hinter ihnen, mit schwankendem Bus und zugiger U-Bahn, die auf nur zwei Linien die Außenbezirke Kiews mit dem Zentrum der von drei Millionen Menschen bewohnten ukrainischen Hauptstadt verbindet. Den Rest des Weges sind Irina Wachidowa und ihre Tochter Julia zu Fuß gekommen.

Schnell sei es gegangen, sagt Irina und zieht erst einmal ihre hohen Sandalen aus, weil sie drücken in der Hitze dieses Tages und nach dem langen Weg. »Wir haben bloß eine gute Stunde bis zu dir gebraucht. Normalerweise dauert es länger bis in die Innenstadt.«

Das Viertel, in dem sie wohnen, ist die graue Trabantenstadt Trojeschtschina – kilometerlange öde, autobahnbreite Asphaltbänder voller Schlaglöcher führen durch einförmige, zehnstöckige sowjetische Plattenbauten, vorbei an Lebensmittelkiosken, die wie Betonwürfel aussehen. Und weiter nichts. Vor zwanzig Jahren war dies eine begehrte Wohngegend am Rande der Stadt. Heute ist es das Ghetto der einstigen Bewohner des verseuchten Gebietes um das Kernkraftwerk Tschernobyl.

Irinas Weg hierher nach Kiew, und heute zu mir, war umso vieles länger als nur einmal durch die halbe Stadt ...

Julia drückt mir einen kleinen geflochtenen Korb in die Hände. Ihre blauen Augen strahlen, die pechschwarzen Haare glänzen. Sie scheint schon wieder vollkommen erholt; einundzwanzig ist sie und lebenslustig.

»Es ist so heiß heute«, sagt sie mit einer einladenden Handbewegung zu dem Körbchen, »dass wir uns dachten, wir bringen dir Obst mit.«

»Du magst doch Obst?« Fragend schaut ihre Mutter mich an, plötzlich ein wenig unsicher, denn unsere Freundschaft ist erst wenige Monate alt.

»Ich liebe Obst. Schau mal in meine Küche, Ira – ich hamstere es!« Freudig schlage ich das karierte Tuch zurück, und sofort steigt mir das Aroma frisch gepflückter Früchte entgegen. Am liebsten würde ich gleich zugreifen.

Aber ich setze nicht einmal dazu an.

Irina hat mir Beeren mitgebracht. Große, rote, saftige, süß-saure Beeren, die auch so genannt werden: Saure. Diese Art wilder Kreuzung zwischen Johannis- und Blaubeeren ist in der Ukraine ein Nationalobst: Die Früchte werden eingemacht und zu Marmelade gekocht, in Kuchen verwendet, zu Hackfleisch gereicht, zu einem sehr beliebten Saft verarbeitet und roh gegessen. Ich habe sie erst ein Mal probiert, seit ich in Kiew lebe, was nun mittlerweile seit drei Jahren der Fall ist. Weil es sich nicht vermeiden ließ, weil sie mir angeboten wurden.

Ich esse keine Beeren in der Ukraine. Und nur sehr selten Pilze und niemals Wild.

»Warum schaust du denn so?« Irina steht in der Tür zur Küche, wohin ich die Gabe getragen habe. Sie hat ihre Hände gewaschen, aber nicht abgetrocknet, und klopft sich ein paar kühlende Tropfen auf die erhitzten Wangen. Sie hat ihre getönte Brille abgelegt, um im Raum besser sehen zu können. »Stimmt was nicht mit den Beeren? Du kennst doch die Sauren?«

»Aber ja!«

Sie runzelt die Stirn, wobei das Lächeln nicht von ihrem Gesicht verschwindet. Das gibt ihm jenen freundlich-skeptischen Ausdruck, den Irinas Züge oft tragen. »Aber ... was?«

»Ach, Ira ...!« Ich stoße das Geständnis hervor, das mir wie ein schlechter Start in unseren schönen Nachmittag erscheint: »Du weißt doch, dass man keine Beeren essen soll? Keine Beeren, keine Pilze?«

Irina wäre nicht Irina, wenn sie noch eine Erklärung bräuchte. »Sie nehmen besonders viel Radioaktivität aus dem Boden auf«, sagt sie. »Meinst du das?«

Ich nicke. »Hast du keine Angst davor? Musst du denn nicht daran denken?«

Irina neigt den Kopf ein wenig zur Seite und sieht mich an. Dann greift sie in den Korb mit Beeren, nimmt eine kleine Menge in ihre Handfläche und wirft sie sich in den Mund.

»Die sind gut«, sagt sie schließlich mit verschmitztem Lächeln. »Ganz süß und sehr saftig. Probier mal.«

»Ira!« Ich schüttle ungläubig den Kopf. »Das sagst ausgerechnet du!«

»Na, ich bin doch wohl kompetent, oder nicht?«

Es könnte schelmisch klingen, doch sie meint es ernst und weiß um die Ironie ihrer Worte. Irina ist einer der fünfzigtausend Menschen, die vor achtzehn Jahren, als ich in Bielefeld mit meinem aufgeschlagenen Schulatlas vor dem Fernseher saß, aus der hoch kontaminierten Zone um Tschernobyl evakuiert wurden. Mit ihrem Mann Vladimir und ihren beiden kleinen Töchtern musste sie von einem Tag auf den anderen ihr Leben aus dem Nichts heraus neu aufbauen. Damals war sie vier Jahre älter als ihre Tochter Julia heute. Wer, wenn nicht meine Freundin Irina, sollte kompetent sein in dieser Frage?

Sie lächelt mich an.

»Du machst dir immer viel zu viele Gedanken«, sagt sie sanft, und die Lachfältchen um ihre Augen kräuseln sich, obwohl das Thema ihr eigentlich jedes Lachen verleidet. »Glaub mir, eine gute Portion Beeren bringt dich nicht um und macht dich nicht krank. Das weißt du doch selbst. Es ist nur deine Angst. Wir haben alle Angst vor Radioaktivität.« Sie zuckt mit den Achseln. »Man darf sich nicht unterkriegen lassen. Nicht von ein paar Beeren. Da gibt's genug anderes. Wie sollten wir denn wohl hier leben, wenn wir das ständig täten, du eingeschlossen?«

»Es klingt so einfach, wenn du es sagst.«

»Du hast immer das große Ganze im Blick, Antje. Aber durchs Leben geht man mit kleinen Schritten, immer einen nach dem anderen. Und indem man die guten Dinge genießt.« Sie greift noch einmal in den Korb. »Ich habe die Beeren übrigens schon gewaschen. Du kannst sie so essen.«

Später, als Irina und Julia wieder fort sind und der Abend sich langsam vor den offenen Fenstern meiner Wohnung mit rotgoldenem Licht über die Stadt senkt, stehe ich wieder in der Küche vor meinem Korb mit Beeren. Ich picke mir eine heraus. Sie ist saftig und schmeckt angenehm süß-sauer. Ich nehme mir einen großen Löffel, setze mich an den Tisch und esse nachdenklich mein Geschenk auf.

Irina hat viel erzählt in den vergangenen Stunden; Julia, die Arme wie schützend vor dem Körper verschränkt, hat meistens schweigend zugehört. Irina hat von einem Leben gesprochen, das schlagartig so ganz anders wurde, als sie es erwartet hatte.

»Hast du denn wirklich nicht mit so etwas rechnen können? Gab es gar keine Anzeichen einer drohenden Gefahr?« Meine Frage war nicht aus der Luft gegriffen. Ich hatte recherchiert, dass es schon zuvor verschiedene »Störfälle« gegeben hatte. Doch bis auf einen im September 1982 am Block 1, dem ältesten des Kernkraftwerks *Lenin* in Tschernobyl, konnten angeblich alle geheim gehalten werden.

»Ja, doch, da war etwas«, hatte Irina gesagt und der Blick ihrer braunen Augen hatte sich verschleiert, als blicke sie in einen Nebel. »Aber das muss früher gewesen sein. Ich hatte Vladimir ja gerade erst kennen gelernt. Und das war viel wichtiger ...«

Dann hatte sie von jenem Tag im Oktober 1981 erzählt, an dem sie frisch verliebt gewesen war.

Er ist ein blonder ernster Mann mit blauen Augen und hohen Wangenknochen, und Irinas Herz fängt an wie wild zu klopfen, als er im Gehen ihre Hand in seine nimmt und festhält. Auf diesen Moment hat sie gehofft, seit sie Vladimir Wachidow vor ein paar Wochen zum ersten Mal gesehen hat, in ihrer Baubrigade am Kernkraftwerk Tschernobyl. Alle Mädchen der Brigade waren neugierig auf ihn, doch Irina hat sich einfach in der Kantine neben ihn gesetzt. Und er ist nicht weggerückt. Sie weiß, dass ein Mädchen nicht die Initiative ergreifen darf, aber sie kann einfach nie abwarten, bis jemand anders endlich etwas tut! Sie muss selbst handeln, noch dazu, wenn sie genau weiß, was sie will. Geduld ist keine ihrer Stärken, Mut schon. Also hat sie sich neben ihn gesetzt mit ihrem Teller und ist immer ein Stückchen näher an ihn herangerückt.

Sie erwidert den Druck seiner Hand und sieht ihn an. Er lächelt, und nach ein paar Sekunden erwidert er ihren Blick. Da lässt sie seine Hand los und legt den Arm um ihn.

Die Kleinstadt Prypjat, an diesem kühlen Oktobertag 1981 erst wenige Jahre alt, scheint sich um sie beide zu drehen, um ihr Glück. Sie schlendern über den Lenin-Boulevard im sauberen Zentrum mit seinen breit angelegten Plätzen und Alleen. Auf dem größten Platz sprudelt fröhlich das Wasser in den Brunnen mit der bronzenen Figur des Prometheus. Ein Denkmal von eindeutiger Symbolik, das den Stolz der Prypjater Arbeiter ausdrücken soll, Teil einer großen Aufgabe sein zu dürfen: Voller Kraft steht der Überbringer des Feuers in der Mitte des riesigen Beckens, die Arme mit der Gabe für die Menschheit hoch über seinem Kopf ausgestreckt.

Tschernobyl, die siebenhundert Jahre alte Kleinstadt am Fluss Prypjat, liegt nur drei Kilometer entfernt. 1971 begann dort eine neue Ära: Der Bau des Kernkraftwerks *Lenin* wurde in Angriff genommen, das ein Viertel des Energiebedarfs der Ukraine abdecken sollte. Zigtausende von Arbeitern brauchte man dafür, rund fünf Jahre später legte man den Grundstein für die Trabantenstadt Prypjat – mitten im Wald. Aus dem ganzen sowjetischen Kosmos strömten Menschen wie Vladimir und Irina in die wirtschaftlich aufblühende Region.

In einem der mager dekorierten Schaufenster sieht Irina ihr Spiegelbild: eine lächelnde, bildhübsche junge Frau mit einer dicken kastanienbraunen Mähne, um deren Schultern ein blonder schlanker Mann den Arm gelegt hat. Fragte sie jemand in diesem Moment, dann würde sie ohne Zögern sagen, sie hat hier, in Prypjat, die Liebe ihres Lebens gefunden. Sie weiß jetzt schon, dass sie mit diesem Mann alt werden will.

Vladimir ist ihr aufgefallen, weil er stolz ist. Er sieht den Menschen in die Augen, er weicht niemandem aus, und darin unterscheidet er sich von allen anderen. Er stammt aus Usbekistan, viertausend Kilometer entfernt in Mittelasien. Irina wurde im Donbass geboren, dem schmutzigen, trübsinnigen Bergbaugebiet ganz im Osten der Ukrainischen Sowjetrepublik, welches das ganze Land mit Kohle versorgt. Es ist von Prypjat immerhin achthundert Kilometer weit weg. Eine Distanz, die ihr im vergangenen September, neunzehnjährig, gerade weit genug erschien zwischen sich und ihrer Vergangenheit.

Unter Irinas Schnürstiefeln liegt ein goldener, knisternder Teppich aus Herbstlaub. Ein gemächlicher Menschenstrom aus in schlecht geschnittene Mäntel gehüllten Gestalten, Mützen tief in die Stirn gezogen, umfließt sie. Ein plötzlicher Windstoß wirbelt Laub und Staub hoch. Fröstelnd zieht Irina ihren alten Mantel enger zusammen und spürt, wie Vladimir sie an sich drückt.

»Ist dir kalt? Sollen wir zurückgehen?«

Zurück? Sie ins Wohnheim für Arbeiterinnen, er in jenes für Männer? »Nein, lieber noch ein bisschen spazieren gehen. Mir ist nicht kalt.«

Er spürt, wie sie zittert, und zieht mit der freien Hand seinen Schal aus, wickelt ihn Irina um den Hals. »Besser?« Sie nickt und atmet den noch fremden Geruch des jungen Mannes ein, was ihr Herz noch heftiger klopfen lässt. Gemeinsam setzen sie ihren Weg fort.

Nach einer Weile bleibt Irina stehen: »Sieh mal, was da liegt!«, ruft sie. Ein Zehn-Kopeken-Stück schimmert am Fahrbahnrand. Vladimir bückt sich danach, doch anstatt es ihr zu geben, verharrt er in der Hocke und blickt konzentriert die Straße auf und ab. Zwischen seinen Brauen sind zwei Falten aufgetaucht.

»Was ist?« Irina kann außer der Münze nichts Bemerkenswertes erkennen.

Vladimir legt die rechte Hand senkrecht an den Bordstein, so dass die Spitze seines Mittelfingers auf der Fahrbahn steht. Es sieht aus, als messe er etwas ab. Dann zieht er seine Hand wieder zurück. Als er sich aufrichtet, haben sich die Falten zwischen seinen wasserblauen Augen vertieft.

»Das ist merkwürdig«, sagt er leise. Irina kann ihn kaum verstehen und macht einen Schritt auf ihn zu.

Er reicht ihr das Geldstück und schiebt die Hände gedankenschwer in die Taschen seiner wattierten usbekischen Jacke. Die Winter in den Wüstenregionen Usbekistans werden sehr kalt, wie sie inzwischen von ihm weiß.

»Es gibt eine Norm für Bordsteine«, sagt er. Irina muss unwillkürlich lächeln. Er fährt unbeirrt fort. »Sie haben sechzehn Zentimeter hoch zu sein. Der hier«, er deutet mit einem Kopfnicken auf die Fahrbahn vor ihnen, »der hier ist nur halb so hoch.«

Irina runzelt die Stirn. »Ja ... und?«

Jetzt sieht er sie an. »Die Straße ist neu asphaltiert worden, seit Prypjat erbaut wurde.«

»Warum hätte man das tun sollen? So schnell verschleißt eine Straße doch nicht.« Sie kann nicht älter als fünf, sechs Jahre sein, weil die ganze Trabantenstadt Prypjat nicht älter ist. Und Verkehr gibt es kaum, da die hier lebenden Arbeiter zu jung sind, um sich Autos leisten zu können.

»Ich denke, sie ist neu asphaltiert worden, nachdem es einen Störfall gegeben hat.«

Irina mustert ihren Freund nachdenklich. Physik, Mathematik, Ingenieurwesen und Technik begeistern ihn, obwohl die Möglichkeiten in seinem usbekischen Dorf begrenzt und die Schulzeit rasch vorüber war. Er hat ihr erzählt, dass seine Mutter ihn immer als zu neugierig auf die Zusammenhänge des Lebens gescholten hatte. »Wer zu viel wissen will, der wird dafür bezahlen müssen!«, mit diesen Worten wies sie seinen Wissensdrang als eine im Leben unbrauchbare Eigenschaft zurück. Irina hat sich die Worte gemerkt, sieht den verletzten Jungen vor sich, zurückgewiesen und trotzig. Er scheint in der Tat eine Menge zu wissen – und die Ermahnungen seiner Mutter in den Wind geschlagen zu haben. Sein Wissensdrang muss stärker gewesen sein.

»Bist du sicher?«, fragt sie zögernd.

Er zuckt mit den Achseln. »Angeblich gibt es niemals Störfälle. Unser Kraftwerk gilt als das beste und sicherste in der ganzen Sowjetunion. Aber der Bordstein hier ist halb so hoch, wie er nach der geltenden Norm sein müsste. Es gibt nicht viele Erklärungen dafür. Es muss einen Störfall gegeben haben, woraufhin die Straße neu geteert wurde, um die Strahlung zu bannen.«

Irina blickt in die Richtung, in der das Kernkraftwerk steht. Man kann es von diesem Punkt der Stadt aus nicht sehen. Aber zum ersten Mal, seit sie vor einem Jahr nach Prypjat kam, spürt sie seine Nähe als etwas Bedrohliches und nicht nur als Chance, ihre triste Heimatregion zu verlassen, eigenes Geld zu verdienen und unabhängig zu sein.

Aber etwas anderes berührt sie in diesem Moment viel mehr. Die Vermutung, von der Vladimir ihr eben erzählt hat, kann ihm großen Ärger bereiten, wenn sie den falschen Personen zugetragen wird. Es wurden schon andere aus geringerem Anlass als Staatsfeinde verhaftet; Gerüchte darüber gibt es genug, hinter vorgehaltener Hand und geleugnet, sobald jemand Genaueres wissen möchte. Indem Vladimir Irina gegenüber seinen Verdacht über die mangelnde Sicherheit des prestigeträchtigen Kernkraftwerkes *Lenin* in Tschernobyl ausgesprochen hat, hat er großes Vertrauen zu ihr bewiesen. Keine Sekunde lang denkt sie daran, dass er sie vielleicht testen, ihre Reaktion ausspionieren wollte. Dass er selbst zum Staatsapparat gehören könnte. Sie weiß – so sicher, wie sie mit ihm alt werden will –, dass sie ihm vertrauen kann, so wie er ihr vertraut.

Es ist dieses Vertrauen, auf das Irina und Vladimir ihre Liebe aufbauen werden, und an jenem Tag fangen sie damit an. Ihm zu vertrauen wird Irinas Leben retten.

Sie sehen einander in die Augen und Irina legt zärtlich eine Hand an sein vom kalten Wind gerötetes Gesicht.

Die Sauren, die Irina und Julia mir mitgebracht hatten, habe ich längst aufgegessen. Ich sitze im Wohnzimmer meiner Kiewer Wohnung und lausche aufmerksam der Stimme Irinas, die von einem Tonband kommt. »Ich möchte aufnehmen, was du erzählst«, hatte ich gesagt und ihr meinen Kassettenrekorder gezeigt.

Ein fragendes Lächeln hatte sich auf ihr weiches Gesicht gelegt: »Warum, Antje?«

Über eine Antwort hatte ich nicht lange nachdenken müssen: »Über Jahrzehnte wart ihr durch einen *Eisernen Vorhang* von uns getrennt. Es wird Zeit, dass wir erfahren, was euch geschehen ist.« Ich hatte *wir* gesagt und vor allem mich selbst gemeint. *Ich* will die Wahrheit wissen, jene Wahrheit der Menschen, die man nicht in den offiziellen Verlautbarungen über den *GAU* von Tschernobyl findet, den *Größten Anzunehmenden Unfall*. Auch darum lebe ich in Kiew: um mich meinen Ängsten zu stellen.

»Gut«, hatte Irina schlicht geantwortet, »mach das mit dem Tonband. Vielleicht ist das ein Weg, damit wir nicht vergessen werden.«

In einer schnelllebigen Zeit, in der uns immer wieder neue Schreckensnachrichten erschüttern, ist das eine berechtigte Sorge, dachte ich und erinnerte mich an das erstaunte Gesicht meines Bruders. Ich hatte ihm erzählt, dass ich die tausendvierhundert Kilometer von Kiew zu ihm nach Berlin problemlos mit dem Auto gefahren war. »Man muss nur quer durch Polen«, meinte ich. »Dann ist Tschernobyl von uns etwa so weit entfernt wie Rom«, hatte er nachdenklich geantwortet.

Ich drücke die Starttaste meines Rekorders und höre Irinas Stimme: »Ich will noch etwas von den Vorahnungen erzählen, nach denen du vorhin gefragt hattest.« Die Stelle, die jetzt kommt, hatte ich mir schon mehrfach angehört und jedes Mal war mir ein kalter Schauer den Rücken hinuntergelaufen.

Wenn Vladimir davon spricht, dass er ihre Kinder nicht in der Nähe des Kraftwerkes Tschernobyl großziehen möchte, hört Irina ihm zu. Aber im Stillen glaubt sie, dass seine Sorgen unbegründet sind. Als er es zum ersten Mal sagt, haben sie noch gar keine Kinder. Doch Vladimir ist nie so unbeschwert und sorglos wie Irina. Vielleicht auch kaum jemals so glücklich. Die Unruhe lässt ihn nie los.

Erst recht nicht an jenem Tag, als Julia geboren wird, einem wundervollen verschneiten, bitterkalten Wintertag Anfang Februar 1983.

Irina ist erschöpft und stolz, aber erleichtert, als es endlich vorbei ist. Dass es nicht noch tage- und nächtelang gedauert hat, sondern mit einem Mal vorüber war und ein kleiner Mensch wirklich im Licht der grellen Lampen des Kreißsaales angekommen ist. Das Baby wird ihr nicht sofort auf den Bauch gelegt, und sie hat auch nicht damit gerechnet. Sie rechnet mit gar nichts; es ist ihre erste Niederkunft. Aber sie will ihr Kind wenigstens sehen, das sie schreien hört, es anfassen. Weil sie es so lange in sich hat heranwachsen fühlen. Wie es sich drehte und trat und boxte und ihr Bauch seltsam gluckste und weil sie spürte, wie es hinauswollte, um endlich von ihr in den Arm genommen zu werden. Jetzt schreit das Kind, weil es sie braucht.

Aber man gibt es ihr nicht.

Fremde Hände heben es fort, aus ihrem Blickfeld. Irina denkt sich nichts dabei, obwohl es ein unvermuteter Schock ist, es plötzlich wieder verschwinden zu sehen, fortgetragen, kaum dass sie einen Blick auf die verklebten, dunklen Haare an seinem Köpfchen und ein Stück durchtrennter Nabelschnur erhascht hat. Sie ist es gewöhnt, dass andere die Belange ihres Lebens zunächst einmal prüfen und kontrollieren, ehe sie es ihr überlassen, weiter damit umzugehen, bis zum nächsten Kontrollpunkt des Daseins.

Dann erscheint das gerötete Gesicht der Krankenschwester, die in den vergangenen Stunden Irinas Puls gemessen, ihr Wasser zu trinken gegeben und schließlich ihr Kind entbinden geholfen hat. In ihren Armen liegt das in Tücher gewickelte Bündel, das sich beruhigt hat und nun für immer ein Teil ihres Lebens sein soll, eine große Verantwortung, ein unendliches Glück. Die Schwester beugt sich über Irina, das Baby im Arm, als wolle sie es ihr nur zeigen, aber dann legt sie es ihr doch endlich auf die Brust. Sie strahlt über das ganze Gesicht, was Irina mit einem flüchtigen, fragenden Blick nur kurz aufnimmt, ehe sie zum ersten Mal ihr Kind halten darf.

Und dann sagt sie die Worte, welche die junge Mutter nur als beruhigend empfindet. Die Krankenschwester beugt sich über Irina und sagt: »An Ihrem Töchterchen ist alles normal, Frau Wachidowa, normal und wunderschön – Arme, Beine, Finger, Hände, Füße, alles, wie es sein soll! *Es ist alles dran an ihr!*«

Erst Vladimir wird die beruhigend gemeinten Sätze später ganz und gar nicht normal finden. Vladimir, der in diesem Moment nicht von körpereigenen Morphinen überschwemmt wird, der nicht benommen ist von einer Geburt und überwältigt die Belohnung für alle Mühsal im Arm hält.

Er steht zur selben Zeit vor der geschlossenen Milchglastür, hinter welcher der Kreißsaal des Geburtshauses von Prypjat vor ihm verborgen ist.

Vladimir hat an die Tür geklopft, erst höflich, dann energisch. Nichts half. Niemand kam, die Tür zu öffnen, hinter der seine Frau in den Wehen liegt. Er weiß, dass er nicht zu ihr darf. So ist das eben: Gesetz des Gesundheitsministeriums der Sowjetunion. Gebärende und ihre Säuglinge werden zehn Tage lang in strikter Quarantäne gehalten. Aber Vladimir kann sich nicht damit abfinden. Schließlich tritt er ans Fenster und sieht hinaus; frustriert darüber, nicht zugelassen und informiert zu werden; nervös, weil er zum ersten Mal Vater wird. Es ist kalt in dem weiß getünchten sterilen Gang, die Heizkörper sind kaum lauwarm.

Er dreht sich um und sein Blick fällt auf eine Kühltruhe, die im nackten Flur steht. Sie ist ihm vorher nicht aufgefallen. Der Gang ist leer. Niemand da, den er fragen könnte, was eine Kühltruhe hier zu suchen hat. Dies ist ein Geburtshaus, kein Eisladen. Es ist ein ungewöhnliches Modell, eines, wie er es noch nie gesehen hat: eine Kühltruhe der deutschen Marke Miele mit nach oben zu öffnendem Deckel.

So etwas gibt es in der Sowjetunion nicht.

Ohne sich mit der Frage aufzuhalten, ob er dazu befugt ist, hebt er den Deckel hoch. Warum er es tut – er könnte es nicht sagen. Vielleicht ist es sein Interesse an allem, was er nicht kennt, technischen Geräten im Besonderen. Vielleicht ist es die von seiner Mutter oft gescholtene Neugier. Vielleicht eine innere Unruhe. Einen Moment lang starrt Vladimir reglos ins Innere des Behälters. Dann beugt er sich ein Stück weiter vor, um den Inhalt im entweichenden Frostdampf besser erkennen zu können.

Lautlos lässt der werdende Vater den Deckel wieder zuschnappen und wendet sich abrupt ab, fährt sich mit der Hand über das Gesicht und schließt die Augen.

In der modernen, ausländischen Kühltruhe ruhen rundliche, eingewickelte Formen, so lang wie sein Unterarm, die ihn sofort an etwas erinnern. An etwas, das er bald in seinen eigenen Armen halten will. Etwas, das warm sein und sich bewegen sollte.

Die Umrisse in der Kühltruhe haben die Gestalt winziger Babys. Sein Gehirn kann keinen Vergleich zu einem anderen ihm bekannten Gegenstand herstellen.

Nicht an diesem Ort.

Sein verdammter Wissensdrang. Vladimir wünscht, er hätte niemals den Deckel der Kühltruhe des Geburtshauses geöffnet. Er zermartert sich den Kopf auf der Suche nach einer harmlosen Erklärung. Ihm will keine einfallen, so sehr er es sich auch wünscht. Keine andere als die, dass im Geburtshaus von Prypjat Babyleichen eingefroren werden. Vielleicht, weil sie tot oder missgebildet geboren wurden. Vielleicht zur späteren Obduktion.

Zwei Stunden lang steht er reglos am Fenster vor der verschlossenen Tür. Er friert und ignoriert es. Er vermeidet es, zu der Kühltruhe hinüberzusehen. Doch er kann nicht fort; er will Gewissheit und weiß nicht wie. Schwestern kommen und gehen. Niemand ruft ihn. Er starrt durch die Fensterscheiben hinaus auf den wieder langsam fallenden Schnee.

Dann fährt ein kleiner Lieferwagen vor, vier Männer steigen aus, kommen die Treppe hinauf, gehen auf die geschlossene Tür zu, begehren aber keinen Einlass. Den blonden jungen Mann am Fenster nehmen sie nicht wahr. Sie befestigen die Kühltruhe an mitgebrachten Riemen, tragen sie wortlos fort, laden sie unten in den wartenden Lieferwagen und fahren davon.

Vladimir denkt an seine Frau, die im Kreißsaal liegt und sein Kind zur Welt bringt. Er denkt an das Kernkraftwerk in drei Kilometern Entfernung, für das er arbeitet und dem er nicht traut. Er denkt an die eingewickelten kleinen Formen in der Kühltruhe.

Nach einer, wie ihm scheint, halben Ewigkeit kommt eine Krankenschwester und teilt ihm mit, dass Irina ein kerngesundes Mädchen zur Welt gebracht hat. Irgendwann in den nächsten zehn Tagen darf Irina es ihm durch eine Glaswand hindurch zeigen, lächelnd und mit Tränen des Glücks in den Augen. Julias Anwesenheit sorgt dafür, dass die Erinnerung an den Inhalt der Kühltruhe verdrängt wird.

Drei Jahre dauert das Glück der Wachidows. Dann beginnt der Albtraum. Und er schleicht sich leise in ihr Leben. Irinas Stimme auf meinem Tonband verstummt manchmal lange, wenn sie von dem Tag erzählt, an dem die Wolke kam.

Ein Knall in der Nacht

Prypjat, Samstag, 26. April 1986, 1:20 Uhr

Es ist viel zu heiß in der Wohnung, Irina schläft unruhig. Immer wieder fährt sie schweißgebadet aus angstvollen Träumen hoch. Das Glas Wasser, das Vladimir ihr bringt, stürzt sie hinunter und sinkt erschöpft zurück.

»Wie spät ist es?«, murmelt sie.

»Mitten in der Nacht, schlaf weiter«, beruhigt er sie und streicht ihr liebevoll den Schweiß von der Stirn. In der anderen Ecke des mit den wenigen Möbeln und Kinderspielzeug schon übervollen Zimmers, zwei Armlängen entfernt, hört er den Atem seiner beiden kleinen Töchter. Julia hat sich freigestrampelt. Mit einer federleichten Berührung, um sie nicht zu wecken, breitet er die Decke über die Beine der Dreijährigen und sieht dann nach Anna, die gerade anderthalb Jahre alt ist und tief schläft. Auch Irinas dunkler Schopf auf dem weißen Kissen liegt nun ganz still.

Diese drei Menschen sind Vladimirs Familie, für die er die Verantwortung trägt.

Dann geht der schlanke blonde Mann zurück in die Küche, wo er die ruhigen Nachtstunden genutzt hat, um sich über seine Bücher zu beugen; er lernt für sein Technikum. Er ist neunundzwanzig Jahre und von Beruf Betonbauer, aber er will mehr aus seinem Leben machen. Er gießt sich noch ein Glas Wasser ein, das Pauken von Zahlen und Formeln hat ihn zu wach zum Schlafen gemacht. Bevor er ans Fenster tritt, sieht er flüchtig auf die Uhr. Er erschrickt, beim Lernen hat er die Zeit vergessen.

Es ist 1 Uhr 20. In drei Minuten wird sich seine Welt verändern; aber er weiß es nicht.

Die Heizkörper unter den Fenstern sind kochend heiß und es ist unmöglich, sie abzudrehen, obwohl das Thermometer mittags bis zu 30° C erreicht. Die zentralisiert für ganz Prypjat betriebenen Heizungen hätten schon vor zwei Wochen abgeschaltet werden sollen, wie im Rest der Sowjetunion bereits geschehen. Kurz schießt Vladimir der Gedanke durch den Kopf, dass es vielleicht mit einem Fehler im Kernkraftwerk zusammenhängt, das die Heizungsanlage betreibt. Seinen Pflanzen bekommt das tropische Klima in der Wohnung jedenfalls bestens: Eine der vielen Kakteen, die er liebevoll pflegt und züchtet, öffnet gerade eine erste, leuchtend rote Blüte, doppelt so groß wie der gedrungene Körper der Pflanze.

Um frische Luft einzulassen, öffnet Vladimir ein Fenster und atmet tief die klare Nachtluft ein. Um ihn herum herrscht vollkommene Stille. Die Stadt liegt in tiefer Dunkelheit, in der die Straßenlaternen matte Inseln bilden. Kaum ein Fenster ist erleuchtet, wenn auch viele offen stehen, so wie seines. Prypjat ist eine ruhige Stadt. Es gibt keine Bars, keine Kneipen; nach Sonnenuntergang ziehen sich die Menschen in ihre Wohnungen zurück. Vladimir mag diese Ruhe, sie erinnert ihn an sein Heimatdorf in der Wüste Usbekistans.

Unten läuft ein Hund mitten auf der leeren Fahrbahn, das struppige Fell des Streuners wird kurz von einer Straßenlaterne beleuchtet. Die Luft riecht erdig und weich nach Frühling. Prypjat ist ein Paradies – jedenfalls stellt er sich das Paradies so vor, wenn es in der Sowjetunion liegen würde. Das Leben fließt friedlich dahin in der Kleinstadt mit den breiten Prachtstraßen. Was es in den Geschäften und auf dem Markt nicht zu kaufen gibt, nennt man *defizit,* und dieses Wort führen die aus dem fernen Moskau verwalteten Ukrainer oft im Munde. In Prypjat jedoch kann man Mangelware durch das reiche Angebot an Pilzen, Beeren und Fischen wettmachen. Gleich hinter der Stadtgrenze breiten sich ausgedehnte Wälder in einer fruchtbaren Ebene aus.

Lange hat es gedauert, bis Irina und Vladimir endlich ihre eigene Wohnung bekommen hatten. Über Jahre lebten sie zunächst in getrennten Wohnheimen; bis vor wenigen Monaten war ein Zimmer in einer Gemeinschaftswohnung das Zuhause für die vier Personen. Doch jetzt endlich haben sie, wovon Millionen Sowjetbürger träumen – eine richtige eigene Wohnung. Ein unglaublicher Glücksfall für ein Paar unter dreißig und der Mann am offenen Fenster ist sich dessen bewusst.

Gewiss, das stille Prypjat inmitten der Natur ist eine Art von Paradies, ein privilegierter kleiner Satellit in einem riesigen Kosmos, in dem das Leben nicht immer einfach ist. Wenn da nur nicht diese lauernde Unsicherheit wäre, an die ihn die heißen Heizkörper erinnern. Obwohl es als hundertprozentig sicher gilt, hört man von gelegentlichen Problemen im nahen KKW *Lenin*. Aber nur aus Gerüchten. Zwar regiert Generalsekretär Michail Gorbatschow seit einem Jahr im Kreml, doch bis Gorbatschows Umgestaltung des Sowjetsystems für einen freieren Informationsfluss sorgt, werden noch viele Jahre vergehen.

Während Vladimir die Stille der Nacht genießt, fragt er sich wieder einmal, ob seine Familie an diesem Ort wirklich gut aufgehoben ist. Am liebsten würde er fort, lieber heute als morgen. Aber wohin? Er schiebt die düsteren Gedanken weg.

Vladimir will gerade das Fenster schließen, als ihn der Knall zusammenfahren lässt. Es hört sich an, als ob etwas Großes geplatzt sei. Schließlich eine Art Rumpeln, nicht genau zu definieren und nicht in unmittelbarer Nähe, dann ist es wieder still.

Vladimir stellt das Wasserglas ab und beugt sich aus dem Fenster, sieht sich um. Alles ist wieder so ruhig wie zuvor. Der schwarze Nachthimmel über der Stadt gibt keinen Hinweis darauf, wo das Geräusch herkam. Der Mann am Fenster spürt sein Herz schwer und schnell schlagen. Vom Küchenfenster aus geht der Blick auf den Wald, der eine natürliche Grenze zwischen Prypjat und dem Kernkraftwerk bildet. Das Werk kann man von hier aus auch bei Tag nicht sehen, aber Vladimir kneift dennoch die Augen zusammen in dem sinnlosen Versuch, durch die Dunkelheit etwas erkennen zu können. Er ist sich sicher, dass der Knall von dort kam. Für einen Moment scheint Vladimir der Himmel über dem Wald noch ein wenig dunkler geworden zu sein.

Er legt die Hand an den Fensterrahmen und fährt sich mit der anderen über die vom langen Lernen brennenden Augen. Es wird wie immer sein: irgendeine Verpuffung. In den sechs Jahren, die Vladimir in Prypjat lebt und in Tschernobyl arbeitet, kam das immer wieder mal vor. Man nahm es zur Kenntnis und lebte weiter.

Vladimir schließt das Fenster, obwohl es so heiß ist. Er weiß nicht warum, es ist nur ein Gefühl. Noch einmal blickt er auf die Uhr: 1 Uhr 28.

Als ihr Mann sich neben sie legt, dreht Irina sich zu ihm um. »Schlaf weiter«, flüstert Vladimir und küsst sie sanft auf die Stirn.

Die beiden ahnen nicht, dass der Knall, der vor fünf Minuten die Luft erschüttert hat, ihr Leben bereits aus den Angeln gehoben hat.

Vor dem Wissen

Prypjat, 26. April 1986, 07:00 Uhr

Irina stellt die hohe Teekanne aus weißem, mit Goldfarbe verziertem Porzellan auf den Tisch und fährt sich mit dem Handrücken über die Stirn. Ihre wuschelige dunkle Haarpracht, die Vladimir so gut gefällt, ist einfach zu warm bei diesem Wetter. Am liebsten würde sie sie abnehmen wie einen Hut! Sie legt die Abdeckung über den Herd, auf dem sie die Rühreier für das Frühstück zubereitet hat, und wirft einen Blick zu Julia, die am Boden mit ihrer Puppe spielt. Die Puppe heißt Malvina und sieht dem kleinen Mädchen beinah ähnlich, beide haben dunkles, glattes Haar.

Vom Flur her hört Irina, wie Vladimir der eineinhalbjährigen Anna den Sinn und Zweck seiner Angel erklärt: »Nein, mein kleiner Schatz, das ist der Haken, den nehmen wir nicht in die Finger. So, und jetzt stellen wir die Angel schön hier neben die Tür. Der Papa wird nachher ein paar dicke Fische für uns zum Mittagessen fangen.« Irina hört ihn näher kommen. »Die darf die *mamotschka* dann ausnehmen, das tut sie doch so gerne!«

Irina erspürt in seiner Stimme schon das Lächeln, das auf seinem Gesicht liegt. Unweigerlich muss sie schmunzeln. Sie wendet sich ihm zu, als er mit Anna auf dem Arm in der Tür erscheint. »Und ob die Mama das gerne tut!«, geht sie auf seine Neckerei ein. »Das ist jedenfalls besser, als wenn der *papotschka* gar nichts gefangen hat!«

Der verzieht getroffen das Gesicht und setzt Anna in ihrem Kinderstuhl ab; brav lässt die Kleine es sich gefallen und sieht den Vater mit großen Augen an.

»Es ist einfach zu warm, Volodja«, sagt Irina, die Koseform seines Namens benutzend, und blickt aus dem geöffneten Fenster in den hellen Frühlingsmorgen hinaus in die Richtung des Kernkraftwerks. »Was ist da los, warum schalten sie die Heizungen nicht aus?«

Von der Straße dringen die Geräusche der wenigen vorbeifahrenden Autos zu ihnen hoch; Prypjat ist zu dieser frühen Stunde bereits wach. Man muss zeitig unterwegs sein; es hängt vom Glück des Tages ab, was man erstehen kann. Nur Brot und Milch gibt es immer.

»Ich geh mit Mutter gleich zum Basar«, sagt Vladimir und greift nach seiner Tasse mit dünnem Kaffee. Kaffee ist eines der *defizite*, nach denen er ständig auf der Suche ist. Im Moment haben sie wieder eine Phase des Kaffeestreckens erreicht und brühen so wenig Pulver wie möglich auf; eine gute Tasse Kaffee kann man das leider nicht mehr nennen.

Im Flur hört Irina die Schritte ihrer Schwiegermutter. Mit sechsundsechzig Quadratmetern ist die Wohnung so klein, dass man zu jedem Zeitpunkt weiß, wer ihrer derzeit fünf Bewohner sich wo in ihr aufhält. Aber es sind ihre eigenen vier Wände, die sie mit keinem Fremden teilen müssen, und die Freude darüber ist auch drei Monate nach dem Einzug noch stärker als das Gefühl der Enge.

»Guten Morgen, Tatjana!«

»Guten Morgen, Irotschka. Findest du es nicht auch unerträglich heiß?«

Vladimir stellt seine Kaffeetasse ab. »Jetzt reicht's mir aber, ihr zwei! Sie werden die Heizungen schon irgendwann abstellen. Komm, Mutter, wir gehen jetzt einkaufen.«

Irina sieht ihren Mann an und runzelt kaum merklich die Stirn. »Du hast es aber eilig.«

Vladimir wirft ihr einen eigenartigen Blick zu, dann zuckt er mit den Achseln. Für den Bruchteil einer Sekunde hat sie das beunruhigende Gefühl, dass er etwas vor ihr verbirgt, ihr nicht in die Augen sehen will. Das kennt sie nicht von ihm.

»Man muss einer der Ersten sein, falls es was gibt, das weißt du doch«, sagt er leichthin.

Sie nickt und setzt sich an den Tisch, um noch eine letzte Tasse Tee zu trinken, bevor die Pflichten des Tages auch für sie beginnen. Dieser kleine Moment am Samstagmorgen, wenn Volodja und seine Mutter ihre regelmäßige Tour zum Basar und durch die Geschäfte begonnen haben, gehört Irina allein; es gibt sonst nicht viele davon.

Ein paar Minuten, nachdem Vladimir und seine Mutter die Wohnung verlassen haben, geht sie ins Schlafzimmer, um die Betten zu machen. Sie öffnet das Fenster weit und atmet die frische Frühlingsluft ein. Eine Weile steht sie wie träumend nur da, hört aus der Küche, wie Julia ihrer kleinen Schwester in der ihr eigenen Sprache eine Geschichte über Malvina erzählt.

Während sie gedankenverloren ein Kopfkissen ausklopft, fällt ihr Blick auf die Kommode. Die kleine Fotogalerie dort erzählt nichts von den ersten neunzehn Jahren ihres knapp fünfundzwanzigjährigen Lebens. In dieser Wohnung ist kein Platz für jene Zeit, bevor sie Vladimir traf. Das Hochzeitsfoto auf der Kommode zeigt sie als Einundzwanzigjährige, die glücklich und ein wenig kokett in die Kamera blickt: eine bildhübsche, selbstsichere junge Braut mit heller Haut und ungebändigtem kastanienbraunem Haar neben einem gut aussehenden, ein wenig ernsten Bräutigam. Hier in Prypjat, mit Volodja, fing ihr Leben an.

Aus der Küche kommt das Lachen der beiden Mädchen. Besonders die Zeit des Mutterschaftsurlaubes für die zweitgeborene Anna genoss Irina in vollen Zügen. Die Angst und Unsicherheit der ersten Mutterschaft waren fort; sie hatte nun für alles einen neuen, ruhigeren Blick. Doch die Monate des engsten Zusammenseins mit ihren Kindern sind vorüber: Gestern, am Freitag, dem 25. April, hat Irina ihre neue Stelle nach der Auszeit angetreten. Es war ein Schock. Nicht nur die Trennung von den Kindern, die ihr schon an ihrem ersten Arbeitstag schrecklich gefehlt haben: die unfreundliche Vorarbeiterin, die fremden neuen Kolleginnen, misstrauisch der Neuen gegenüber – alles ist über sie hereingebrochen wie eine unwillkommene Dusche aus einer defekten Regenrinne. Dabei hat sie sich mit einem Teil ihres Wesens auch darauf gefreut, wieder als Konditorin arbeiten zu dürfen, denn Irina liebt ihre Arbeit.

Als Kind schon stand sie am liebsten vor den Auslagen der Brotgeschäfte. Aber es war nicht das Grundnahrungsmittel, das sie so anlockte; es waren die kunstvoll aufgetürmten Backwerke, mit Zuckerguss so grellbunt und dick, dass er wie eine eigene Schicht aussah. Viel Buntes gab es nicht im Bergbaugebiet Donbass. Und eines Tages wusste Irina: Solche wundervollen fragilen Meisterwerke aus Schaum wollte sie bauen! Die glatten Oberflächen glänzten vor Zucker, oben thronten kleine Figuren, ein zartes, tanzendes Paar oder eine verschnörkelte Zahl. Bis auf die Kerzen und die Figuren war immer alles essbar. Einmal, auf einer Feier im Dorf, bekam auch Irina ein Stück von einer solchen Torte zu essen. Es war unglaublich süß. Der wahre Genuss lag jedoch nicht in ihrem Geschmack, sondern in ihrem Anblick: Man musste ihnen die Arbeit ansehen, die jemand in sie eingebracht hatte, damit andere sie an einem für sie wichtigen Tag im Nu aufessen konnten. Oft war die Torte das eigentliche Geschenk, weil es nicht viel anderes gab, die Krönung des Mahles. Billig in den Zutaten und dennoch das Schmuckstück eines unvergesslichen Tages, ist sie für Irina ein Sinnbild dessen, was man mit geringen Mitteln zustande bringen kann, wenn man nur die Fertigkeiten und den Willen dazu besitzt.

An der neuen Arbeitsstelle, fürchtet sie, könnte sie die Freude an ihrer Kunst verlieren. Aber noch hat sie ein ganzes Wochenende vor sich mit Vladimir und den Kindern und ihrer liebevollen Schwiegermutter ...

Auf Irinas Gesicht liegt ein Lächeln, als sie das Kopfkissen mit Schwung aufs Bett wirft und in die Küche zurückgeht. »So, meine

Süßen, jetzt zieht die Mama euch an, und dann gehen wir auf den Spielplatz! Und morgen sehen wir uns den Jahrmarkt an – was haltet ihr davon? Vielleicht fährt der Papa ja sogar im Riesenrad mit dir, Julia. Magst du?«

Julia nickt auf gut Glück und plaudert weiter fröhlich vor sich hin.

Irina sieht auf die Uhr: es ist sieben Uhr zwanzig. Ein warmes, sonniges Wochenende hat gerade erst begonnen.

»Geh weiter, Genosse!«

Prypjat, 26. April 1986, 08:15 Uhr

Vladimir hat die vergangene Nacht nicht vergessen; er geht aufmerksam durch die Straßen. Die Menschen, die ihm und seiner Mutter auf den von Hochhäusern weitläufig gesäumten Alleen begegnen, kaufen ein, gehen spazieren, stehen an den Straßenkreuzungen. Er schlendert möglichst nah an zusammenstehenden Grüppchen vorbei, um Wortfetzen ihrer Diskussionen zu erhaschen. Sie unterhalten sich über die Kampagne, die Genosse Gorbatschow begonnen hat, um den Alkohol aus dem sowjetischen Alltag zu verbannen, und wie gut doch ein kleiner Schluck nach einem harten Arbeitstag tun würde.

»Ich werde mit unserer Kleinen ins Krankenhaus gehen müssen. Ihr Husten wird einfach nicht besser!«

»Kostja hat mir erzählt, dass in Kürze eine Möbellieferung erwartet wird. Den genauen Tag wusste er aber nicht. Wir werden uns beeilen müssen!«

»Wollt ihr auch morgen auf den Jahrmarkt gehen? Ich freue mich schon auf das Riesenrad!«

Vladimir kann sich nicht entspannen, obwohl alles wie an jedem Wochenende zu sein scheint. Aus den Augenwinkeln sieht er, dass auch seine Mutter zögert, weiterzugehen. Auch sie hat das Ungewöhnliche bemerkt, obwohl sie erst seit vier Wochen in Prypjat ist.

An der Straßenecke stehen drei Milizionäre zusammen. Einen Block weiter parkt ein Einsatzwagen, ein Mann lehnt an der Motorhaube, betont lässig, und spielt ungeschickt mit seinem Schlagstock. Auf der gegenüberliegenden Straßenecke unterhalten sich zwei Uniformierte. Vladimir wendet sich unauffällig zurück in die Richtung, aus der er und seine Mutter soeben gekommen sind. Auch hier haben sie zwei Milizionäre passiert; nur waren ihnen diese beiden noch nicht als ungewöhnlich aufgefallen. Er sieht seine Mutter an. Der Ausdruck in ihrem herben, von einem schweren Leben gezeichneten Gesicht ist undurchdringlich.

Sie biegen um die Ecke und sehen das große Gebäude des Basars vor sich. An einem normalen Samstagmorgen stehen mehrere Kleinlaster davor, und die ersten Kaufverhandlungen finden bereits statt. Die Tore müssten weit geöffnet sein und dahinter müsste man das vertraute Durcheinander von Ständen und Buden sehen, die gerade aufgebaut werden. Auf dem Basar hat man immer eine Chance, *priwos* zu finden – Produkte und Gegenstände des täglichen Lebens, die es in den Geschäften gerade nicht gibt und welche die Bauern aus dem Umland selbst herstellen und herbeischaffen.

Heute aber ist der Platz vor dem Basar leer. Nur ein Lada mit heruntergekurbelten Fenstern parkt im Schatten neben dem Eingang. Der Fahrer liegt krumm in seinem Sitz und schläft. Vladimir wirft einen Blick auf das Nummernschild. Es ist ein Händler aus dem wenige Kilometer entfernten Weißrussland, der vermutlich schon in der Nacht angekommen ist und die Morgenstunden nutzt, um verpassten Schlaf nachzuholen. Auf dem Rücksitz stapeln sich mehrere Kisten mit rotbackigen Äpfeln.

Er wird sie heute nicht hier verkaufen, denn die Tore sind geschlossen.

In einiger Entfernung steht eine weitere Gruppe Milizionäre, redend, rauchend. Es sind allesamt junge Burschen, neunzehn, zwanzig Jahre alt, blasse Gesichter, die Vladimir noch nie in der Stadt gesehen hat. Prypjat ist nicht so groß, dass seinen Bewohnern die Vertreter der Polizeimacht nicht bekannt wären. Vladimir kennt sie alle zumindest vom Sehen; sie patrouillieren in ständig sichtbarer Präsenz durch die Straßen, geben sich streng und ihrer Rolle als Vertreter der Staatsmacht bewusst. Vladimir hat nichts gegen sie, aber er meidet ein Zusammentreffen mit ihnen.

Heute muss er von diesem Prinzip abweichen.

Er geht auf die kleine Gruppe zu, langsam und gelassen, wobei er sich eine Zigarette ansteckt, damit beide Hände gut zu sehen sind. Die jungen Männer wenden sich ihm zu. Sie wirken nervös und unsicher. In respektvollen fünf, sechs Schritt Entfernung bleibt er stehen, bläst den Rauch aus und grinst sie an, deutet mit einem kurzen Kopfnicken auf die Einheit, die sie bilden.

»Was macht ihr denn hier?«, ruft er ihnen zu. »Ist das eine Übung, oder warum seid ihr heute Morgen so viele?«

Die Jungen werfen einander rasche Blicke zu, einer sieht zu Boden und tritt seine eigene Zigarette aus. Der anscheinend Dienstälteste nickt Vladimir zu.

»Ja«, sagt er, »das ist eine Übung!«

»Und der Basar, ist der heute geschlossen?«

»Der ist geschlossen. Geh einfach weiter, Genosse.«

Vladimir nickt, nimmt seine Mutter leicht am Arm. Gemeinsam drehen sie ab und biegen in die Seitenstraße ein, in der sie einige Geschäfte wissen, die meistens gut bestückt sind.

»Eine Übung«, murmelt Vladimir, »so seht ihr mir auch aus!«

Obwohl erst acht Uhr morgens, scheint die Sonne bereits warm auf den Asphalt. Vladimir fährt sich mit der Hand durchs Haar und sieht seiner Mutter nach, die eines der Geschäfte betritt. Er selbst wartet draußen – man muss Frauen beim Einkaufen nicht überallhin begleiten. Er schiebt die Hände in die Hosentaschen und sieht sich um. In Gedanken ist er noch bei dem geschlossenen Basar und dem Händler mit den Angelködern, den er nun nicht angetroffen hat. Das ist bedauerlich, denn das Angeln ist seine große Leidenschaft, und er hatte sich schon darauf gefreut, nachher mit Rute und Eimer loszuziehen in die herrliche Flusslandschaft vor der Stadt.

Auf der Hauptstraße fährt ein Wasserwagen vorbei und spritzt Bordstein und Fahrbahn ab. Vladimir nimmt den ungewohnten Anblick in sich auf, als habe er eben ein Ufo landen sehen: Das könnte man genauso wenig glauben. Das Abspritzen der Straßen mit Wasser ist ein in heißen Hochsommern beliebtes Verfahren, um die Temperatur in der Stadt zu senken und die Luft zu erfrischen. Der April scheint dazu ein wenig verfrüht, schließlich hat es erst vor ein paar Tagen geregnet.

Zwei Männer kommen an ihm vorbei. Ihre Stimmen dringen schon aus einiger Entfernung zu ihm.

»Das ganze Dach soll weg sein, aber mehr weiß ich auch nicht«, hört er den einen der beiden sagen. »Es muss einen Riesenknall gegeben haben, aber ich selber habe gar nichts gehört.«

Vladimir läuft ihnen mit ein paar leichten Schritten nach und hält den einen locker am Arm fest. »Ach, Genosse, sag doch, weiß du etwas darüber, was da heute Nacht passiert ist?« Mit einer Kopfbewegung deutet er in die Richtung, in der das Kernkraftwerk liegt. Man braucht es in Prypjat nicht einmal auszusprechen; jeder weiß, wovon man spricht und wo es liegt, obwohl man es nur von wenigen Punkten der Stadt aus sehen kann.

Der Mann nickt. »Es soll eine Explosion in einem der Blöcke gegeben haben. Ich weiß auch nicht viel. Nummer vier, glaube ich. Aber mir sind auch nur Gerüchte zu Ohren gekommen.«

Vladimir bedankt sich, und die beiden gehen weiter. Nummer vier ist einer der Blöcke, die er selbst mit hochgezogen hat. Er weiß, wie und in welch unglaublich kurzer Zeit sie gebaut wurden. Eine leise Gänsehaut läuft ihm über den Rücken und lässt ihn frösteln an diesem drückend warmen Frühlingstag. Wenn das stimmt, wenn dieser Knall, den er gehört hat, wirklich das Dach abgesprengt hat, muss es eine furchtbare Detonation gewesen sein. Hunderte von Tonnen wiegt die Konstruktion aus Stahl und Beton. Und darunter ist der Kernbrennstoff. Nein, eine der üblichen *Verpuffungen* wäre das wohl kaum.

Er hört die Schritte seiner Mutter und dreht sich um, während er in der Tasche seiner neuen Hose nach dem Zigarettenpäckchen fischt.

»Volodja!« Sie spricht schon, als sie noch gar nicht bei ihm angekommen ist. »Da hat jemand gesagt, es hat eine Explosion gegeben im Kernkraftwerk. Heute Nacht soll es passiert sein!«

Er nickt und zündet sich mit ganz ruhigen Händen eine Zigarette an.

»Daran sind wir hier doch fast schon gewöhnt, Mutter!«, sagt er lächelnd. Er lächelt meistens, wenn er mit ihr spricht. Sie ist eine gute, einfache Frau. Er liebt sie und weiß es zu schätzen, dass sie da ist. Als er seine Mutter fragte, ob sie für ein paar Monate zu ihnen ziehen könne, stimmte Tatjana ohne Zögern zu. Um ihnen die kleine Anna abzunehmen, wenn Irina jetzt nach dem Ende ihres Mutterschaftsurlaubes wieder arbeiten muss, hat sie die tagelange Anreise aus Usbekistan zu ihm und Irina auf sich genommen.

»Da kommen immer mal Störfälle vor, Mutter, mach dir keine Sorgen. Du wirst dich schon auch noch daran gewöhnen. Wenn wir jedes Mal unruhig würden, wenn irgendwer von einer Havarie erzählt, na, da hätten wir viel zu tun!« Er streckt die Hand nach ihrer schmalen Einkaufstasche aus. »Hast du was erstanden?«

Sie ist sofort abgelenkt und zeigt ihm die dunklen Blätter des Sauerampfers, aus dem sie heute Mittag *borschtsch* kochen will.

Sie sind bereits auf dem Rückweg, als Vladimir den Bierwagen sieht. Es ist einer jener Tankwagen, wie sie auch zum Verkauf von *kwas*, dem gegorenen Rübensaft, genutzt werden. Nur dass dort vorne an der Kreuzung nicht *kwas* verkauft wird, sondern Bier. Seit Gorbatschow im Kreml regiert, ist Bier ebenso wie Wodka und alle anderen alkoholischen Getränke ein *defizit*. Dass am frühen Morgen auf offener Straße ein Bierausschank stattfindet, ist ungefähr so unwahrscheinlich wie die gleichzeitige Landung eines Ufos. Oder das Abspritzen der Fahrbahnen Ende April.

Vladimir und seine Mutter gehen an der kleinen Menschentraube vorbei, die sich vor dem Wagen gebildet hat. Männer und Frauen in Arbeits- und Freizeitkleidung stehen davor, halten graue weiche Pappbecher in den Händen, die bis zum Rand mit dem gelben schaumfreien Gerstensaft gefüllt sind, und plaudern gut gelaunt und erfreut über die unerwartete Sonderration. Die Ansammlung wird schnell größer: Gutes, und besonders das Vorkommen eines begehrten *defizits*, spricht sich schnell herum. Vladimir atmet den unerwartet süßlich-herben Geruch ein und hält rasch den Atem an. Er verabscheut nicht nur den Geschmack und die Wirkung von Alkohol; auch dessen Geruch ist ihm unangenehm. Doch das seit langem ungewohnte Aroma ist mit den nächsten Schritten fortgeweht, die Luft scheint wieder rein und frühlingshaft. Am anderen Ende der Hauptstraße steht ebenfalls ein kleiner Tankwagen mit einer bereits aus der Ferne gut sichtbaren Menschentraube davor. Vladimir vermutet, dass auch dort Bier ausgeschenkt wird.

Der Weg kommt ihm lang vor. Seine innere Unruhe will sich nicht einfügen in den heiteren, sonnigen Aprilmorgen, den er vor sich sieht. Er braucht eine Bestätigung oder eine Entwarnung, irgendetwas, das das Puzzle seiner Beobachtungen zu einem sinnvollen Ganzen zusammenfügt oder ihm klar macht, dass er lediglich müde ist von der Arbeitswoche und sich vielleicht doch ein Bier gönnen sollte, ob es ihm nun schmeckt oder nicht. Aber er sieht nur weitere junge fremde Milizionäre, die wie hergeschickt und schlecht instruiert wirken. Ihr Anblick beruhigt ihn nicht.

Die Übelkeit kommt plötzlich und ohne jede Vorwarnung. Vladimir, schlank und muskulös, hat eine stabile Gesundheit, die ihn auch harte Arbeit wegstecken lässt. Jetzt überfällt ihn ein Unwohlsein, wie er es kaum kennt. Ihm wird schwindlig und der Schweiß bricht ihm aus. Für einen Moment scheint sich ihm der Magen umzudrehen. Er spürt, wie ihm das Blut aus dem Kopf weicht und ein Druck sich in Stirn und Schläfen breit macht, während ihn gleichzeitig in der warmen Vormittagssonne fröstelt. Er reißt sich zusammen, damit seine Mutter nichts bemerkt. Die Übelkeit bleibt, auch als der Schwindel vergangen ist. Er atmet tief ein und aus.

Kurz vor dem Hochhäuserblock, in dem er mit seiner Familie wohnt, steht eine kleine Gruppe von Männern zusammen, diskutiert, gestikuliert. Instinktiv verlangsamt Vladimir noch einmal seine Schritte. Er wischt sich den Schweiß von der kalten Stirn.

»Da hinten ist sie heruntergekommen!«, sagt einer der Männer. »Die war ganz dunkel vom Dreck, das konnte man deutlich erkennen.«

»Hast du das mit eigenen Augen gesehen?«

»Natürlich. Ich wollte zum Basar, aber der ist zu, und dann habe ich sie gesehen. Da drüben kam sie herunter. Man konnte richtig diese schmutzige Staubschicht sehen, die plötzlich überall drauf lag.«

Vladimir lässt den Arm seiner Mutter los und tritt zu den Männern. »Entschuldige, wovon sprichst du, Genosse?«, fragt er. »Was ist da hinten heruntergekommen?«

»Die Wolke, Genosse, die erste Wolke vom Werk. Sie ist da hinten heruntergekommen, ganz schwarz von dem ganzen Dreck, der sich da zusammengesammelt hat.«

Vladimir holt seine Mutter ein, die ein paar Schritte vorausgegangen ist und mit einem Stück Brot Tauben füttert. Sie hat das kurze Gespräch nicht mit angehört. Er nimmt sie behutsam am Arm. »Lass uns heimgehen, Mutter.«

Irina ist vielleicht schon auf dem Weg nach draußen mit den Kindern; es ist höchste Zeit, nach Hause zu kommen.

»Wir haben ein Problem«

Prypjat, 26. April 1986, 9:30 Uhr

Irina ist mit der Hausarbeit fertig, hat ihre kleinen Töchter ausgehfertig angezogen, ihre Spielzeuge eingepackt und hält den Wohnungsschlüssel in der Hand. Anna sitzt in ihrem noch immer viel zu groß wirkenden Kinderwagen, um den die Menschen auf dem Dorf ihrer Eltern die junge Mutter beneidet haben: Kinderwagen sind *defizit*, aber in Prypjat ist die Versorgungslage auch für diesen Artikel besser als in anderen Landesteilen. Sie ist stolz auf das Gefährt und hat mindestens genauso viel Spaß wie der kleine Passagier, wenn sie ihn auf seinen großen Rädern leicht wippend durch die Straßen schiebt.

Sie hört Vladimirs Schritte und seine Stimme im Hausflur schon durch die noch geschlossene Tür und zieht sie im selben Moment auf, in dem er den Schlüssel ins Schloss schieben will. Der Korridor ist so schmal, dass sie nicht alle in ihm Platz haben und der Kinderwagen erst einmal wieder in die Küche geschoben wird.

»Vergiss den Tee, Mutter«, beendet Vladimir das Gespräch mit Tatjana. »Glaub mir, es ist besser, dass wir ihn weggeworfen haben.«

»Was habt ihr weggeworfen?«, fragt Irina. Sie ist überrascht, dass die beiden schon so bald zurück sind. Normalerweise dehnen sie ihre Tour durch die Stadt bis zum Mittagessen aus.

»Den Tee, den ich gerade erst gekauft habe!«, beschwert sich ihre Schwiegermutter. »Er hat darauf bestanden, dass ich ihn wegwerfe!«

Irina sieht ihren Mann an. Sein rascher Blick, nicht ganz so flüchtig wie vor gut einer Stunde, als er es so eilig hatte, zum Basar zu kommen, bittet sie stumm, ihm einfach zu vertrauen.

»Und was habt ihr sonst noch Schönes gefunden?«, fragt Irina.

Vladimir nimmt seine jüngste Tochter aus dem Kinderwagen.

»Sauerampfer«, sagt Tatjana. »Volodja wollte ja gleich zurück. Der Basar war zu.« Sie nimmt ihm das kleine Mädchen ab.

Irina folgt Vladimir in die Küche, wo er am Fenster steht und hinaussieht. Was ihn beschäftigt, würde sie ihm gerne am Hinterkopf ablesen. Aber sie kann nur warten. Schließlich dreht er sich um, und eine Entscheidung scheint gefällt zu sein.

»Irina, du kannst jetzt nicht mit den Kindern rausgehen. Wir bleiben erst mal zu Hause.«

Sie will protestieren, doch er schneidet ihr sanft das Wort ab. »Der Spaziergang ist gestrichen«, sagt er. »Es hat einen Störfall im Block vier gegeben.«

»Was? Ja, na und!« In ratloser Überraschung breitet sie die Arme aus. »Das wäre doch nicht das erste Mal!« Sie deutet auf den sonnigen Vormittag, der hinter dem Fenster liegt, unerreichbar geworden. »Es ist herrliches Wetter, Volodja! Die Kinder wollen sich bewegen! Und ich muss hier raus, sonst ersticke ich in dieser Hitze. Was ist denn in dich gefahren?«

Er fasst sie sanft an den Oberarmen und sieht ihr eindringlich in die Augen. »Ira, hast du mir zugehört?«

»Natürlich! Du willst uns an diesem wunderbaren Tag in der Wohnung einsperren, und ich sehe keinen Grund! Es fällt immer mal irgendwas da drüben vor, wir wissen nie genau was. Soll ich mich vielleicht jedes Mal verrückt machen? Deswegen bleibe ich nicht zu Hause!«

»Doch, heute muss es sein!«

Als sie ihn mit großen Augen ansieht und die Stirn runzelt, als höre sie ihm nun erst wirklich zu, lässt er sie los und hält nur noch eine ihrer Hände. »Ich habe unterwegs mit Leuten geredet. Es ist schlimmer als sonst«, sagt er. »Ich glaube, wir haben vielleicht ein Problem. Bleibt bitte zu Hause. Spiel was mit den Kindern, was weiß ich, aber geh nicht nach draußen.«

Ira verschränkt die Arme vor der Brust und sieht ihren Mann nachdenklich an. Sie kennt ihn seit sechs Jahren als einen ernsthaften Mann, der abwägt, bevor er spricht oder handelt, und keine unnötigen Risiken eingeht. So wie heute hat sie ihn noch nie gesehen.

»Gut.« Mehr sagt sie nicht und wendet sich ihren Töchtern zu, um ihnen die in der Wohnung viel zu warmen Kleidchen wieder auszuziehen. Der Frühling da draußen und seine frische Luft locken mit unendlicher Verführungskraft, aber Vladimir ist der erste Mann in ihrem Leben, auf den Irina sich verlassen kann. Sie würde ihm ihr Leben anvertrauen und das ihrer Kinder. Für eine Sekunde taucht der Gedanke auf, dass sie das vielleicht gerade eben tut.

Er gießt sich ein Glas Wasser ein. »Ich gehe aufs Dach und schaue mal, ob ich was sehen kann.«

Ehe sie ihn fragen kann, was es ist, das er da oben zu sehen hofft, ist die Wohnungstür hinter ihm zugefallen.

»Da ist gar nichts mehr!«

Prypjat, 26. April 1986, 9:40 Uhr

Vladimir hat die knarrende Metalltür zum Dach geöffnet und ist über die unebenen Platten bis an den Rand gegangen. Neun Stockwerke hat ihr Haus. Von hier aus sieht man die betonfarbenen Häuserblöcke, die Straßenzüge mit ihren vielen hellgrün belaubten Bäumen. Vladimir blickt hinunter auf die Straße vor dem Haus. Autos und Menschen sind unterwegs, als gäbe es nichts, was sie aufhalten könnte. Er lässt seinen Blick kurz auf dem Riesenrad verweilen, dessen neue gelbe Kabinen weithin leuchten. Noch steht es still, und Vladimir ahnt nicht, dass es sich niemals drehen wird. Zögerlich hebt er die Augen zum Wald, den es schon wenige Wochen später nicht mehr geben wird. Kein einziger Strauch davon wird mehr stehen, abgeholzt und untergepflügt in Fünfzehn-Minuten-Schichten. Länger wird sich kein Arbeiter in ihm aufhalten dürfen, und trotzdem wird dieser hoch verstrahlte Wald für viele den sicheren Tod bedeuten. Doch noch kann Vladimir über ihn hinwegschauen von seinem Ausguck auf dem Dach.

Jetzt müsste er die kantigen Umrisse der Kernkraftwerksblöcke und der dazugehörigen Gebäude sehen mit ihren schmalen Schloten, dem Gewirr aus Strommasten und Leitungen und den dicken Kühltürmen. An einem normalen Tag liegt das Ensemble meist verschwommen in einem dünnen Nebelschleier. Letzten Monat erst hat Vladimir davon ein Foto gemacht; Fotografieren ist neben der Kakteenzucht sein zweites Hobby.

Was Vladimir jetzt sieht, lässt seinen Atem stocken. Es ist schlimmer, als er dachte.

Das waagerecht gestreifte, rot-weiße Entlüftungsrohr, das wie ein Wahrzeichen auch aus der Entfernung gut zu sehen ist, ragt nach wie vor unversehrt in die Höhe. Zu seinen beiden Seiten müssten auch von hier oben und aus der Entfernung die aus Beton gegossenen, würfelförmigen Dächer der beiden Reaktorblöcke drei und vier zu erkennen sein. Doch nur Block drei lässt sich undeutlich ausmachen. Aus Block vier steigen schwarze, fette Rauchschwaden. Ob es darunter noch brennt, ist nicht zu erkennen, aber die Beschädigung muss unvorstellbar sein.

Vladimir hört Schritte hinter sich. Noch jemand muss dieselbe Idee wie er gehabt haben. Als er sich umdreht, kommt sein Nachbar Mischa auf ihn zu. Die beiden Männer schütteln sich die Hand. Dann sehen beide wieder hinüber.

»Mensch«, sagt Mischa fassungslos, »das Dach ist ja weg – da ist gar nichts mehr!«

Vladimir nickt. »Und weißt du, was da drunter ist? Da, wo das Dach sein sollte?«

Mischa sieht ihn an, nicht sicher, ob er fragen will, aber dann tut er es doch. »Was?«

»Zweihundert Tonnen Brennstoff«, sagt Vladimir.

»Und was noch? Wo ist das, was man noch für so einen Reaktor braucht? Meinst du, davon ist auch was in die Luft geflogen? Womit arbeiten die da, wenn das radioaktiv ist?«

»*Kern*brennstoff, Mischa«, antwortet Vladimir, als er merkt, dass der andere dachte, er spricht von ganz normalem Benzin, wie man es auch in Autos füllt. Sie besitzen beide kein Auto. »Kernbrennstoff«, wiederholt er.

Mischa schnalzt mit der Zunge zum Zeichen, dass er begriffen hat. »Wir brauchen keinen Reagan mit seiner Atombombe«, sagt er trocken. »Wir vergiften uns selber.«

Sie lachen bitter.

»Lass uns zurückgehen, Mischa. Ihr solltet auch eure Fenster schließen.«

Der andere nickt, klopft ihm freundschaftlich auf die Schulter und verschwindet wieder durch die quietschende Eisentür.

Vladimir bleibt noch einen Moment auf dem Dach stehen. Sein Herz pocht heftig und er ahnt, dass diese Anspannung und Unruhe von nun an noch eine ganze Weile bleiben wird. Es fühlt sich an wie ein plötzlich erhöhter Blutdruck.

Über dem Kernkraftwerk kreist ein Flugzeug. Aus einer Luke im Boden wird wenige Sekunden lang eine Masse verstreut, dann dreht die Maschine wieder ab. Was immer es war, was sie dort über dem eingestürzten Dach von Block vier abgeworfen haben: Wenn es etwas nutzen sollte, war es nicht genug.

Wodka heilt alles!

Prypjat, 26. April 1986, 12:20 Uhr

Die Fenster sind geschlossen, selbst die *fortotschki*, die kleinen Luken in den oberen Scheiben, die auch im Winter nicht mit Klebeband gegen die Zugluft abgedichtet werden. Nun dringt kein Lüftchen mehr in die überheizte Wohnung. Vor die Fenster haben Irina und Vladimir feuchte Tücher gehängt.

»Das hält den Staub ab«, war seine knappe Begründung.

Vladimir hat sie so befestigt, wie er immer seine selbst entwickelten Schwarz-Weiß-Fotoabzüge zum Trocknen aufhängt. Wie sonst seine Naturaufnahmen hängen nun die Lappen über einem Seil vor den Fenstern und filtern das Sonnenlicht. Von einigen Tüchern tropft das Wasser auf die Fenstersimse. Beim Aufhängen der Lappen hat Irina gesehen, wie einige Leute von der Straße hinaufschauten, einander auf die Aktion der Wachidows aufmerksam machten und grinsend die Köpfe schüttelten.

Die Mädchen liegen in ihren Betten und schlafen unruhig; die Wärme hat sogar die dreijährige Julia müde gemacht. Ihre kleinen Gesichter sind erhitzt und rotwangig. Doch Vladimir bleibt standhaft: Was von draußen hereinkommen kann, ist schlimmer als die Wärme innerhalb der vier Wände. Wenigstens ist die Luft durch die Tücher feuchter und etwas kühler geworden.

Irina glaubt noch immer nicht an eine ernsthafte Gefahr. Sie steht am Fenster und sieht an den Tüchern vorbei hinaus. Draußen spielen Kinder, gehen Menschen vorüber; sogar eine Hochzeitslimousine hat sie vorbeifahren sehen. Wenn alles seinen normalen Gang geht, wenn die Menschen heute sogar heiraten dürfen, dann kann doch nicht wirklich eine Gefahr für sie alle bestehen?

Man hätte es ihnen doch gesagt …

Als er vom Dach zurück in die Wohnung gekommen war, prüfte Vladimir sofort die Windrichtung. Reglos sah Irina ihm zu, wie er, am offenen Schlafzimmerfenster stehend, seinen Finger in den Mund steckte und dann in den Wind hielt. Sie weiß, dass er – der begeisterte Angler und Pflanzenliebhaber – mit der Natur anders kommuniziert als sie. Und dennoch will und kann sie es nicht wahrhaben, als er die Fenster schließt und sagt: »Der Wind steht nicht gut. Er kommt von drüben.« Drüben, das ist das Kernkraftwerk, das plötzlich zu einer Bedrohung geworden sein soll.

Seit sechseinhalb Jahren lebt Irina in seiner seltsam unspektakulären Nähe, hat sein gelegentliches Knallen und Zischen zur Kenntnis genommen und vollkommen auf die Kompetenz der hoch spezialisierten sowjetischen Ingenieure vertraut. Als Vladimir an diesem Vormittag mit dem Fingerknöchel sacht gegen die Scheibe des Barometers klopft, um den Luftdruck zu prüfen, kann sie nicht umhin, sich zerrissen zu fühlen: Zerrissen zwischen dem Vertrauen in das sowjetische Staatswesen und seine Fürsorge für die Bürger, wie sie es von Kindesbeinen an gelernt hat, und dem Vertrauen in ihren Volodja, der ihr nie unnötig Angst machen und die Unwahrheit sagen würde.

Auch jetzt hält sie zu Vladimir – ohne allerdings bereits darüber nachzudenken, was diese Entscheidung für ihr Vertrauen in den sowjetischen Staat bedeutet.

Sie stehen um den Küchentisch herum: Irina am Fenster, Vladimir an den Türrahmen gelehnt. Seine Mutter sitzt schweigend auf einem der beiden Stühle am Tisch und hat den Kopf in die Hände gestützt, überfordert von einer Gefahr, die in ihrem einfachen, harten Leben bisher nicht vorkam. Sie haben eine Wodkaflasche zu einem Viertel geleert, weil Tatjana meinte, man solle es versuchen, zur Reinigung. Schaden werde es jedenfalls nicht.

»Wodka heilt alles, Wodka säubert den Organismus.«

Mit zweifelndem Blick haben sie ihrem Vorschlag Folge geleistet, schon allein deshalb, weil ihnen auch nichts Besseres einfiel und um ihr eine Freude zu machen, indem sie nicht widersprachen. Irina verabscheut Alkohol sogar noch mehr als Vladimir. Der Geschmack liegt ihr noch immer auf der Zunge, obwohl sie schon Schokolade gegessen hat, um ihn loszuwerden. Wodka reinigt nicht, der macht bloß dick, denkt sie. Aber sie weiß auch, wie groß das Gefühl der Hilflosigkeit bei ihrer Schwiegermutter sein muss und wie stark ihr Wunsch, nur irgendetwas tun zu können.

Das schlechte Gewissen, sie in diese vielleicht nicht ungefährliche Situation gebracht zu haben, kommt unerwartet wie ein Stich in die Seite.

Gleichzeitig mit dem Motorengeräusch vor dem Fenster taucht Vladimir hinter ihr auf. Beide sehen hinaus, die Köpfe nach rechts gedreht, als hätten sie sich abgesprochen. Und in der Tat: Von dort kommen sie, die großen Militärhubschrauber, schwere, khakifarbene Fluggeräte mit dem roten Sowjetstern an der Seite und tief herabhängenden Rotorblättern. Wie sie so niedrig über die Dächer der Stadt dahinschweben, in einer Formation von fünf, sechs Stück, wirken sie unheimlich und gefährlich. Irina braucht sich gar nicht auszumalen, wie sich die Menschen in Afghanistan gefühlt haben mögen, über deren Köpfen diese Drohnen noch vor kurzem dahingeflogen sein müssen. Jetzt ziehen sie einen weiten Bogen über Prypjat, bevor sie schließlich in Richtung Tschernobyl abdrehen. Sie fliegen so niedrig, dass Irina die dunklen Helme der Piloten sehen kann, die ihre Gesichter verbergen, und die Haltung ihrer Köpfe, als sie eigenartig steif und distanziert auf die Stadt herabschauen. Für einen Moment fühlt sie sich wie eine Ameise, eine von Tausenden.

Gegen Mittag hält Vladimir es nicht mehr aus und geht noch einmal hinaus. Er muss versuchen, mit Menschen zu reden, Informationen zu beschaffen. Er sagt Irina nicht, dass ihm der Gedanke gekommen ist, Konserven zu kaufen. Konserven sind verschlossen, keine Luft dringt hinein, und die Vitamine der Gemüsesorten bleiben erhalten. Er hat Irina seinen Plan verschwiegen, weil er keine Rechenschaft darüber ablegen möchte – weder sich selbst noch seiner Frau gegenüber –, warum er plötzlich das Bedürfnis hat, dauerhaft haltbare Lebensmittel zu erwerben.

Irina hilft ihrer Schwiegermutter, den Sauerampfer für den *borschtsch* zuzubereiten, aber keine der beiden Frauen findet zu dem heiteren Plauderton, in dem sie sich sonst über alles Mögliche unterhalten.

Als es an der Tür klingelt, sehen sie einander fragend an; dann geht Irina sie öffnen. Es ist nicht Vladimir, der den Schlüssel vergessen hat. Im dunklen Hausflur, in dem wieder einmal sämtliche Glühbirnen gleichzeitig defekt sind, steht eine rundliche Frau unbestimmten Alters in weißer Bluse und grauem Rock.

»Guten Tag, Genossin, entschuldige die Störung.«

Sie ist von der Bürgerwehr geschickt und sie klingelt an jeder einzelnen Haustür, die man ihr zu öffnen gewillt ist. Sie stellt sich nicht vor, nennt nicht ihren Namen, und nach zwei Minuten ist sie wieder fort, lässt eine ratlose Irina zurück, der sie ein kleines Tablettenpäckchen in die Hand gedrückt hat.

In der Küche sieht Tatjana von ihrem Schneidbrett auf. »Wer war das?«

»Eine Frau von der Bürgerwehr. Sie hat gesagt, es hat einen Unfall im Werk gegeben, und wir sollen alle das hier nehmen.«

»Was ist das?«

»Ich weiß es nicht. Zum Schutz, hat sie gesagt.«

»Schutz?«

»Ja.« Irina sieht von der Schachtel mit dem vertrauten staatlichen Medikamentenlogo auf. »Vor der Strahlung.«

»Sind das Vitamine?«

Irina dreht die Packung und liest die wenige Schrift darauf.

»Jod«, sagt sie. Sie legt die Packung auf das Regal neben der Tür. »Aber ich weiß nicht, wie das wirkt. Ob die Kinder es auch nehmen sollen? Oder vielleicht nur eine halbe Tablette?«

Sie fährt sich mit dem Handrücken erschöpft über die verschwitzte Stirn. Als sich der Schlüssel im Schloss dreht und Vladimir wieder die Wohnung betritt, hat sie die Frau von der Bürgerwehr bereits vergessen. Geblieben ist die erste Bestätigung von zumindest halb offizieller Seite, dass sich in ihrer unmittelbaren Nähe ein Störfall ereignet hat.

Vladimir hat keine Konserven gefunden und keine Informationen erhalten. Deprimiert stellt er seine Sportschuhe neben die Tür und zieht noch im Flur seine Oberbekleidung aus, das gute karierte Hemd, das er nur am Wochenende trägt, und die neue Hose. Er legt beides im Badezimmer auf den Boden.

»Bitte wasch das, Ira, und das, was meine Mutter vorhin anhatte, als wir auf den Markt gegangen sind, bitte auch.«

»Du meinst ... die Kleidung ist verstrahlt?«

»Es könnte sein. Ich weiß es nicht.«

Es gibt viel, denkt Irina, was sie nicht wissen in dieser vollkommen fremden Situation, in der keiner von ihnen je war und je wieder sein will.

Nur drei Tage

Prypjat, 26. April 1986, 20:47 Uhr

»Bürgerinnen und Bürger von Prypjat! Am 26. April 1986 hat sich im Kernkraftwerk *Lenin* in der Nähe der Stadt Tschernobyl ein Unfall ereignet. Es besteht keine Gefahr für Leben und Gesundheit der Bürgerinnen und Bürger. Als reine Vorsichtsmaßnahme und aus Fürsorge für die Bürgerinnen und Bürger hat die Regierung der Sowjetunion beschlossen, die Stadt Prypjat für die Dauer von drei Tagen zu evakuieren. Alle Bürgerinnen und Bürger werden gebeten, morgen Nachmittag um fünfzehn Uhr auf die Straße zu gehen. Von dort aus werden Sie mit bereitgestellten Bussen aus dem Gebiet gebracht. Jede Bürgerin und jeder Bürger darf so viel mit sich führen, wie er oder sie für drei Tage benötigt. Das Mitnehmen von Haustieren ist nicht zulässig. Es handelt sich um eine reine Vorsichtsmaßnahme. Es besteht keine Gefahr für Leben und Gesundheit der Bewohner von Prypjat. Bitte nehmen Sie Lebensmittel, Kleidung, Geld und persönliche Sachen für drei Tage mit sich und schließen Sie Ihre Wohnungen ab.

Bürgerinnen und Bürger von Prypjat! Am 26. April 1986 hat sich im Kernkraftwerk *Lenin* in der Nähe der Stadt …«

Irina schaltet das Gerät aus: Es ist vollkommen klar, dass von jetzt an nur noch diese Verlautbarung – die erste offizielle – gesendet werden wird. Und die hat sie schon beim ersten Hören begriffen. Vladimir wirkt wie ein Mann, dessen schlimmste Befürchtungen wahr geworden sind. Sein angespanntes Gesicht ist aschfahl.

»Mach dir keine Sorgen«, sagt sie, »es ist sicherlich nichts Schlimmes.«

Er nickt und wirft einen Blick auf seine Mutter, die reglos auf ihrem Küchenstuhl sitzt.

Irina betrachtet beide und kann sich selbst nicht verstehen – sie ist fast erleichtert! Die inhaltlich und sprachlich einfache Meldung im Radio hat die Anspannung des Tages von ihr genommen. Jetzt weiß sie endlich, was geschehen wird, jetzt hat die elende Ungewissheit ein Ende: Sie weiß, warum sie wartet! Irina ist eine Frau der Tat, sie hat kein Problem damit, Entscheidungen zu treffen, die Initiative zu ergreifen, für andere und sich selbst. Zu Eingesperrtsein und Ausharren verdammt, war sie an diesem Tag ihrer Belastungsgrenze nah. Nun weiß sie endlich Bescheid, die Behörden haben wenigstens diese Information herausgegeben: Die Stadt wird für die Dauer von drei Tagen evakuiert. Das erscheint ihr nicht sehr lange; am Donnerstag werden sie wieder hier sein. Und übermorgen muss sie nicht in die heiße, stickige Kantine zurückgehen, in der sie erst gestern ihren Dienst nach dem Mutterschaftsurlaub angetreten hat. Es ist eine bittere Freude, die sie über die geschenkten drei Tage empfindet.

»Wir haben nicht mehr viel Geld, Volodja«, sagt sie. »Länger als drei Tage können wir nicht irgendwo bleiben, es sei denn, man kommt für unsere Kosten auf.«

»Wie viel ist denn noch da?«

»Vielleicht zwanzig, dreißig Rubel. Es ist doch Monatsende.«

Sie steht auf und fängt an, das Geschirr vom Abendessen abzuräumen. Vladimir hat begonnen, auf dem Flur auf und ab zu gehen; seine aufgestauten Energien brauchen ein Ventil. Seine Mutter sitzt noch immer stumm auf ihrem Platz am Tisch. Die Evakuierung, nachdem sie kaum vier Wochen hier gewesen ist, muss ihr wie ein neuer Schlag des Lebens ins Gesicht vorkommen, einer von so vielen. Irina geht zu ihr und streicht ihr mit der Hand über den Kopf.

Die Ältere hebt die Augen und sieht sie an. »Bist du nicht beunruhigt, Ira?«, fragt sie leise.

Irina lächelt. »Es wird alles gut, Tanja. Die Genossen wissen schon, was sie tun. Wir müssen jetzt wenigstens nicht mehr tatenlos herumsitzen.« Sie beginnt mit dem Abwasch und beobachtet Vladimir aus den Augenwinkeln. »Was meinst du, wo sie uns unterbringen?«

Ihr Mann bleibt stehen und kommt schließlich zurück in die Küche, nimmt sich die Wasserflasche, die er zum Gießen der Blumen benutzt, und beginnt seine Runde bei den Kakteen, Blumen und Grünpflanzen. Irina schätzt, dass er in den wenigen Monaten etwa hundert Stück zusammengetragen hat. Gerade so, als wollte er die Natur zu sich nach Hause holen.

»Ich nehme an, dass sie Militärzelte zur Verfügung stellen«, sagt er nachdenklich. »Etwas anderes wird für so viele Menschen in so wenig Zeit nicht aufzubauen sein.« Er bleibt am Fenster stehen und bewundert die leuchtend rote Blüte, die in der vergangenen Nacht aufgegangen ist. Er schüttet mehrere Liter Wasser in die Blumentöpfe; so versorgt, könnten sie wohl auch länger durchhalten.

Irina hat ihren Abwasch beendet und holt eine Packung Fischfutter hervor. Das kleine Aquarium im Wohnzimmerregal beheimatet ein knappes Dutzend rötlich schimmernder Fische. Sie werden schon morgen anfangen zu hungern. Fische teilen sich die Nahrung nicht ein, wie es Pflanzen tun; sie leben nicht sparsam, sie leben im Heute und rationieren sich ihre Nahrung nicht. Irina fragt sich, ob sie anfangen werden, einander zu fressen, oder ob sie am Donnerstag mit den Bäuchen nach oben an der Wasseroberfläche treiben werden. Und diejenigen, die das langsame Verhungern überleben, werden sie um ihre Artgenossen trauern? Aber auch diesen Gedanken spricht Irina nicht aus.

Vladimir ist noch lange nicht fertig mit dem Gießen, das er mit größter Sorgfalt tut. »Wir sollten auch unsere Pässe einpacken«, sagt er. »Und die wichtigsten Dokumente.«

Irina wendet den Blick vom Aquarium ab und starrt ihren Mann entsetzt an: Er hält es für möglich, dass sie in drei Tagen nicht zurück sind! Und da erfasst auch sie die Unruhe. Sie sieht mit einem Mal ihre kleine Wohnung, in der sie viel zu kurz glücklich sein durften, mit anderen Augen: Was ist ihr so lieb und wert, dass sie nicht riskieren will, es zu verlieren? Wenn sie nur wenig tragen kann, was will sie unbedingt mitnehmen?

Sie atmet tief ein und aus. Unsinn, denkt sie, wir werden lediglich für kurze Zeit evakuiert, also verlier nicht die Nerven!

Sie sieht Vladimir an und ein Lächeln tritt in ihr Gesicht. Das Wichtigste, denkt sie, können sie tragen: ein Kind er und ein Kind sie.

Trotzdem beschließt sie, die Koffer sorgfältig zu packen.

Eine Fahrt ins Ungewisse

Prypjat, Sonntag, 27. April 1986, 15:00 Uhr

Wie schon so oft in den vergangenen vierundzwanzig Stunden hat Irina die immer wieder befeuchteten Tücher vor dem Fenster zur Seite geschoben und sieht hinaus. Weniger sehnsüchtig als am Vortag, da die Gefangenschaft in den eigenen vier Wänden bald ein Ende haben wird. Doch ihr ist zumute, als ob sie gleich in eine fremde andere Welt hinaustreten soll.

»Da unten ist alles völlig normal, Volodja. Es ist noch kaum jemand mit Koffern unterwegs. Meinst du, die anderen werden der Aufforderung gar nicht Folge leisten?«

»Natürlich werden sie das. Hast du schon mal erlebt, dass man nicht tut, was einem gesagt wird, bloß weil man nicht auf den ersten Blick sehen kann, wozu es gut sein soll?«, erwidert Vladimir und seine Stimme klingt fest. Dass er keine Angst hat, vor nichts und niemandem, hat sie zuerst an ihm beeindruckt. Vladimir Wachidow ist ihr aufgefallen, weil er stolz ist.

Auch Irina ist nicht leicht einzuschüchtern; so sind viele Frauen ihrer Generation. Sie arbeiten so hart wie die Männer und erhalten weniger Lohn. Sie bekommen im Durchschnitt zwei Kinder, haben drei Abtreibungen und müssen achtzehn Monate nach einer Geburt wieder arbeiten gehen, auch wenn es sie innerlich zerreißt. Sie sind konfrontiert mit alkoholkranken Männern und dem eigenen täglichen Widerstand gegen einen grauen, schweren Alltag. Sie lieben und haben die Kraft zu gehen, wenn die Liebe unerträglich wird. Eine Ehe ist ihnen nichts Heiliges, auch Irina nicht, sondern ein Bund auf Zeit; sie haben keine Illusionen, nur Träume. Sie wissen nicht, was ein Therapeut ist, sie kämpfen mit ihren eigenen Mitteln, und oft schaffen sie es, dass das Leben lebenswert ist. Und dennoch sind sie alle damit aufgewachsen, dass eine Frau einen Mann braucht, um in der Gesellschaft zu bestehen und sich in die Norm einzufügen. Nicht aus der Norm zu fallen und nicht aufzufallen sind unumstößliche Werte. Obwohl Irina schon oft genug ihre Stärke bewiesen hat, denkt sie, dass sie – was immer auch kommen mag – nur bestehen kann, weil sie einen guten Mann wie Volodja an ihrer Seite hat.

Sie ahnt noch nicht, wie viel von dem, was kommen wird, sie ohne ihn wird bewältigen müssen.

Nach und nach füllt sich unten die Straße mit Menschen, Männern, die Taschen in den Händen tragen, und Frauen, die Kinder an den Händen führen und auf dem Arm halten. Sie bleiben meist einfach irgendwo stehen, an der Bordsteinkante, wo es ihnen gerade gefällt. Niemand hat eine bestimmte Vorgehensweise angegeben oder Instruktionen verteilt. Sie wissen nur, dass sie auf die Straße gehen und warten sollen. Wenn Busse kommen, sollen sie einsteigen. Es ist so einfach, dass gerade diese Einfachheit schon wieder professionell und beruhigend wirkt.

Erst Jahrzehnte später werden sie erfahren, in welchem Maße alles improvisiert und wie fern jeglicher Professionalität es war. Doch im Moment vertrauen sie blind darauf, dass die Obrigkeit alles unter Kontrolle hat. Wenn sie auf die Straße gehen und auf Busse warten sollen, dann tun sie es.

Es ist ein ebenso schöner Tag wie der vorangegangene Samstag. Die Sonne scheint von einem azurblauen Himmel herab und hat die Stadt aufgeheizt wie an einem Hochsommertag. Dass der Jahrmarkt nicht stattfinden wird, ist mittlerweile klar, und Irina hofft im Stillen auf den kommenden Sonntag, wenn sie wieder zu Hause sind und diese ganze Geschichte vergessen sein wird. Sie hält sich an dem Gedanken fest, wie sehr sie diesen noch fernen Tag genießen wird, die Fahrt im neuen Riesenrad und das bevorstehende orthodoxe Osterfest mit seiner Feierlichkeit und den guten Düften der Feiertagsgerichte überall. Der heutige Tag wird einfach vergessen sein ...

Als ihr Blick auf die Uhr fällt, erschrickt sie.

»Volodja, meinst du nicht, wir sollten auch nach unten gehen? Nicht, dass wir die Busse verpassen!«

Den Blick auf die Straße gerichtet schüttelt er kurz den Kopf. »Ich will nicht mit den Kindern da unten möglicherweise noch eine halbe Stunde oder Stunde an der Luft stehen. Wir warten hier oben.«

Er wiederholt es, als rechne er mit Widerworten von seiner eigenwilligen jungen Frau, die Untätigkeit so schlecht ertragen kann. Überall stehen nun Menschen auf den Bürgersteigen, die halbe Stadt scheint auf den Beinen. Ab und zu tritt einer in die Mitte der Fahrbahn und hält nach den angekündigten Fahrzeugen Ausschau, um sich dann geduldig wieder einzureihen. Einige ältere Frauen haben Regenschirme aufgespannt gegen die gnadenlose Sonne; die Kinder spielen Fangen und laufen herum; Mütter wippen Kinderwägen mit schlafenden Säuglingen. Alle stehen in Gruppen, mal mögen sie einander fremd sein, mal haben sich Freunde oder Kollegen zusammengefunden. Die Gelassenheit eines Sonntagsausfluges liegt über allen. Allerdings nicht dessen unbeschwerte Fröhlichkeit.

Irgendwo sitzen in diesem Augenblick Männer in Uniformen und Anzügen zusammen und diskutieren über das Ausmaß der Katastrophe, die sich in drei Kilometern Entfernung von den wartenden Menschen zugetragen hat. Sie beratschlagen und sind unsicher, rauchen Kette und starren auf Schaubilder, die Wissenschaftler aus Moskau in der Nacht angefertigt haben. Sie verweigern den Wissenschaftlern ihre Zustimmung und ihren Glauben. Sie werfen ihnen vor, ihre Messgeräte gingen falsch. Sie versuchen, die Dinge einfach zu halten, überschaubar und kontrollierbar, während das Unkontrollierbare, das Undenkbare bereits geschehen ist. Stunde um Stunde vergeht. Sie lassen wertvolle Zeit wie Wasser zwischen den Fingern verrinnen.

Bis die Menschen endlich in die Busse einsteigen können, die sie aus der Stadt bringen, werden die meisten von ihnen sich unnötigerweise eine Stunde und mehr in der verstrahlten Luft aufgehalten haben. Niemand wird ihnen sagen, dass sie in dieser Zeit einer radioaktiven Strahlung ausgesetzt waren, die das Hundertfache der gesundheitlich vertretbaren Norm übersteigt. Jeden Zweiten von ihnen wird die Dosis dieses Tages irgendwann töten. Vielleicht erst Jahrzehnte später, wenn das von den Strahlen ausgelöste unkontrollierte Zellwachstum die Krebsgeschwüre hat tödlich werden lassen. Am meisten werden die Kinder leiden, die Alten und die Kranken – Menschen, deren Immunsystem sich gegen diese Belastung am wenigsten wehren kann.

Vladimir steht am Fenster seiner Wohnung und hat die Augen zu kleinen Schlitzen geschlossen, um möglichst weit die Straße entlangsehen zu können, so weit es der Mauerwinkel zulässt. Länger als bis Viertel vor vier kann er seine Familie nicht in der Wohnung halten, ohne das Risiko einzugehen, dass die Busse ohne sie abfahren werden. Er atmet tief durch. Das Gefühl, das ihn bewogen hat, in der Wohnung auf den richtigen Zeitpunkt zu warten, wird er niemals erklären können. Er weiß nicht, wie gut er der Verantwortung für seine Familie in diesen Stunden gerecht wird.

»Lasst uns gehen, Mädchen.«

Erlöst beginnen die beiden Frauen die Taschen und Jacken aus der Wohnung in den Korridor zu tragen. Tatjana nimmt die kleine Anna aus ihrem Kinderwagen, der in der Wohnung auch als Wiege dient, und packt sie sich auf den Arm. Vladimir setzt sich mit gespielter Albernheit Julia auf die Schultern, während Irina ihr noch schnell die Puppe Malvina nach oben reicht. Dann nimmt er die größte der drei Taschen und beginnt den Abstieg durchs Treppenhaus. Er will nicht riskieren, dass der unzuverlässige Aufzug gerade jetzt stecken bleibt, und hat Frau und Mutter gebeten, ebenfalls vorsichtshalber die Treppe zu nehmen. Oben verschließt Irina nach einem letzten kurzen Rundgang durch die Wohnung die Tür und verstaut den Schlüssel in ihrer Handtasche. Für sie bleiben noch die letzte Tasche und der karierte Beutel mit den Lebensmitteln: Wurst, Käse, Brot, Süßigkeiten, ein paar Äpfel, mehr nicht. Der Rest bleibt im Kühlschrank, den sie bei Zeiten begonnen hatten, mit Einkäufen für das Osterfest zu befüllen.

Im Treppenhaus begegnet ihnen niemand, als sie im Schummerlicht defekter Glühbirnen Etage um Etage abwärts steigen. Alle Nachbarn sind schon unten; in den vergangenen drei Monaten hat man sich kaum kennen gelernt. Man grüßt einander und die Wachidows erkundigen sich, ob schon jemand Busse gesehen habe. Sie stellen ihre Taschen ab und Irina zieht den Mädchen die dünnen Mützen zurecht, obwohl sie schon bestens sitzen.

Um Punkt vier Uhr, gerade als Irina noch einmal auf die Uhr gesehen hat, biegt das erste Fahrzeug in ihre Straße ein. Es ist ein staubiger gelber Überlandbus, wie er tausendfach durch das Land fährt. Und hinter ihm kommt ein weiterer, und hinter diesem noch einer, bis die ganze Straße voll ist mit gelben Bussen. Einige fahren an ihnen vorbei, bis die ganze Kolonne wie auf ein Kommando anhält und sich mit einem Zischen die Türen öffnen.

Alle haben dem ungewöhnlichen Schauspiel wortlos zugesehen, als hätten sie nicht mehr wirklich mit dem Eintreffen der Fahrzeuge gerechnet. Erst jetzt scheint die Evakuierung beschlossene Sache. Die Menschen greifen nach ihren Taschen, rufen ihre Kinder, winken diejenigen herbei, die sich etwas entfernt haben.

Als Irina ihre Mitbürger beobachtet, ist sie sich nicht sicher, ob es überall vollständige Familien sind, die hier auf die Busse gewartet haben und nun einsteigen. Denn an den Türen sieht sich der eine oder die andere noch wie nach jemandem suchend um. Vielleicht, denkt sie, sind einige gar nicht rechtzeitig heimgekommen und wissen nicht Bescheid? Sie gibt sich Mühe, ihre kleine Familie beisammenzuhalten, hat ihre Augen plötzlich überall, auf dem Gepäck, der Schwiegermutter, der kleinen Anna in deren Arm, Vladimir, der nach den beiden Frauen einsteigt und zuvor noch einer älteren Frau hilft, die versucht, mit einer viel zu schweren Tasche die hohen Stufen hinaufzukommen. Einen Moment lang ist Irina unruhig, aber dann sitzt er in der Reihe vor ihr und redet mit seiner Mutter, und sie denkt, dass alles Wichtige mitgekommen ist. An der offenen Tür diskutiert ein dicker Mann, der seinen Hund nicht zurücklassen will, mit dem Busfahrer. Der bleibt stur und hält sich an seine Anweisungen: keine Haustiere. Schließlich tritt der Mann unschlüssig von dem Bus zurück. Die Türen schließen sich.

Julia drückt sich die Nase am Fenster platt. Anna döst vom Schwanken des Wagens schon nach wenigen Minuten ein und lastet schwer und warm in Irinas Arm. Sie sieht hinaus auf Häuser, Parks und Straßen ihrer Stadt, die an ihr vorüberziehen. Als die Kolonne den zentralen Platz passiert, sieht sie am Ende der Prachtstraße den Brunnen mit der bronzenen Figur des Prometheus.

Julia winkt ihm zum Abschied zu und Irina denkt daran, wie sie hier vor Jahren mit Vladimir verliebt Händchen haltend spazieren ging. Einsam wirkt er, der kraftstrotzende Feuerbringer im Brunnen. Dann verschwindet auch er aus Irinas Blickfeld. Das Hotel und der Kulturpalast sind geschlossen, der Busbahnhof vor der Stadtgrenze ist verwaist, sämtliche Fahrzeuge sind im Einsatz.

»Ich glaube«, sagt Irinas Stimme auf meinem Tonband über jenen Moment ihres Lebens, nach dem sich für ihre Familie alles änderte, »erst in diesem Augenblick habe ich wirklich begriffen, dass die Evakuierung für alle galt. Niemand durfte bleiben. Das muss man sich mal vorstellen! Diese neue Stadt, in der praktisch nur junge Leute lebten. In unserem Alter standen wir doch alle am Anfang eines neuen Lebensabschnitts, nicht nur wir hatten gerade eine Familie gegründet. Als diese Busse uns abholten ... das wirkte so organisiert. Aber bring mal fünfzigtausend Menschen in Sicherheit! Das ist doch klar, dass da einiges schief geht.«

Nach kurzem Schweigen fährt sie fort: »Es gibt da diese schwere eiserne Brücke, hinter der die vierspurige Ausfallstraße beginnt, die Prypjat mit dem Rest der Welt verbindet. Auch wir fuhren an jenem Sonntagnachmittag darüber. Sie ist hoch verstrahlt worden, aber das wussten wir ja alles noch nicht. Für alle Fahrzeuge, die nach Prypjat reinwollten, war diese Brücke irgendwann am Samstagmorgen – gar nicht lange nach dem Unfall – geschlossen worden. Und alle Busse, die hinauswollten, hielt der Fahrdienstleiter auf. Der letzte Linienbus ging um zehn nach fünf in der Früh. Auch den hatte der *dispatcher* aufhalten wollen, aber er hat den Fahrer nicht erreicht. In diesem Bus saß eine Nachbarin von mir, Ludmilla. Nach diesem letzten Bus wurde Prypjat dichtgemacht. Und Ludmilla konnte nicht mehr zurück. Stell dir das vor, die Familie in Prypjat, und Ludmilla selbst war draußen! Das waren plötzlich zwei Welten – die in der Stadt und die hinter der Brücke. Keine Verbindung dazwischen, gar keine mehr. Nur weil Ludmilla wie jeden Tag im Bus zur Arbeit gesessen hatte. Das ganze Leben besteht aus solchen Zufällen.«

Irina unterbricht. Die Erinnerung hat sie aufgewühlt, aber sie ist zu höflich, um eine Pause zu erbitten. Stattdessen spielt sie mir den Ball zu, sagt: »Ich erinnere mich noch gut an unser Kennenlernen, Antje. Das war das erste Mal, dass du in der Zone warst, nicht wahr?«

Ich lebte damals schon ein paar Jahre in Kiew, bis ich endlich all meinen Mut zusammennahm, um dorthin zu fahren. Es musste sein, damit sich für mich endlich ein Kreis schloss.

Tödliche Stille

Der Schlagbaum mit mehreren Wachmännern macht unmissverständlich klar, wo wir sind. Der *propusk* – unsere Zugangserlaubnis – wird kontrolliert, die Weiterfahrt gewährt. Durch die verschmutzten Scheiben des Busses geht mein Blick über eine liebliche Landschaft: Zartgrüne Mischwälder erstrecken sich über sanfte Hügel. Sandige, schmale Wege führen durch verwilderte Felder. Zwischen Birken, Weiden, Pappeln und Kiefernhölzern leuchten Seen und die Seitenarme des Dnipro im Sonnenlicht, am Ufer von Schilf gesäumt, das sich im Wind wiegt, als habe nie ein Mensch einen Fuß in diese Welt gesetzt. Eine Herde Wildpferde hat sich in dem verlassenen Gebiet angesiedelt und andere Tier- und Pflanzenarten, die andernorts ausgestorben sind. Elche leben in den Wäldern, Wildschweine, angeblich sogar Wölfe und Kraniche in den Sümpfen. Doch das Auge wartet vergeblich auf eine Bewegung, auf etwas anderes als den Tanz der Gräser im Wind.

Wie tückisch diese Strahlung wirklich ist, denke ich, versteht man erst, wenn man diese traumhaft schöne, unberührte Landschaft gesehen hat. Man wähnt sich in einem Paradies. Lebte man hier, so wäre es die Hölle: Mit keinem unserer Sinne können wir die Gefahr erfassen.

Dies ist die *Dritte Zone*. So wird der abgesperrte Bereich genannt, der in einem Radius von dreißig Kilometern um das explodierte Kernkraftwerk gezogen wurde. Die Ukrainer nennen ihn einfach *die Zone*.

Die Menschen im Bus, Mitarbeiter verschiedener Botschaften und einige wenige Ukrainer, schweigen. Niemand wärmt die schalen Witze von sagenhaften Mutationen auf, mit denen das Schlagwort Tschernobyl in Verbindung gebracht wird. Angesichts dieser tödlichen Stille da draußen schämt man sich fast, dass man noch vor wenigen Minuten geblödelt hat, als ein Hund um den am Schlagbaum wartenden Bus strich: »Schaut mal, der Hund da, der hat aber ziemlich große Ohren!« Kichern, jeder weiß, was kommt: »Ja – besonders, wenn man bedenkt, dass er eigentlich eine Maus ist!« Gelächter ...

Einsam fährt der Bus auf einer gähnend leeren breiten Landstraße – bis zum nächsten Schlagbaum. Der Zehn-Kilometer-Ring um das Kraftwerk *Lenin* beginnt. Hier leben nicht einmal mehr die Waldarbeiter, welche die Wälder von abgestorbenen Bäumen bereinigen, um zu verhindern, dass das tote Holz Feuer fängt. Und dann eine steinerne Stele, darauf der eingehauene Name in verwitternden Buchstaben: Prypjat. Die ersten Häuser mit Fenstern wie tote Augen, offene Haustüren. Sträucher, hoch gewachsene Gräser, Bäume und Grünzeug überwuchern Asphalt und Beton. Die Natur holt sich das Menschenwerk zurück. Auf den weiten Plätzen und Straßen übermannshohe Schilder mit jetzt zynisch klingenden Sowjet-Parolen über Arbeit, die den Menschen zufrieden mache, und dass das Kraftwerk der Herzschlag der Region sei.

Als der Bus hält, steigen wir aus; kaum einer spricht. Zu erdrückend ist die Stille um uns. Ich gehe ein paar Schritte, und meine Absätze hallen hohl in meinen Ohren wider. Die Treppen, die zu Rathaus, Hotel, Stadthalle, Kulturpalast hinaufführen, sind überwuchert von einem moosartigen Gras und Unkraut, das die Steinplatten zerbrochen hat. Das Riesenrad, in dessen gelben Kabinen niemals ein Kind gesessen hat, wirkt wie das perfekte Symbol für den Stillstand der Zeit. Wie so viele Monumente in der Sowjetunion war es überdimensioniert, fast so hoch wie einer der mehrstöckigen Wohnblöcke.

Ich schließe die Augen und stelle mir vor, Kinderlachen zu hören, die Stimmen von Menschen, die Musik aus den Lautsprechern. Es sind Geister, die mein harmoniebedürftiges Herz herbeiruft, weil mein Verstand diese Leere nicht erträgt.

Eine Weile noch soll es hier Tiere gegeben haben, zurückgelassene Katzen und Hunde, dann einen rasanten Anstieg der Rattenpopulation, als die tödlich verstrahlten Haustiere starben. Inzwischen leben hier nicht einmal mehr Ratten.

Der Geigerzähler tickt leise vor sich hin. Die stark geschminkte Dame mit den auftoupierten Haaren, die unsere Gruppe begleitet, hält ihn die ganze Zeit über locker in der Hand. Sie wurde von der das Kernkraftwerk verwaltenden Organisation dazu abgestellt, auf uns aufzupassen und unsere Fragen zu beantworten. Man merkt ihr an, dass sie an den Zähler gewöhnt ist. Wir sind es nicht. In der deutschen Botschaft gibt es zwei Stück davon, aber ich meide sie, weil ihr Anblick nur meine Ängste wachruft. Eine Weile wandert mein Blick immer wieder zu dem zitternden kleinen Zeiger. Die Reichweite des Zifferblatts von links nach rechts bedeutet ansteigende Strahlungsintensität. Links ist gut – keine Strahlung; rechts ist schlecht. Ganz schlecht. Da der Zeiger bisher unverändert in der Mitte zwischen Links und Rechts verharrt, gelingt es mir irgendwann, sein Vorhandensein auszublenden.

Verstohlen betrachte ich die Einheimischen, die mit uns Ausländern diese Fahrt gemacht haben. Für sie ist es zweifellos eine Reise in die Vergangenheit. Eine Frau hat sich ein wenig abgesondert von der Gruppe. Ihre kupferroten Haare sind kurz geschnitten, sie mag Anfang vierzig sein. Sie ist auf die Stufen zugegangen, die zum Kulturpalast führen, und davor stehen geblieben. Sie strahlt die Einsamkeit eines Menschen aus, der an einen Ort zurückkommt, an dem er einmal zu Hause war und nicht mehr ist.

»Wir haben heute ein Mädchen unter uns, das hier in Prypjat geboren wurde«, sagt Viktor in die Stille hinein. Der vierzigjährige Ukrainer leitet die Fahrt von Kiew hierher. Er deutet auf eine hübsche junge Frau, die ihre langen schwarzen Haare unter einem Käppi versteckt hat. »Da steht sie – Julia. Julia wurde vor einundzwanzig Jahren hier geboren und im April 1986 evakuiert.

Und da ist ihre Mutter, Irina. Die beiden sind heute, mit uns, nach achtzehn Jahren wieder hier.«

Julia lächelt schüchtern, grüßt mit einem Kopfnicken. Ob es ihr peinlich ist, ausgerechnet an diesem Ort ein Etikett verpasst zu bekommen – *ich hab's überlebt*? Ihre Mutter ist die Frau mit den kupferroten Haaren, die so verloren vor den Stufen des verfallenen Kulturpalastes steht. Sie lächelt, und die Lachfältchen um ihre Augen verraten, dass ihr Leben nach Prypjat irgendwie weitergegangen sein muss.

Ich wüsste gerne, wo und wann sie das Lachen wiedergefunden hat.

Unser Aufenthalt in der Geisterstadt dauert nur fünf Minuten. Dann setzen wir die Fahrt durch das Niemandsland fort, bis man schon von weitem auf einem Feld eine immense Ansammlung von Metall erkennen kann. Es ist der Autofriedhof für die Fahrzeuge, mit denen die Einwohner von Prypjat evakuiert wurden. Sorgfältig stehen sie nebeneinander, teils mit offenen Motorhauben und ohne Räder. Es sieht so ordentlich aus wie wohl auf keinem anderen Schrottplatz der Welt. Wir steigen aus dem Bus und werden ermahnt, auf der Straße zu bleiben, um ja keinen Staub aufzuwirbeln; er ist radioaktiv verseucht.

Viktor deutet mit ausgestrecktem Arm auf die verrostenden Fahrzeuge. Kugelige, khakigrüne sowjetische Laster, gelb-blaue Busse – in den Nationalfarben der Ukraine –, wie sie heute noch durch die Straßen der Ukraine fahren, und eine Anzahl Helikopter, deren Tarnfarbe bis fast zur Unkenntlichkeit verblasst ist, müde herabhängende Rotorblätter über dem roten Sowjetstern an der Seite, Relikte des sowjetischen Krieges in Afghanistan und dann eingesetzt zur Bereinigung der Folgen des Unfalls.

»Sie waren alle intakt«, sagt Viktor. »Jetzt fehlen Motoren, Reifen, Seitenspiegel, Sitze.« Er lässt den Arm sinken. »Es hat hier viele Plünderungen gegeben, gerade am Anfang. Die Menschen haben nicht verstanden, wie gefährlich dieser Schrott ist. Lebensgefährlich. Viele der Plünderer sind gestorben, einige schon am nächsten Tag. Aber auch heute noch wird geplündert.« Er zuckt die Achseln. »Die Menschen glauben es einfach nicht. Sie verstehen es bis heute nicht, was hier passiert ist.« Und dann weist er auf die gelben Warnschilder hin: Radioaktivität.

Aber was zählt eine nicht spürbare Gefahr gegen den Hunger, der die Menschen quält, frage ich mich. Schrott bringt Geld. Die fast fünfzig Millionen Ukrainer zählen mit einem durchschnittlichen Monatseinkommen von vierhundertfünfzig Griwna – das sind fünfundsechzig Euro – zu den ärmsten Bewohnern Europas.

Es ist eine unwirkliche Atmosphäre: ein strahlend blauer Frühlingshimmel, Bäume in zartem Grün, bis zum Horizont das leere Asphaltband der Straße, die verrostenden Wracks.

Es ist, als blicke man gleichzeitig in die Vergangenheit und in eine ferne Zukunft, die keine Lebewesen der uns vertrauten Welt mehr kennt. Für Jahrhunderte wird es hier noch so sein. Die Verfallzeiten für radioaktive Stoffe sind zu lang für die Zeitrechnung von Menschenleben.

Wieder fällt mein Blick auf Irina, die Frau mit den kupferfarbenen kurzen Haaren. Jetzt hält sie ihre erwachsene Tochter an der Hand, oder die sie, wie man es oft bei ukrainischen Frauen sieht: Mütter und Töchter, Freundinnen, Schwestern halten einander an der Hand. So gehen die Frauen in diesem Land stärker durchs Leben. Es scheint kein Mann zu den beiden zu gehören, sie haben diese Fahrt jedenfalls alleine gemacht. Die zwei haben in jenen Lastwagen und Autobussen gesessen, die nun neben uns verrosten. Eine damals junge Mutter, die andere noch ein kleines Kind. Diese beiden haben hier vermutlich alles verloren, ihr Leben muss eine andere Richtung genommen haben, nichts kann mehr gewesen sein wie zuvor. Ich frage mich, welche Geschichte sie zu erzählen haben. Und beschließe sie zu fragen. Nicht jetzt, nicht hier, aber ein wenig später. Wenn wir von unserer Reise in die Vergangenheit zurückgekehrt sein werden in die Gegenwart.

Am Horizont steht der dunkel drohende Klotz des Kernkraftwerks von Tschernobyl. Nach dem GAU habe ich monatelang von diesem Ding und der Gefahr geträumt, die von ihm ausgeht. Endlich hatte ich mich durchgerungen hinzufahren. Und jetzt habe ich nur noch einen Wunsch: Ich will hier weg, um keinen Preis will ich in die Nähe dieses Monsters.

»Wir fahren jetzt weiter nach Tschernobyl«, sagt unser Reiseleiter. »Würden Sie bitte alle wieder einsteigen.« Langsam gehe ich zum Bus. Es ist zu spät, um umzukehren.

Während meine Gedanken in »die Zone« gereist sind, habe ich für Irina, Julia und mich Tee gemacht. Das Wasser dazu kann ich nicht aus der Leitung nehmen; ich bin auf Mineralwassercontainer angewiesen. Kiew bezieht sein Trinkwasser unter anderem aus dem Fluss Prypjat, der an Tschernobyl vorbeifließt. Aber immerhin: Es wird gechlort.

Irina hat unsere Pause genutzt, um sich zu sammeln. »Wir hatten an jenem Sonntag keine Ahnung, wo sie uns hinbringen«, erzählt sie, und ich schalte den Kassettenrekorder ein. »Niemand hat etwas erklärt. Die Busse fuhren im Konvoi hintereinander her. Immer mal wieder scherte einer aus und wir fuhren weiter. Es wurde Abend, die Kinder quengelten. Seit fast fünf Stunden waren wir unterwegs. Das mag nicht lang erscheinen, aber wenn man nicht weiß, wo es hingeht, erscheint das wie eine Tagesreise. Alle dachten, wir wären schon ganz weit weg von Prypjat. Und dann plötzlich bog unser Bus ab, irgendwo, hinein in einen Feldweg...«

Willkommen in der Fremde

Seljonaja Poljana, Sonntag, 27. April 1986, 20:45 Uhr

Seljonaja Poljana, Grünes Feld, steht auf dem Ortsschild. Wie der Name hoffen lässt, umgibt die Flüchtlinge eine gesund aussehende Landschaft mit bestellten Feldern; am Wegesrand weiden Kühe, werden Schafe von Kindern oder alten Leuten gehütet. Als ihr Bus langsam anhält, kommen die Menschen aus den Häusern. Von überallher füllt sich der Platz. Alte stehen von ihren Bänken auf und setzen sich in Bewegung, ein paar Hunde umbellen den fremden Bus, Männer sehen nachdenklich herüber. Ihre Gesichter sind wettergegerbt, man sieht ihnen an, dass sie nicht oft Fremde sehen, aber auch nicht leicht zu überraschen sind.

Niemand sagt Irina, dass sie am Ziel sind, aber als der Busfahrer die Türen öffnet, ist klar: Sie sind angekommen.

Eine Frau aus dem Dorf-*Komsomol* empfängt die Evakuierten und teilt ihnen mit, dass sie für die Dauer der drei Tage hier bleiben und bei den Dorfbewohnern untergebracht werden. Wie das vonstatten gehen soll, erwähnt sie nicht. Die Flüchtlinge stehen mit ihren Kindern, Koffern und Taschen in der Abendsonne auf dem Dorfplatz und sehen sich erschöpft und wortkarg um. Die Gastgeber wirken gleichermaßen unschlüssig und wissen nicht, wie sie die Ankömmlinge begrüßen sollen. Doch willkommen sind sie, daran soll kein Zweifel bestehen. Irina sieht Lächeln auf den Gesichtern und die Kinder gehen unbefangen aufeinander zu, ehe die Erwachsenen die Situation meistern. Dann kommen plötzlich, wie auf ein geheimes Kommando, die Dorfbewohner den Flüchtlingen entgegen, jeder auf denjenigen *tschernobylez* – denn so werden sie von nun an heißen –, den er oder sie sich auf den ersten Blick ausgesucht hat.

Eine Mittfünfzigerin mit grauen zusammengebundenen Haaren, dem sonnenverbrannten Gesicht und den großen derben Händen einer Bäuerin kommt auf Vladimir, Irina und Tatjana zu. »Na, Leute, wie heißt ihr denn? Ich bin Marija. Ihr könnt in meinem Haus wohnen.«

Irina treibt diese einfache Ansprache die Tränen in die Augen. Plötzlich erkennt sie, was sie ist: Ein Mensch, der kein Obdach für die Nacht hätte, wenn nicht ein hilfsbereiter Landsmann ihn aufnimmt. Sie schluckt die Tränen herunter und reicht der Bauersfrau dankbar die Hand. »Vielen Dank, Marija. Wir sind sehr müde. Die Kinder sind schon im Bus eingeschlafen.«

»Habt ihr gegessen? Bei uns ist alles einfach. Das ist bei euch in der Stadt sicher ganz anders. Wir leben von dem, was wir auf den Feldern anbauen. Hier gibt es immer Brot und *kwas* und Rüben, verhungern muss niemand. Kommt in mein Haus. Der Alte da ist mein Vater, und das da ist meine Tochter.«

Die Jüngere sieht nicht viel anders aus als die Ältere, eine stämmige Frau auch sie, die Feldarbeit gewöhnt ist, die Haare auf die gleiche praktische Art hochgesteckt wie die Mutter. Beiden glänzen Goldzähne im Mund, wenn sie lächeln oder lachen, und die Jüngere hält sich die Hand vor den Mund dabei. Auf der Bank vor dem kleinen Haus sitzt ein alter Mann, den Spazierstock zwischen den Füßen in die Erde gerammt und die knorrigen großen Hände auf dem Knauf gefaltet. Er nickt den Fremden kurz zu, nicht unfreundlich, nur wie einer, den nichts erschüttern kann. Der struppige namenlose Hund neben seinen Füßen hebt nicht einmal den Kopf.

Auf dem Herd in der einfachen Küche steht ein Topf, aus dem es deftig nach Kohlsuppe duftet. Auf dem Holztisch liegt ein frisch angeschnittener Laib Brot. Irina hat keinen Hunger, aber die saubere Wohnlichkeit des Hauses und der freundliche Empfang tun ihr gut. Sie ist so erschöpft wie nach einem Arbeitstag. Immer wieder denkt sie an ihre Wohnung in Prypjat, in deren

Fenster jetzt die Abendsonne Vladimirs Kakteenzucht bescheint, die neuen Möbel im Wohnzimmer, Annas Kinderwagen, den sie in der Küche stehen gelassen haben. Sie ist kein Mensch, der zu Heimweh neigt, aber sie ist nicht gerne unterwegs. Sie mag ihr liebevoll in mühsamer Kleinarbeit zusammengestelltes Zuhause. Es zieht sie nicht zum Neuen, Fremden; sie braucht zur Zufriedenheit die Sicherheit vor den Unwägbarkeiten des Daseins.

In dem winzigen Zimmer, das die Bauersleute geräumt haben, stehen ein Stuhl, ein Schrank, eine Kommode mit einer Waschschüssel und ein einziges breites Bett für fünf Personen. Sie legen die schon wieder fast schlafenden Mädchen ins Bett, und Irina singt Julia, die in der ungewohnten Umgebung unsicher um sich blickt, leise ein Schlaflied. Sie selbst fühlt sich todmüde, gleichgültig und aufgewühlt in einem.

In der Küche hört sie Vladimirs Stimme, der sich gemeinsam mit seiner Mutter mit der Bäuerin unterhält. Zwei Gläser klirren aneinander; sicher hat er sich von dem alten Mann zu einem kleinen Wodka aus dessen Vorräten aus den Zeiten vor Gorbatschow überreden lassen. Das ist noch immer das sicherste Mittel zwischen zwei Männern, miteinander bekannt zu werden. Wenn es sein muss, kann Volodja auch damit umgehen. Als die Kinder schlafen, geht Irina lautlos in die Küche, um Vladimir vor einem weiteren angebotenen Glas zu beschützen.

In der Küche erfährt sie von Marija eine erstaunliche Nachricht: Prypjat liegt gerade mal fünfzig Kilometer entfernt. »Sie sind mit uns im Kreis gefahren«, folgert Vladimir.

Die Bäuerin lacht. Dieses Land, ihre Heimat, kann sie nicht überraschen; in gewissem Sinne dreht sich hier doch immer alles im Kreis.

»Wenigstens haben wir auf diese Weise euch gefunden«, sagt Vladimir und prostet den Gastgebern zu.

Morgen, denkt Irina, sehen wir weiter. Und am Donnerstag sind wir wieder zu Hause.

Ein Aufruf

Seljonaja Poljana, Montag, 28. April 1986, 19:00 Uhr

Vladimir nimmt das Stück Brot entgegen, das ihm die Bäuerin reicht, und tunkt es in die Suppe. Seine Hände sind krebsrot von dem kalten Wasser, in dem er sie ausgiebig gewaschen hat. Mit dem Land zu arbeiten ist eine ehrliche Tätigkeit, aber die Spuren der Erde haben sich bereits in seine Haut und unter seine Fingernägel gegraben. Es ist ein Gefühl wie Heimkehr; er lebt schon lange in der Stadt, aber seine Hände und seine Sinne haben den Kontakt mit der Natur nie verloren. Auf seinem Schoß sitzt Anna und begutachtet die Suppe, die ihre Mutter heute zubereitet hat. Als das eingetunkte Brotstück auf ihren Mund zukommt, ist der Ausdruck der Konzentration in ihren für eine Sekunde leicht schielenden Augen so lustig, dass Irina und die Tochter der Bäuerin in unterdrücktes Lachen ausbrechen. Vladimir, der den Gesichtsausdruck seiner Tochter nicht sehen kann, liest in den Augen seiner Frau, worüber sie lacht, und stimmt in ihre Fröhlichkeit ein. Anna futtert zufrieden weiter.

Die Stimme des Radiosprechers drängt sich in die heitere Runde, als habe eine unsichtbare Hand am Lautstärkeknopf gedreht. Plötzlich ist es still am Tisch.

»Es folgt eine Durchsage für die Bürgerinnen und Bürger aus Prypjat in unserem Bezirk: Jeder arbeitsfähige Mann zwischen sechzehn und fünfundsechzig ist aufgerufen, sich morgen, am 29. April, um neun Uhr morgens an den Hauptstraßen einzufinden, um sich zum Arbeitseinsatz in Tschernobyl zu melden. Busse werden die Einsatzkräfte an den Hauptstraßen aufnehmen und zum Einsatzort bringen.«

Irina steht auf, geht zum Radio und schaltet es aus. Erst als ihre

Knie zu zittern beginnen, wird ihr bewusst, dass sie mitten im Raum steht und ins Leere starrt.

»Wieso ...« Ihre Stimme ist rau, und sie muss noch einmal ansetzen. Ihr Blick fällt auf Vladimir. Er sitzt reglos an seinem Platz am Tisch und sieht sie an. »Wieso sollt ihr euch zum Arbeitseinsatz am Werk melden – aber wir dürfen nicht zurück nach Prypjat? Wieso könnt ihr dort arbeiten, aber wir dürfen nicht nach Hause und wieder da wohnen? Wieso ...«

»Ira ... bitte, setz dich.«

Seine Stimme ist ruhig und gefasst und Irina folgt seiner Aufforderung. Die Bäuerin und ihre Tochter stehen auf und räumen den Tisch ab. Dann gehen sie und Tatjana lautlos in den Vorgarten hinaus, Julia an der Hand ihrer Oma und Anna auf dem Arm von Marijas Tochter.

»Ich fahre nicht nach Tschernobyl«, sagt Vladimir mit fester Stimme. »Ich gehe nachher noch zum Bezirksparteibüro und kläre das.«

Irina weiß, was er vom *rajkompartii* hält. In jeder noch so kleinen Stadt muss man sich früher oder später einmal mit einem solchen Ableger der Partei auseinander setzen. Und jeder macht am liebsten einen Bogen um die Vertreter der Staatsmacht, die sich gern allzu wichtig nehmen.

»Sie werden ja gar nicht alle von uns dort brauchen«, fährt Vladimir fort. »Und ich werde hier sicherlich auf dem Feld benötigt.« Ohne dass Marija ihn darum bitten musste, ist er gemeinsam mit ihr und ihrer Tochter heute Morgen auf den Acker gegangen, um mitzuhelfen, wo jetzt im Frühling jede Hand gebraucht wird. »Auf keinen Fall werde ich nach Tschernobyl fahren«, sagt er nachdrücklich.

Irina nickt, bis sie selber bemerkt, dass sie gar nicht damit aufhören kann. Sie ist nicht im Geringsten beruhigt. Einerseits werden die Männer zum Einsatz an dem – wie sie zu diesem Zeitpunkt nur vermuten kann – noch immer brennenden Kernkraftwerk gerufen, aber gleichzeitig dürfen die Einwohner Prypjats nicht ihre drei Kilometer vom Werk entfernten Wohnungen wieder beziehen. Dieser Widerspruch muss einen Grund haben. Und sie beginnt sich zu fragen, was die Behörden davon abhält, die versprochene Drei-Tages-Frist für die Evakuierung einzuhalten. Sie ist sich nicht sicher, ob sie zurückwill nach Prypjat. Wenn es aber Gründe für die Verzögerung geben sollte, dann will sie ganz sicher nicht, dass Volodja dort arbeitet, wo sie nicht leben dürfen.

Er steht auf, geht um den Tisch herum und küsst sie auf den Kopf. »Mach dir keine Sorgen«, sagt er. »Ich kläre das.«

Sie sieht ihm nach, als er das Haus verlässt, draußen ungezwungen mit der Bäuerin plaudert und dann mit schweren Schritten Richtung Dorfplatz davongeht. Ihr ist zumute, als strecke der Tod seine kalten Finger nach ihm aus.

Ein Mann mit Macht

Seljonaja Poljana, 28. April 1986, 19:15 Uhr

Im Bezirksparteibüro haben sich bereits andere Männer aus Prypjat eingefunden, um herauszufinden, ob der Aufruf sie alle betrifft und für wie lange sie fort sein werden. Die meisten stehen unschlüssig in kleineren Gruppen in der Mitte des spärlich möblierten Raumes und diskutieren leise miteinander. Von den Vertretern der Partei, die hier arbeiten, sitzt einer an einem Schreibtisch in der Ecke und füllt Papiere aus. Er scheint vollkommen desinteressiert an den Gesprächen der Männer oder ihren Anliegen.

Vladimir geht auf ihn zu. »Entschuldige, Genosse, ich habe eine Frage.«

Der andere sieht hoch und lässt nicht erkennen, ob er zu einer Auskunft bereit ist. Vladimir schätzt seinen Rang relativ niedrig ein.

»Ich habe den Aufruf im Radio gehört und möchte wissen, ob ich mich zum Arbeitseinsatz melden muss.«

»Was meinst du denn, warum ausgerechnet du nicht arbeiten musst, Genosse?«

Vladimir hört die gelangweilte Feindseligkeit aus der von ländlichem Dialekt gefärbten Stimme des Mannes heraus. Der Mann ist höchstwahrscheinlich selbst in seinem Hauptberuf Bauer; von den tödlichen Gefahren eines brennenden Kernreaktors dürfte er kaum etwas ahnen.

»Ich arbeite bei unserer Gastfamilie auf dem Feld«, antwortet Vladimir mit einem Achselzucken. »Wir setzen gerade Kartoffeln. Es ist kein Mann da. Wenn ich weg bin, haben die Frauen niemanden, der die schweren Arbeiten macht.«

Der Mann am Schreibtisch sieht ihn eine Weile wortlos an,

kaut auf einigen Sonnenblumenkernen und spuckt sie dann einfach auf den Holzfußboden. »Warte hier.«

Durch die offene Tür hört Vladimir ihn kurz mit einem Mann im Nebenzimmer reden, dann kehren beide zurück. Der *natschalnik*, der Chef, ist ein kahlköpfiger Mittfünfziger mit einem runden Bauch, in der khakifarbenen Kleidung eines ausgemusterten Soldaten. Die Abzeichen des Ranges, den er bei der Armee bekleidet hat, wurden entfernt, aber Vladimirs Menschenkenntnis sagt ihm, dass der Dicke einst ein einfacher Soldat war.

»Du bist der, der nicht arbeiten will?«

Na, das ist ja eine vielversprechende Begrüßung, denkt Vladimir und schüttelt unbeeindruckt den Kopf. »Ich bin der, der wissen will, *wo* er arbeiten soll – hier auf dem Feld oder in Tschernobyl.«

Der andere mustert ihn kurz, dann senkt er das Kinn und räuspert sich, gibt seinem Mitarbeiter einen Wink, woraufhin der zurück an seinen Schreibtisch schlurft. »Du arbeitest also hier auf dem Feld?«

»Bei Marija Andrejewna, am Ende der Straße.«

»Bist du mit deiner Familie hier?«

»Mit meiner Frau, unseren zwei Kindern und meiner Mutter.«

»Wie alt, die Kinder?«

»Drei und eineinhalb.«

»Was bist du denn von Beruf?«

»Betonbauer.«

»Du bist nicht aus der Gegend hier und auch nicht aus dem Kiewer *oblast*.« Mit seinem Hinweis auf Vladimirs gebietsfremde Herkunft scheint der Mann klar machen zu wollen, dass ihm nichts entgeht. Vielleicht ist aber auch sein Interesse geweckt und trifft er nicht oft Menschen, die nicht aus dem nahen Kiewer Gebiet kommen.

»Ich bin aus Usbekistan.«

»Wie heißt du?«

»Wachidow, Vladimir Borisowitsch.«

»Das ist ein russischer Name.«
»Ich bin Russe.«

Der Kahlköpfige speit die während des Gesprächs zu einer schwarzen Schleimmasse gekauten Sonnenblumenkerne auf den Boden neben seine Stiefel. »Also, Wachidow Vladimir Borisowitsch, dann gib mal dem Genossen hier deine Anschrift und deine ganzen Daten, du weißt schon: alles, was man so braucht, und dann gehst du morgen wieder aufs Feld. Hast du vor, irgendwo anders hinzufahren?«

Vladimir runzelt die Stirn. »Nach Prypjat zurück. Warum?«

Der *rajkompartii*-Mann lässt seinen Blick gelangweilt durch den Raum schweifen. »Falls du nicht nach Prypjat fährst, dann solltest du dem Genossen diese andere Adresse geben. Damit man weiß, wo man dich findet, wenn man dich braucht.«

»Bekomme ich ein Papier darüber, dass ich die Genehmigung habe, mich nicht zum Einsatz zu melden?«

»Brauchst du nicht. Wir wissen ja, dass du dich hier gemeldet hast. Oder vertraust du der Partei nicht ohne ein Papier?«

»Doch. Natürlich.«

»Dann sind wir uns ja einig.«

Vladimir nickt kurz und der Dicke verschwindet wieder im Nebenraum. Am Tisch hebt der Schreiber den Kopf und sieht ihn an.

Falls du nicht nach Prypjat fährst ... Die Worte hallen in Vladimirs Kopf wider, selbst als er das Gebäude verlassen hat und in der Abendsonne auf der staubigen Dorfstraße steht. Er denkt an Irina und ihre Zuversicht, bald wieder heim zu können; er denkt an die neuen kleinen Kinderbetten in seinem Schlafzimmer; er denkt an die Fische, die wohlmöglich schon tot sind. Im Gegensatz zu Irina ist er sich sicher, dass die Stärksten die Schwächsten längst aufgefressen haben. Er denkt an die fehlende Abdeckung über Block vier und den Knall in der Nacht.

Er weiß, dass der erste Punkt an ihn gegangen ist, und fragt sich, gegen wen.

Heimatlos

Seljonaja Poljana, Dienstag, 29. April 1986

Irina steht auf der Schwelle des Bauernhauses und sieht hinauf zum Himmel. Regenwolken ziehen auf, aber es sieht nicht so aus, als ob sie auch abregnen würden. Es ist windig und die Böen fegen feinen Staub über die sandige Dorfstraße, die sich an den aus Holz gezimmerten und nicht selten windschiefen Häusern vorbeiwindet. Freundlich wirkt der kleine Ort, die Menschen sind zwar arm, aber die hellblaue, saftig grüne oder weiße Farbe verleiht ihren Häusern etwas Heiteres. Auf einer Decke, die ihr die Bäuerin gegeben hat, spielt Anna im Schatten eines Apfelbaums mit einem Ball. Julia hat ganz in der Nähe einen Hund ins Herz geschlossen. Davon gibt es genügend im Dorf, und keiner hat einen Namen; sie werden geboren, leben und sterben, und wenn sie sich nützlich zu machen verstehen, umso besser. Die Menschen haben nicht viel. Ein Hund, der mithilft, die Kühe oder Ziegen zu hüten, hat eine Daseinsberechtigung. Die Kinder sehen das anders; erst später werden sie die Gefährten nach ihrem Nutzwert beurteilen.

Irina sehnt sich nach einer Dusche, aber in Marijas Haus gibt es keine. Man wäscht sich mit dem eiskalten Wasser aus dem Ziehbrunnen im Vorgarten. Das ist an heißen Tagen wie jetzt zwar eine Erfrischung; im Winter aber möchte Irina nicht mehr hier sein. Sie ist selbst auf einem Dorf aufgewachsen und Seljonaja Poljana erinnert sie an ihre Kindheit, doch hatte ihr Heimatort wenigstens eine Schule. Seither sind viele Jahre vergangen. Sie ist das Leben in der Stadt gewöhnt. Die karge Einfachheit eines Lebens auf dem Land ist ihr mit zu vielen Entbehrungen verbunden. Jetzt, am zweiten Tag, mag sie schon nicht mehr das Geräusch hören, wenn sie das Wasser aus dem Krug in die Waschschüssel gießt. Hier gibt es nicht mal einen Kühlschrank; eine in den Boden gegrabene, geschickt befestigte Kammer mit einer Stiege hinab tut es aber auch.

Die Kinder lieben die Freiheit, einfach aus dem Haus zu können. Den Garten und seine zahllosen Schätze. Die Katzen und Hunde. Die Unordnung ihres derzeitigen Daseins, die Abwesenheit von Badewasser und Schrubbschwamm, die Ungeregeltheit des Tagesablaufs. Denn ein System hat Irina bisher nicht in ihren neuen Alltag bringen können.

Gerade kehrt ihre Schwiegermutter zurück, die ein paar Einkäufe gemacht hat. Brot, eine Packung billiger Zigaretten für Vladimir und eine Flasche Saft. Und eine Packung Tabak als Präsent für den alten Mann.

»Jeder braucht ab und zu eine kleine Freude«, sagt Tatjana dazu.

Tagsüber haben die beiden Frauen das Haus für sich allein. Marija und ihre Tochter gehen mit Vladimir in aller Herrgottsfrühe hinaus aufs Feld. Er ist der einzige arbeitsfähige Mann im Haus in diesen Tagen; einen Ehemann und Vater scheint es nicht oder nicht mehr zu geben, und der Alte verschwindet meist am frühen Morgen irgendwohin und taucht erst zum Mittagessen wieder auf.

»Glaubst du, dass wir morgen zurückfahren werden nach Prypjat?«, fragt Tatjana.

Irina schüttelt den Kopf. »Daran glaube ich nicht mehr. Wenn wir wie geplant zurückkönnten, hätten sie uns doch sicher schon informiert, über die Abfahrtszeit zum Beispiel. Aber ... nichts! Rein gar nichts.«

»Wie lange soll das nur dauern?«

»Ich weiß es nicht.« Sie stemmt die Hände in die Hüften und fühlt sich dabei viel entschlussfreudiger. »Aber wir können hier nicht ewig bleiben! Wenn die nächsten Tage nichts passiert, werde ich Volodja vorschlagen, dass wir nach Lissitschansk zu meinen Eltern fahren.«

»Aber Ira, das willst du doch nicht wirklich.« Ihre Schwiegermutter sieht sie zweifelnd an. Sie weiß, wie ungern Irina dorthin zurückkehren würde, und wäre es auch nur für ein paar Tage.

»Natürlich nicht, aber fällt dir etwas Besseres ein?«

Tatjana schüttelt den Kopf.

»Wir können die Gastfreundschaft dieser lieben Menschen nicht sehr viel länger in Anspruch nehmen.«

»Aber wir haben doch kein Geld.«

»Wir werden eine Lösung finden.«

»Vielleicht bekommt Volodja etwas für die Feldarbeit.«

»Auf keinen Fall. Im Gegenteil: Wir müssten Marija und ihrer Tochter eigentlich etwas geben, weil sie uns aufgenommen haben. Dass Volodja ihnen hilft, ist seine Pflicht«, sagt Irina.

»Aber wir brauchen doch Geld, um hier wegzukommen.«

»Es wird sich eine Lösung finden.«

Tatjana schweigt und Irina legt ihr kurz die Hand auf die Schulter. Dann geht sie hinaus, um nach den Mädchen zu sehen.

Sie hat die halbe Nacht wach gelegen, während Vladimir den festen Schlaf des erschöpften Arbeiters geschlafen hat, und gegrübelt, wohin sie gehen könnten. Sie haben ein Zuhause, aber es ist in unerreichbare Ferne gerückt, und niemand sagt ihnen warum und für wie lange, und ob sie es überhaupt wiederbekommen werden. Mit Tatjana nach Usbekistan zu fahren – das hat Irina sofort ausgeschlossen. Sie hat sich in Vladimirs Heimat nie wohl gefühlt und will nicht so weit fort von Zuhause. Wenn Prypjat wieder freigegeben ist, will sie nicht erst viertausend Kilometer weit fahren müssen, um heimzukommen.

Der einzige Ort auf der Welt, der sie aufnehmen würde, ist auch der einzige auf der Welt, wohin sie nicht will. Aber sie weiß, dass das keine Rolle spielen darf.

Im Dorf wurde ein kleiner Stab eingerichtet, der für die Versorgung der *tschernobylzy* mit Informationen zuständig ist. Dort arbeiten ein paar Männer und Frauen, klappern auf Schreibmaschinen und telefonieren, sie scheinen viel zu tun zu haben und wirken sehr beschäftigt. Aber das Einzige, was sie nicht haben, sind Informationen. Irina selbst ist nicht dort gewesen, aber Vladimir geht jeden Abend hin, wie auch alle anderen Männer aus Prypjat. Das ist die Zeit, zu der die Schreibmaschinen besonders geschäftig klappern. Niemand weiß etwas, niemand kommt an Fakten, niemand kann ihnen sagen, wohin sie sich wenden sollen und wann sie zurück nach Hause dürfen.

Irina lehnt sich an den Apfelbaum und sieht auf ihre heimatlose kleine Tochter herab, die zu ihr hochlächelt. Sie setzt sich zu Anna auf die Decke. Sofort kommt auch Julia angelaufen und stürzt sich vergnügt in die Arme der Mutter. Irina drückt beide an sich.

»Wo bringe ich euch nur hin?«, fragt sie leise.

David gegen Goliath

Seljonaja Poljana, Donnerstag, 1. Mai 1986

»Hubschrauber mit Sand beladen haben wir – das ist eine Arbeit für Tiere, sag ich euch! Wenn die Helis abheben, fliegt das ganze Zeug durch die Luft, und du hörst es noch zwischen den Zähnen knirschen, wenn du sie dir abends geputzt hast.« Der Mann nimmt einen letzten Zug von seiner Filterlosen. Dann wirft er den Stummel auf den Boden und tritt die Glut aus. »Ach was, ich geh da einfach nicht mehr hin.«

Irina steht etwas abseits von der Gruppe und hört genau hin, was die Männer erzählen. Vladimir hat ihre Hand losgelassen und sich dem Redner genähert.

»Würde das nicht auffallen, wenn du da nicht mehr auftauchst?«, gibt er zu bedenken. Aber der Mann sagt, das sei ihm egal, und erzählt vom Arbeitseinsatz.

Er hat sich auf den Aufruf hin vorgestern an die Hauptstraße gestellt und von einem der Busse nach Tschernobyl bringen lassen. Beim Einsteigen wurden die Namen der Arbeitswilligen aufgeschrieben; eine Liste, aus der hervorgegangen wäre, wer sich hätte melden müssen, gab es nicht.

»Es ist nichts organisiert, da in Tschernobyl«, fährt der Mann fort. Die Handvoll Männer, die mit ihm am Dorfkiosk stehen und ein *kwas* auf den Feiertag trinken, nicken ihm aufmunternd zu. »Spezialkleidung bekommen wir nicht. Ich musste in der Hose arbeiten, die ich anhabe. Und dann der Dreck, den die Hubschrauber mitbringen, wenn sie wieder zurückkommen vom Werk! Ach, da gehe ich einfach nicht wieder hin.«

»Was haben die mit dem Sand gemacht, den ihr in die Hubschrauber geschaufelt habt?«, fragt einer.

Irina und Vladimir kennen sie mittlerweile alle, einige vom täglichen Sehen im Dorf, andere schon länger aus Prypjat, niemanden näher. Freundschaften sind in den Tagen, seit sie hierher evakuiert worden sind, zwischen ihnen nicht entstanden. Jeder ist mit seinem eigenen Los beschäftigt.

»Keine Ahnung. Irgendwas gebaut wahrscheinlich.«

»Werfen sie ihn noch über dem zerstörten Block ab?«, fragt Vladimir.

»Wieso? Haben sie das mal gemacht?«

»Ich habe es am Samstag gesehen. Es muss noch gebrannt haben.«

»Na, dann brennt es vielleicht immer noch, und mit dem Sand löschen sie es.«

Die kleine Gruppe schweigt lange ratlos und zerstreut sich schließlich.

Im Gehen nimmt Vladimir wieder Irinas Hand. Sie drückt verzweifelt die seine. Einer der Männer, welche die Hubschrauber mit Sand beladen haben, hätte ihr Vladimir sein können.

Es wird Jahre dauern, bis Irina wissen wird, dass der Brand im Reaktor erst zehn Tage nach der Explosion gelöscht wurde. Tausendachthundert Tonnen Sand wurden in jenen Tagen über dem Brandherd abgeworfen, doch immer wieder entfachte sich der auf mehrere Tausend Grad erhitzte Kern neu. Ein Helikopter stürzte ab über der giftigen Hölle. Es schien ein Kampf David gegen Goliath.

Sie ahnt, dass in Tschernobyl etwas Gefährliches vor sich geht und dass Männer gebraucht werden, die diese Gefahr bannen helfen. Der Bericht des Mannes, der dort war, bestätigt ihre Furcht nur. Wie lange wird es noch dauern, bis auch Vladimir davon betroffen ist und die Arbeit auf Marijas Feld ihm keinen Aufschub mehr gewährt?

Sie haben im Dorf, beim Bezirksbüro der Partei, noch etwas anderes erfahren: Ab sofort werden jedem Flüchtling dreißig Rubel als Wegegeld für seine Weiterreise ausgehändigt, mit der gut gemeinten Aufforderung, nun sein Glück in der Ferne zu suchen. Ihre Entscheidung steht fest: Sie werden nach Lissitschansk zu Irinas Eltern fahren. Wenn sie die Zugfahrt nach Kiew und die Flugkarten von Kiew ins Donbass-Gebiet zu je achtzehn Rubeln bezahlt haben werden, bleibt ihnen sogar noch etwas übrig.

Diese Entscheidung bedeutet auch die Trennung von Vladimirs Mutter, denn Tatjana hat bereits zu verstehen gegeben, dass sie nicht mitkommen würde nach Lissitschansk. Jetzt, wo sie das Geld für die Rückreise hat, will sie noch heute Abend aufbrechen: Sie muss einen der Züge nach Kiew bekommen. Dort wird sie umsteigen in den Zug ins siebenhundert Kilometer entfernte Moskau, dann erneut in den, der ins weit im Osten gelegene Taschkent fährt, um schließlich nach dreitausend Kilometern einen der riskanten Überlandbusse in ihr Dorf zu nehmen. Sie wird mehrere Tage lang unterwegs sein, so wie auch auf der Hinreise, damals nach Prypjat.

Als sie auf Marijas Haus zugehen, sitzt Tatjana auf der Bank davor. Sie hat Anna auf dem Schoß und füttert sie mit einem Apfel. Sie sieht ihre Schwiegertochter an, die sich neben sie setzt und ihrer jüngsten Tochter eine Weile beim Essen zusieht.

»So«, sagt Tatjana, »das machst du nun wieder selber, mein Kind. Die Oma muss nach Hause fahren.«

Nach Hause – das Wort klingt in Irinas Ohren nach unerfüllbarer Sehnsucht. Und wo immer es auch ist: Es wird von morgen an wieder Tausende Kilometer entfernt sein von ihrer Schwiegermutter. Wann sie sich wiedersehen werden ... das wagt niemand zu fragen.

Obdachlos

Seljonaja Poljana, Freitag, 2. Mai 1986, 6 Uhr

Es ist noch früh am Morgen, aber die Sonne brennt bereits heiß auf den Platz. Mit offenen Türen steht der Bus da, und die kleine Menschenschlange bewegt sich langsam auf ihn zu. Vor dem Einstieg passiert jeder einen Tisch, an dem ein Mann vom *rajkompartii* sitzt, die Namen anhand einer Liste abhakt und jedem Flüchtling seine dreißig Rubel aushändigt.

Die Wachidows haben den Mann mit dem Geld bereits passiert. Irina denkt schweren Herzens an Tatjana, die jetzt vermutlich schon im Zug nach Moskau sitzt. Auch ihre eigene Reise tritt Irina ungern an. Nicht nur, dass die gewaltige Weite des Landes die Familie immer wieder auseinander reißt: Obwohl es so immens groß ist, ist ihnen kein besserer Ort für ihre Flucht eingefallen als der, zu dem sie nun aufbrechen.

Sie bemerkt, dass sie diesmal schon nichts mehr zurücklassen muss, das ihr gehört: Sie reisen bereits aus der Fremde ab, nicht mehr von Zuhause. Während Anna noch zu klein ist, um zu begreifen, dass sie die niedlichen jungen Hunde nicht wiedersehen wird, hat Julia in den fünf Tagen in der Tier- und Kinderwelt Seljonaja Poljanas Freundschaften geschlossen und drückt sich die Nase platt am Fenster des Linienbusses, mit dem sie nach Kiew fahren.

»Ist das nicht komisch«, sagt Irina, »man bekommt dreißig Rubel in die Hand gedrückt und schon ist man bereit, weiterzuziehen. Dreißig Rubel reichen aus als Kommando, dass es weitergeht.«

Vladimir legt von der Bank hinter ihr den Arm um sie. »Wäre dir lieber gewesen, wenn wir mit meiner Mutter nach Usbekistan gefahren wären, anstatt jetzt nach Lissitschansk, Ira?« Vladimirs Stimme ist weich und verständnisvoll.

Nach kurzem Zögern schüttelt sie entschlossen den Kopf und zieht Julias Fuß auf ihr Knie, um ihren Schnürsenkel zuzubinden. »Nein, es ist zu weit«, sagt sie. »Wenn wir heim nach Prypjat können, müssten wir vom Dorf deiner Mutter aus die viertausend Kilometer ja auch wieder zurückfahren, um nach Hause zu kommen! Von Lissitschansk aus sind wir mit einer Tagesreise wieder zu Hause, sobald sie uns heimlassen. So ist es das Beste.«

Sie haben dieses Gespräch in den vergangenen achtundvierzig Stunden mehrfach geführt. Jetzt geht es Vladimir nicht wirklich darum, die getroffene Entscheidung noch einmal in Frage zu stellen. Aber er weiß, dass Irina dankbar ist für jede Gelegenheit, ihre Zweifel an ihrem Reiseziel sich selbst gegenüber wieder und wieder aus dem Weg zu räumen.

»Dann sieh nach vorne«, sagt er ruhig und lehnt sich zurück, die schon wieder schlafende Anna im Arm. »Denk nicht zurück. Die Vergangenheit ist vorbei, und wir sind zusammen.«

Als sie schließlich mit ihrer kleinen Familie im Zug nach Lissitschansk unterwegs ist, hat die obdachlose Irina das Gefühl, er führe rückwärts.

Irinas Mutter hatte den Aufruf damals im Radio gehört und sie gerufen: »Ira, komm schnell, hör dir das an! Der *komsomol* sucht Arbeiter für das neue Kraftwerk bei Kiew! Man muss keine Vorkenntnisse haben, nur arbeiten wollen muss man!« Der frisch geschiedenen neunzehnjährigen Irina erschien dieser Appell wie ein Sonnenstrahl, der einen trüben Himmel aufreißt. Ihre unbändige Sehnsucht nach Veränderung schien sich mit einem Mal zu erfüllen. Sie meldete sich noch am selben Tag für den Einsatz beim Kernkraftwerk, dessen Namen sie damals noch nicht kannte.

Am 1. September 1980 saß sie mit mehreren Dutzend blutjunger, unausgebildeter, gut gelaunter Mädchen und junger Männer im Zug nach Tschernobyl. Es war ein Abenteuer und jede Etappe war neu. Am Bahnhof in Kiew wurden sie von einem Beauftragten des Kraftwerkes in Empfang genommen und auf den letzten Teil des Weges gebracht. Irina war noch nie mit einem Schnellboot gefahren, und die *raketa* war schon damals berühmt im ganzen Land mit ihren dicken Tragflügeln, die mal aus dem Wasser ragten und dann wieder in den schäumenden Wellen versanken. Schnell ging die Fahrt über den Fluss nach Tschernobyl, und sie alle genossen sie, lachten und plauderten und hatten das Gefühl, einander schon lange zu kennen, weil sie dies hier zusammen erlebten und gemeinsam die Provinz hinter sich ließen. Es war der Anfang von einem besseren Leben, fern vom Donbass und seiner Bergarbeiter-Trostlosigkeit.

Sie glaubte sie für immer hinter sich gelassen zu haben, die Kleinstadt am Donbass mit den rußgefärbten Häusern, die Düsternis der verwahrlosten Straßen, das ausgezehrte Gesicht des Vaters, seine erdrückende Anwesenheit. Vergessen wollte sie auch die Erinnerung an ihre erste Ehe und deren schnelles Ende.

Oleg, ein Junge aus ihrer Straße, der sie zum Lachen brachte, schien der Richtige für eine gemeinsame Zukunft zu sein. Doch er musste zur Armee; sie war siebzehn und versprach, auf ihn zu warten. Aber diese zwei Jahre unter dem Dach ihres launischen, cholerischen Vaters dehnten sich unbarmherzig aus. Dann kam Oleg zurück, gezeichnet von zwei Jahren harten Drills und unbarmherziger Härteprüfungen, mit sadistischen Vorgesetzten, frustrierten Kameraden, kalten Nächten voller Einsamkeit und immer zu wenig zu essen. Sie waren sich fremd geworden und versuchten trotzdem, ein Ehepaar zu sein. Obwohl Irina schon beim ersten Blick auf den abgemagerten Heimkehrer gewusst hatte, dass die Liebe nicht groß genug war.

Wenn Irina an die elf Monate dieser Ehe zurückdenkt, empfindet sie ein Gefühl des Versagens und der Trauer und hat inzwischen erkannt: Es war die Zeit des wahren, schnellen Erwachsenwerdens. Sie verließ Oleg mit der Sehnsucht nach der großen

Liebe. Nach dem Richtigen, bei dem sie bleiben wollte, in guten und in schlechten Zeiten. Zwei Jahre vergingen, bis er ihr gegenüberstand und sie zum zweiten Mal in ihrem Leben »ja« sagte.

Irina greift nach Vladimirs Hand und drückt sie fest, als wollte sie sich vergewissern, dass die vergangenen sechs Jahre nicht nur ein schöner Traum gewesen sind. Sie kann noch immer nicht begreifen, dass sie mit nur zwei Koffern zurückkehren muss, um Zuflucht unter dem Dach ihres Vaters zu suchen. Er wird es sie spüren lassen, wie weit sie gekommen ist mit ihren Träumen von einem besseren Leben …

»Wir haben euch für tot gehalten!«

Lissitschansk, 2. Mai 1986, 17 Uhr

Die kleine Bergarbeiterstadt liegt unter einem dichten Nieselregen, der sich wie ein schmutziger Film auf alles legt. Niemand benutzt einen Schirm, alle sind den Dreck und die Feuchtigkeit ebenso gewöhnt wie den dauernd bedeckten Himmel und das unheimliche orangefarbene Zucken der Gase am Nachthimmel. Die Schlote der Zechen spucken unaufhörlich ihre Flammenzungen und Rauchwolken aus. In den Nächten ihrer Kindheit hat Irina sich vorgestellt, dass es Feuer speiende Drachen wären, um ihre Angst vor dem seltsamen Anblick zu verlieren. Nie aber konnte sie den stickigen Geruch von Kohle und Schwefel in der Nase vergessen, der sich dick und sauerstoffarm auf die Lungen legt. Die Gesichter der Menschen sind blass und ernst, sie lächeln selten. Sogar die Jungen scheinen es schon verlernt zu haben. Wie ihre Väter und Großväter gehen die Söhne in die maroden Bergbaugruben, und immer wieder bleiben einige von ihnen unten. Oft genug hat Irina erlebt, wie Schulkameraden ihre Väter auf diese Weise verloren. Wie die Mütter und Großmütter arbeiten die Töchter als Näherinnen oder Schweißerinnen in den Werken oder verkaufen Konfektionskleidung in den Geschäften.

Wie eine Wand steht diese Welt vor Irina, die so gar nicht mitgehalten hat mit den Errungenschaften des modernen Prypjat. Vergeblich versucht sie immer wieder Julia daran zu hindern, in den rußigen Schlamm auf den Straßen zu tapsen. Wenigstens hat sie jetzt Vladimir neben sich, groß und aufrecht trägt er Anna auf seinen breiten Schultern. Ein Mann wie er fällt auf in diesen Straßen, in denen jeder von einer unsichtbaren Last gebückt zu gehen scheint.

In einer dörflichen Seitenstraße, deren Boden vom Regen zu einem Schlammpfad aufgeweicht ist, klopft Irina an die Tür ihres Elternhauses. Alle vier sind sie durchgeschwitzt und tragen dieselbe Kleidung, die sie sechs Tage zuvor morgens angezogen hatten. Irina hat sie mehrfach gewaschen. Trotzdem hat sie das Gefühl, eine plötzliche Armut auf dem Leib zu tragen. Sie hat nicht einmal ein kleines Geschenk für ihre Mutter dabei, eine Schachtel Pralinen vom Bahnhofskiosk oder eine Seife; sie hat ganz einfach nicht daran gedacht.

Als die Tür sich öffnet, sieht sie im Gesicht ihrer Mutter Raissa, dass sie selbst das Geschenk ist. Ein schöneres hätte sie der kleinen Frau mit den verhärmten Zügen nicht machen können. Die rot geweinten Augen ihrer Mutter füllen sich mit Tränen, während sie langsam die Hände vor dem Mund zusammenlegt.

»Ach Gott, Mama, nicht doch!«, sagt Irina statt einer Begrüßung. »Es ist ja alles gut, Mama – wir leben und sind gesund. Alles ist gut! Sieh doch! Alle gesund und lebendig!«

Aber Raissas Augen laufen trotzdem über, und Irina weiß sofort, in welcher Sorge ihre Mutter gelebt hat und dass die Nachricht vom Störfall im Tschernobyler Kernkraftwerk bereits die Runde gemacht hat im Land, ganz ohne offizielle Verlautbarungen.

»Wir haben euch für tot gehalten«, erzählt Irinas Mutter, als die Wachidows ihre Koffer abgestellt und die nassen Schuhe ausgezogen haben und die Familie in der winzigen Küche steht. »Wir hören doch immer *Die Stimme Amerikas* im Radio. Das ist zwar verboten, aber da haben sie gesagt, dass das Kernkraftwerk explodiert ist. Sie waren sich nicht sicher, was genau, aber dass etwas passiert wäre, das haben sie gemeldet. Dann habe ich ein Eiltelegramm zu euch geschickt, aber es kam zurück!« Sie drückt sich rasch ein Taschentuch gegen die Augen. »Ich habe nicht geschlafen, ich habe nur noch geweint. Im Werk habe ich dann eine Kollegin gebeten, die Bekannte in Kiew hat, dass sie bei euch in Prypjat anrufen lässt. Aber es ging nicht! Man sagte ihren Bekannten, es gibt keine Verbindung mehr nach Prypjat!« Sie legt zaghaft eine Hand an die Wange ihrer Tochter, die sie um einen Kopf überragt. »Mein Gott, ich habe nur noch geweint.« Irina umfasst die Hand ihrer Mutter, als wolle sie sie wärmen.

»Wenigstens«, fährt *babuschka* Raissa fort, »habe ich erfahren, dass Prypjat evakuiert worden ist. Da habe ich dann wieder Hoffnung geschöpft. Man macht sich ja alle Arten von Gedanken. Was mit dir ist? Ob Volodja nicht gerade Schicht hatte? Ob es Julitschka und Anja gut geht? Oder ob ihr überhaupt mit fortgebracht worden seid? Ach Gott, man macht sich ja alle Arten von Gedanken ...«

Wieder drückt sie ihr Taschentuch an die Augen, aber Irina merkt, dass ihre Mutter sich langsam beruhigt. Sie setzt Tee auf im Samowar und schneidet ein paar Scheiben Brot und Käse für Vladimir ab und zerteilt einen Apfel für Julia. Es ist ein Zuhause. Allerdings nicht jenes, in das sie heimkommen wollte.

Selbst wenn sie daran gedacht hätte, dass ihre Mutter halb wahnsinnig vor Sorge um sie sein könnte, so hätte sie doch keine Möglichkeit gehabt, sie zu informieren. Kaum jemand besitzt ein Telefon. Manchmal gibt es eines in einer *komunalka*, einer Gemeinschaftswohnung, aber in der ländlichen Gegend, in der ihre Eltern leben, hat niemand eines. Telefonate aus der eigenen Stadt heraus müssen bei einer Vermittlung angemeldet werden und kommen oft erst Stunden später, manchmal mitten in der Nacht, zustande. Das weit verbreitetste Mittel, jemanden in einem entfernten Landesteil zu erreichen, ist das Telegramm. Oder man lässt einen Bekannten oder Verwandten in der Republikhauptstadt Kiew anrufen, der sich dann von diesem zentralen Knotenpunkt aus weiterverbinden lassen kann zu jemandem in der Stadt, die man erreichen möchte. Wenn eine Verbindung abreißt, wie diejenige in die evakuierte Stadt Prypjat, gibt es kaum einen Weg, den Kontakt wiederherzustellen.

Gegen Abend geht die Tür auf: Ihr Vater steht im Raum, der sofort noch enger zu werden scheint. Er ist ein schwerer Mann mit einem kantigen, langen Kinn und großen Händen. Nie bewegt er sich leise oder behutsam, als könne er das gar nicht oder als liege seine mangelnde Rücksicht an der Grobheit seiner Gliedmaßen. Der Blick seiner von geplatzten Äderchen geröteten Augen schweift düster über die in der Küche versammelte Familie. Auf Volodja verweilt er nur kurz; mit einem Mann, der keinen Tropfen Alkohol trinkt, kann er nichts anfangen. Er hat nie einen Hehl daraus gemacht, dass so einer kein richtiger Kerl ist.

»Da seid ihr also«, sagt er schließlich.

»Guten Abend, Vater.« Irina bleibt stehen, wo sie gerade ist, und sieht ihn an. »Wie geht es dir?«

»Muss ja.«

»Sie leben!«, sagt Irinas Mutter, als könnte ihm dieser Umstand entgangen sein. »Ist das nicht wunderbar?«

Der Vater schaut von einem zum anderen, dann nickt er. »Und ich nehm sie auf«, sagt er. »Das macht man ja wohl so, als Vater. Ist meine Pflicht. Also bedankt euch nicht.«

Irina verschränkt die Arme vor der Brust. »Doch«, sagt sie. »Ich danke dir. Aber nur ein Mal und das ist jetzt. Ich danke dir. Ich hoffe, wir werden euch nicht lange zur Last fallen.«

»Aber das tut ihr doch nicht!« Ihre Mutter schaltet sich sofort ein, wie Generationen von Müttern vor ihr, die schwelende Konflikte zwischen Mann und Kind nur allzu gut kennen. »Ich bin so glücklich, dass ihr da seid, Ira.« Ihre Augen schwimmen wieder in Tränen.

»Das ist lieb von dir, Mutter.«

Irina wendet sich ab und begreift im selben Moment, dass sie eine neue Einstellung gefunden hat zum Zuhause ihrer Kindheit, in dem sie nur so selten glücklich war. Volodja hat Recht: Sie darf einfach nicht mehr zurücksehen. Die Vergangenheit muss ruhen. Die Gegenwart ist im Moment schwer genug.

Kein Entkommen

Lissitschansk, 2. Mai 1986, 20:30 Uhr

Es ist bereits Abend und die Kinder sind gerade von all den neuen Eindrücken erschöpft eingeschlafen, als es heftig an der Haustür klopft. Es klingt, als schlage jemand mit der flachen Hand dagegen, autoritär und mit der Absicht, einzuschüchtern. Man kennt das vom Hörensagen oder aus Nachbarwohnungen, es bedeutet Gefahr, soll Furcht und Kooperationsbereitschaft bewirken. Irina und Vladimir stehen alarmiert aus ihren Sesseln auf, als die Stimmen und Schritte ins Haus kommen und lauter werden. Jemand nennt ihre Namen, zackig und fordernd. Die rabiaten Besucher sind zwei Männer und eine Frau von der Partei. Sie stellen sich nicht einmal vor; ihre ganze Haltung wirkt von Anfang an feindlich, wo die Flüchtlinge doch mit Mitgefühl rechnen dürften.

»Eure Sachen sind alle verseucht und müssen entsorgt werden«, sagt einer der beiden Männer schroff, nachdem er sich der Identität der Wachidows vergewissert hat.

Irina traut ihren Ohren nicht und starrt den Fremden in seiner schlecht sitzenden Uniform an.

Er lässt sich von ihrem Vater, dem Hausherrn, den Raum zeigen, in dem sie ihre wenigen Habseligkeiten noch nicht einmal ganz aus den Koffern geräumt haben. Auf dem schmalen Bett wachen die Mädchen mit verschreckten Augen auf. Blitzschnell nehmen Irina und ihre Mutter je eines auf den Arm und tragen sie ins Zimmer ihrer Großeltern, ehe sie richtig wach werden können. Als Irina eilig zurückkommt, ist der winzige Raum voll mit Menschen.

»Alles einpacken!«, befiehlt derjenige der Männer, der das Kommando zu haben scheint. Seine schweigsame Kollegin geht sofort zu Werke. Sie haben große Plastiksäcke mitgebracht, und auf dem Weg vom Wohnzimmer zu dem kleinen Nebenraum hat jeder von ihnen sich einen Mundschutz vor das Gesicht gezogen.

Irina erstarrt vor Schreck, als die fremde Frau die gesamte Kleidung der Familie aus den Schränken reißt und auf dem Boden zu einem Haufen zusammenschüttet. Dabei trägt sie Gummihandschuhe – als hätten sie und Vladimir die Pest mitgebracht! Es ist wie ein Albtraum, in dem man unfähig ist zu handeln.

»Gut, dass wir euch überhaupt gefunden haben!«, schnauzt der Fremde Vladimir an. »Vor zwei Tagen haben wir die Genossin Beljajewa gefragt, ob sie weiß, wo ihr seid, und sie sagte, sie weiß es nicht!«

»Meine Schwiegermutter wusste es nicht!«, protestiert Vladimir. »Woher sollte sie es denn wissen! Sie hielt uns für tot.«

»Na, wie dem auch sei«, tut der Wortführer Vladimirs Einwand ab.

Sein Kollege hat bereits damit begonnen, das gesamte Hab und Gut der Familie mit einem laut tickenden Geigerzähler zu untersuchen, einem unscheinbaren kleinen Metallkasten mit einem Zifferblatt, einem Zeiger und zwei Knöpfen. Vladimir ist der Anblick eines solchen Gerätes von seiner Arbeit her nicht fremd, aber Irina sieht zum ersten Mal eines in Aktion. Das Geräusch schickt ihr einen kalten Schauer über den Rücken.

Hände in Gummihandschuhen greifen nach Blusen und Unterwäsche, Hosen und Röcken und schmeißen alles in einen Sack. Der Anführer des kleinen Räumkommandos sagt: »Das ist alles verseucht.«

Dann kommen die Bücher dran und schließlich sogar Julias Puppe Malvina.

»Nein!« Irina macht einen Schritt nach vorne, die Hand Einhalt gebietend ausgestreckt, und weiß selbst nicht, woher sie den Mut nimmt. Sie steht in den abgetragenen, zu weiten und zu kurzen Kleidungsstücken ihrer Mutter mitten im beengten Wohnzimmer ihrer Eltern und verteidigt ein Kinderspielzeug! »Diese Puppe ist vollkommen in Ordnung. Sie ist nicht ... *verseucht*.« Es kostet sie Überwindung, jenes Wort ausgerechnet auf Malvina anzuwenden. »Das Kind hat nur noch dieses eine Spielzeug«, sagt Irina nachdrücklich. In diesem Moment wird die Puppe zum Symbol für die gekappten Wurzeln einer ganzen Familie. Für Schäden, die ebenso wenig sichtbar sind wie Atomstrahlung – die Verletzungen der Psyche.

Den angewiderten Ausdruck im Gesicht des Kontrolleurs wird Irina nie vergessen, als seine in einem Plastikhandschuh steckende Hand Malvina der Untersuchung unterzieht.

Irina atmet auf, als der Geigerzähler kaum anschlägt. Erst viel später, nachdem sich die Aufregung gelegt hat, wird ihr die Bedeutung klar werden, die dieses fast nicht wahrnehmbare Geräusch hat: Julia hat Malvina ständig mit sich herumgetragen. Wenn die Puppe keine Strahlung abbekommen hat, dann ist auch ihre kleine Besitzerin höchstwahrscheinlich verschont geblieben.

Kommentarlos gibt der Mann Malvina zurück und wendet sich Vladimir zu. »Du, Genosse, bist ein Deserteur!«

Vladimir sieht ihn verblüfft an, lacht dann ungläubig auf. »Aber warum denn das, Genosse? Von wo soll ich denn desertiert sein?«

»Aus Seljonaja Poljana«, sagt der andere nach einem raschen Blick auf seine Kladde. »Du hast dich nicht zum Arbeitseinsatz gemeldet.«

»Natürlich habe ich mich gemeldet.« Vladimir ist noch immer ruhig und gefasst, hält alles für ein Missverständnis.

Deserteur! Irinas Herz rast.

Sie leben in einem Land, in dem die eigenen Landsleute zum Feind werden können, wenn man nicht aufpasst. Ein Deserteur kommt in den Knast, das Verfahren wird nachgereicht. Bestenfalls.

»Was wirfst du mir denn vor, Genosse?«, fährt Vladimir fort. »Ich war beim Parteibüro, und dort hat man mir gesagt, ich bin freigestellt, weil ich auf dem Feld gearbeitet habe.«

»Hast du das mit Brief und Siegel? Zeig her!«

Vladimir runzelt die Stirn und Irina spürt, dass nun auch er die Gefahr erkannt hat, in deren unmittelbarer Nähe er sich befindet.

»Man hat mir gesagt, dass ich das nicht brauche.« Er zögert, dann sagt er, absichtlich leichthin: »Ich habe danach gefragt, aber man sagte mir, ich soll der Partei vertrauen. Sie weiß schon, wo jeder Einzelne sein soll. Und ich soll auf dem Feld arbeiten und nicht in Tschernobyl.«

Misstrauisch betrachtet ihn der andere, sieht dann Irina an. Sie weicht seinem Blick nicht aus; in ihrem ganzen Leben ist sie noch nie mit der Obrigkeit in Konflikt geraten. Aber jetzt ist sie zu diesem ungleichen Kampf bereit.

»Das werden wir klären. Melde dich morgen bei uns auf dem Büro. Wenn du lügst, sitzt du morgen Abend im Knast.«

»Ich lüge nicht.«

»Das werden wir sehen.« Er gibt seinen Kollegen einen Wink, und die schaffen die Säcke mit der beschlagnahmten Kleidung hinaus. »Guten Abend, Genossen! Und schön in der Stadt bleiben, verstanden?« In ihr Schweigen hinein verlässt der Eindringling das Haus.

Irina sieht ihren Vater in der Tür stehen. Mit gesenktem Kopf starrt er sie an. Dann wendet er sich ab. Nun ist sie in seinen Augen also auch noch mit einem *Deserteur* verheiratet. Sie zuckt die Achseln und sieht Vladimir an.

»Schöne Scheiße«, sagt er trocken und beginnt plötzlich so heftig zu husten, dass er sich vornüberbeugen muss. Er legt sich die Hand an den Hals und stützt sich mit der anderen auf dem Oberschenkel ab. Irina klopft ihm auf den Rücken. Schließlich richtet er sich wieder auf und atmet schwer.

»Was ist mit dir?« Irina legt die Arme um ihn, um ihm Halt zu geben, und spürt sein Herz rasen.

»Nichts. Ich habe mich wohl doch aufgeregt über diesen Genossen.«

»Was für unfreundliche Menschen!« Irina rückt die von den Eindringlingen verschobenen Möbel zurecht, als könnte sie so wenigstens ein bisschen Ordnung wiederherstellen. »Da wird man aus seinem Zuhause vertrieben, war möglicherweise einer großen Gesundheitsgefährdung ausgesetzt, fährt tagelang durch das halbe Land, um ein Dach über dem Kopf zu finden, und dann fallen solche Leute bei einem ein und nennen dich auch noch einen Fahnenflüchtigen! Was haben wir denn verbrochen!«

Sie ringt wütend die Hände, reißt sich aber sofort zusammen. Was sie jetzt am wenigsten gebrauchen können, ist, dass einer von ihnen die Nerven verliert.

»Da liegt ganz bestimmt ein Irrtum vor«, sagt Vladimir.

Irina kann sich beim besten Willen nicht vorstellen, was das für ein Irrtum sein kann. Die gewährte Freistellung vom Arbeitseinsatz war die Entscheidung eines Vertreters der Regierung, und sie haben sich auf sie verlassen.

Der Aufschub, den Vladimir durch den Entscheid erhalten hat, ist jedenfalls vorüber, so viel ist jetzt klar. Aber werden die achthundert Kilometer ausreichen, die zwischen Lissitschansk und Tschernobyl liegen, um Vladimir vor einem Einsatz an der Ruine zu bewahren? Diesen Gedanken hat bislang keiner von ihnen ausgesprochen.

Irina spürt, wie Angst und Verzweiflung wieder in ihr hochsteigen wollen. »Sie können dich doch nicht einfach verhaften? Was soll denn aus uns werden?«

Vladimir setzt sich an den Tisch. Sein Gesicht ist vom Hustenanfall noch rot angelaufen und Irina macht ein Tuch nass und legt es ihm in den Nacken.

»Das ist Unsinn.« Er schüttelt den Kopf und zieht Irina zu sich auf einen Stuhl am Tisch. »Mach dir keine Gedanken.«

»Es ist eine solche Ungerechtigkeit, dir jetzt vorzuwerfen, du wärst desertiert. Ich habe gehört, im Gefängnis kriegen die Gefangenen nicht mal was zu essen!« Sie schmiegt ihren Kopf an seinen.

»Das wird sich klären. Schlimmstenfalls schicken sie mich dann eben doch zum Arbeitseinsatz nach Tschernobyl.«

Irina zuckt zurück und starrt ihn entgeistert an; er hat also auch schon daran gedacht ... »Na, fragt sich, was schlimmer ist!«

Vladimir sieht ihr in die Augen. »Gefängnis, Ira, wenn man nichts Unrechtes getan hat. Wenn ich in Tschernobyl arbeiten muss, dann ist es eben so. Arbeit ist Arbeit und letzten Endes meine Pflicht. Aber ich gehe nicht unschuldig ins Gefängnis.«

Als sie beide später zu den Kindern in das viel zu schmale Bett gehen, legt Irina der schlafenden Julia ihre Malvina in den Arm. Es ist ein winziger Moment des Triumphs über ein unbarmherziges Schicksal.

Obwohl es so ein langer, aufwühlender Tag gewesen ist, findet Irina lange keinen Schlaf. Sie wünscht sich mit aller Kraft fort aus diesem Albtraum und fürchtet, dass er morgen erst richtig beginnt.

Die Wahl zwischen Feuer und Hölle

Lissitschansk, Samstag, 3. Mai 1986

Der Himmel scheint in nicht enden wollendem Regen auf die graue Stadt herabzufallen. Irina musste den Stuhl dicht an das kleine Fenster des Siedlungshauses stellen, um genug sehen zu können. Trotzdem ist sie gezwungen, das Kleidungsstück immer wieder an die Augen zu heben, um mit der Nadel die richtige Stelle zu finden. Von der gebeugten Haltung schmerzt ihr der Rücken. Aber ihr bleibt nichts anderes übrig, als Julias zwei verbliebene Kleidchen und Annas kurze Hose zu flicken. Die Besucher vom vergangenen Abend haben alles andere mitgenommen. Kinderkleidung aber ist in Lissitschansk im Gegensatz zur Vorzeigestadt Prypjat ein *defizit*.

Sie wirft das Stoffknäuel auf den Tisch und steht auf. Zum Nähen, Flicken und Stricken hat sie noch nie die nötige Geduld aufbringen können, und erst recht nicht heute. Die gewissenhaft auszuführende Tätigkeit erscheint ihr im Moment genau die falsche zu sein für ihre Gemütsverfassung. Sie möchte etwas tun, aktiv werden, nicht nur Löcher stopfen, sich nicht dermaßen hilflos fühlen! Sie sieht aus dem Fenster, aber die schmale Straße ist fast menschenleer. Vladimirs schlanke aufrechte Gestalt, die sie so sehnsüchtig erwartet, taucht nicht auf.

Als sie die Schritte ihrer Mutter hört, wendet sie sich um.

»Hast du's aufgegeben?« Die Ältere wirft einen nachsichtigen Blick auf die Nähsachen. Auf ihrem Arm strampelt Anna sich frei und wird von der Oma auf den Boden gestellt. »Na lauf, du kleine Hummel!«, sagt die *babuschka* und gibt dem Kind einen liebevollen Klaps auf die Windel. »Wie wach und neugierig sie geworden ist, eure Kleine.«

Beide Frauen sehen einen Moment lang zu, wie Anna ihr Lieblingstuch durch den noch fremden Raum schleift, um ihn zu erkunden. Irina wendet den Blick zum Fenster. »Vor zwei Stunden ist Volodja zum *rajkompartii* gegangen.« Sie könnte auch sagen: Vor zwei Stunden und sechs Minuten ... Welche Entscheidung Volodja auch immer mitbringt – es wird wie die Wahl zwischen Feuer und Hölle sein.

»Vielleicht kauft er auf dem Rückweg noch etwas ein«, meint ihre Mutter.

Irina wirft ihr einen unglücklichen Blick zu. Ehe sie sich wieder an ihre Arbeit setzt, schaut sie noch einmal auf die graue Straße hinaus. Und diesmal erkennt sie Vladimir sofort in dem schlanken Mann, der ohne Schirm langsam durch den Regen geht. Er hat die Hände in den Hosentaschen vergraben, den Kopf zwischen die Schultern gesenkt und starrt auf den Boden, während er ohne Eile und mit festen Schritten den ärgsten Pfützen ausweicht. Der stolze Mann ist noch keinen Tag in Lissitschansk – und schon geht er gebückt wie ein Einheimischer ...

Vladimir schließt die Haustür hinter sich, streift die Schuhe ab und trifft auf die wortlosen Blicke von Ehefrau und Schwiegermutter. Raissa nickt ihm zu und geht in die Küche. Im Vorbeigehen hebt sie Anna hoch, die mit Schnuller im Mund zu ihr aufgesehen hat. Vladimir streicht dem Kind über den Kopf, dann folgt er Irina ins Wohnzimmer.

Sie reicht ihm eines der zu flickenden Kleidungsstücke. »Du bist ja ganz nass. Nimm das, ich muss es sowieso waschen.«

Er rubbelt sich die Haare trocken. Irina kann in ihrer Unruhe kaum an sich halten. »Wie ist es gelaufen?«, fragt sie schließlich. »Was haben sie gesagt?«

Seine blauen Augen wirken müde. »Es gibt nichts Offizielles«, sagt er. »Deswegen können sie mir auch nicht unterstellen, dass ich mit Vorsatz nicht zum Arbeitseinsatz gegangen sei. Was genau am Kraftwerk passiert ist, darüber wollten sie nichts sagen. Dass ich auf dem Feld gearbeitet habe, lassen sie gelten, und von Gefängnis war auch nicht mehr die Rede.« Er macht eine kurze Pause, sagt dann mit fester Stimme: »Aber ich muss nach Tschernobyl fahren.«

Noch immer sieht er Irina nicht an. Sie beißt sich auf die Lippen.

»Nächste Woche«, beantwortet er ihre unausgesprochene Frage. »Für wie lange die Einsätze sind, haben sie nicht gesagt.« Endlich reißt er seinen Blick los von dem Kinderkleid in seinen Händen. Er zuckt in gespielter Gleichgültigkeit mit den Achseln und fährt fort: »Ich habe den Eindruck, dass da keiner irgendwas Genaues weiß.«

»Aber es reicht aus, um einfach bei Leuten zu Hause einzufallen und ihnen ihren Besitz wegzunehmen!« Nun ist es doch heraus! Irina ist sich sicher, dass sie sonst geplatzt wäre. »Sie wissen alle nichts Genaues, aber sie handeln erst mal blind – ganz egal, auf welcher Basis!«

Vladimir lächelt beschwichtigend. »Vielleicht ist Vorsicht besser als der Schaden hinterher. Alle wollen nur nichts falsch machen.«

»Deswegen schicken sie die Leute mal lieber zum Arbeitseinsatz, anstatt abzuwarten oder Informationen zu beschaffen.«

»Du kennst doch unsere Obrigkeit: Jeder hat Angst, seine Autorität zu verlieren, seine Karriere zu gefährden oder aus lauter Unwissen einen Fehler zu machen. Jedenfalls melde ich mich zum Arbeitseinsatz. Was soll ich sonst machen! Diesmal gibt es keine andere Möglichkeit.«

»Aber sie haben dir nicht mehr gedroht?«

Er schüttelt den Kopf. »Ich musste unterschreiben, dass ich Lissitschansk nicht verlasse, bis ich nach Tschernobyl fahre.«

»Haben sie Angst, dass du jetzt doch desertierst? Oder ist das eine Art Hausarrest?«

»Nein.« Er lächelt schief. »Sie wollen nur sichergehen, dass ich es kapiert habe und hinterher nicht sagen kann, mich hätte keiner belehrt. Unsicherheit, Ira, nichts als luftleerer Raum und Unsicherheiten – bei denen genauso wie bei uns.«

Nur, dass *die* meinen Mann ins Feuer schicken, während sie selbst die Obrigkeit rauskehren, denkt Irina und lehnt mit herabhängenden Armen die Stirn an seine Brust. So stehen sie, bis ihre Mutter sie zum Essen ruft.

Die erste offizielle Verlautbarung

Lissitschansk, Donnerstag, 8. Mai 1986, 9 Uhr

Das schadhafte Frühstücksgeschirr steht noch auf dem Tisch. Irina fährt mit dem Finger über eine Kerbe im Rand der Zuckerdose, die sie ihr selbst beigebracht hat als Kind. Dann gibt sie in ihre und in Vladimirs frisch eingeschenkte Teetasse je einen großen Löffel des grobkörnigen, klumpigen Zuckers. Ihr Vater hat bereits das Haus verlassen; niemand befragt ihn mehr nach seinem Kommen und Gehen. Ihre Mutter versucht, ein paar Einkäufe zu erledigen; Morgenstund hat Gold im Mund, umso mehr in einer Welt des Mangels. Anna sitzt auf Vladimirs Schoß und lässt sich mit Brei füttern, aufmerksam beobachtet von ihrer großen Schwester. Auf einem Regal hinter Irina steht das alte Radio, mit dem ihre Eltern ab und zu *Die Stimme Amerikas* empfangen. Durch die unebenen Fensterscheiben scheint eine noch zaghafte Sonne in die Küche und beleuchtet milde den Raum, in dem sich Irinas Kindheit abgespielt hat. Hier hat sie mit Lord gespielt, dem klugen Mischlingshund, und auf den letzten Streit mit ihrem Vater hin für immer das Haus verlassen.

»Ira …!« Vladimirs Stimme ist leise, um das kleine Mädchen in seinem Arm nicht beim Essen zu stören. Zwischen seinen Brauen stehen zwei Falten. »Das Radio!«

Irina greift hinter sich und dreht am Lautstärkeregler. Die Stimme des Sprechers füllt die plötzliche Stille. Es sind nur zwei Sätze, und es ist die längst überfällige Verlautbarung, dass sich im Kernkraftwerk *Lenin* in der Stadt Tschernobyl eine nukleare Katastrophe zugetragen habe. Und diesmal wird nicht mehr der Eindruck erweckt, dass zu keiner Zeit Gefahr für Leib und Leben der Bewohner des Umlandes bestanden habe. Die Frage wird einfach gar nicht mehr erwähnt. Die Mitteilung ist schlicht und knapp, als wollte man sie unauffällig unter die anderen Meldungen schmuggeln, so dass kaum jemand besonders auf sie aufmerksam würde.

Doch die einstigen Bewohner Prypjats wissen, wie sie sie zu werten haben. Sie sind – überall im Land verteilt – in diesem Moment die Einzigen, die wie erstarrt die Nachricht hören. Den anderen ist es gleichgültig, wann und in welcher Form sie das erfahren, was sie bereits gerüchteweise gehört haben und wovon sie sich nicht unmittelbar betroffen meinen. Nur die Flüchtlinge erkennen die Bedeutung der wenigen Sätze.

Vladimir hat aufgehört, Anna zu füttern. Ihre kleine Hand greift nach seiner, die blauen Augen – seine eigenen Augen in einer neuen geliebten Version – sehen ihn fragend an. Die winzigen Fingernägel bohren sich sanft in seine Haut. Er sieht das Kind an, lächelt, die Falten zwischen seinen Brauen verschwinden. Anna lacht, und während der gefüllte Löffel erneut in ihrem Mund verschwindet, halten ihre Augen noch ein paar Sekunden an denen ihres Vaters fest.

Irina stützt den Kopf in die Hände und beginnt zum ersten Mal seit dem 27. April zu weinen.

»Nicht, Irotschka, bitte … Es wird doch alles gut.«

Sie nickt, zieht Julia auf ihren Schoß und wischt sich die Tränen ab, aber es sind schon neue da. Sofort fängt auch Julia an zu weinen; es muss wohl eines jener Gesetze sein, die Mütter und Töchter wortlos aneinander binden.

»Du wirst es nicht glauben, Volodja, aber ich habe immer noch gehofft, dass wir irgendwann heimkönnen. Das war Unsinn, das sehe ich jetzt auch.«

»Hoffnung ist nie Unsinn. Aber wir müssen realistisch sein. Wenn die Regierung erklärt, dass etwas Schlimmes passiert ist, dann gibt es keinen Zweifel. Sie würden es sonst nicht zugeben, wenn noch irgendeine Möglichkeit bestünde, dass sie damit davonkommen, ohne es publik zu machen.«

»Und unser Zuhause?« Die Tränen schnüren Irina die Stimme ab. Sie drückt Julia fest an sich. »Nicht weinen, mein Schatz. Mami hört auch schon auf.«

»Du hörst ja gar nicht auf!«, protestiert Julia.

»Doch!« Sie muss über ihr nicht zu täuschendes Töchterchen lachen. Aber das Wasserwerk ist eingeschaltet. Wütend über sich selbst schüttelt sie den Kopf.

»Wir werden ein anderes Zuhause haben«, sagt Vladimir.

»Aber wir haben doch eins! Nur drei Monate haben wir das gehabt, drei Monate! In Prypjat! Ich wollte, dass die Mädchen da aufwachsen! Es ist ein guter Ort, um dort groß zu werden. Ein viel besserer als Lissitschansk oder Taschkent oder Kiew! Ich wollte ihnen zeigen, wo ich dich zum ersten Mal gesehen habe – es sind Töchter, Mädchen wollen so was wissen! Aber nein, es ist alles kaputt. Alles. Warum ist das alles kaputtgemacht worden? Was haben wir denn getan!«

Vladimir legt den Löffel beiseite, wischt Anna den Mund ab, setzt sich mit ihr im Arm auf den freien Stuhl neben Irina und zieht sie mit dem anderen Arm an sich.

»Und morgen musst du nach Tschernobyl …!« Jetzt versucht Irina gar nicht mehr, die Tränen zurückzuhalten.

Die Zukunft ist ein bodenloses schwarzes Loch.

Alles, nur nicht Tschernobyl

Lissitschansk, Freitag, 9. Mai 1986

Der einfahrende Zug hüllt Irina und Vladimir in eine Wolke aus fauchendem Lärm, Staub und dem unverwechselbaren Geruch von Eisen, Maschinenöl und abgestandener Luft. In seinem heißen Sog drängt sich Irina noch enger an ihren Mann. Er drückt sie an sich, hält sie mit einer Hand fest und greift mit der anderen schon nach seiner Tasche. Der Zug wird nicht lange auf dem Provinzbahnhof von Lissitschansk halten. Und wie jeder Mann, denkt Irina, mag er keine langen Abschiede, die eine Trennung nicht einfacher machen.

»Vergiss bitte nicht, meiner Mutter zu schreiben, hörst du?« Er sieht ihr in die Augen. »Du denkst dran, ja?«

»Natürlich denke ich dran«, verspricht sie. Er muss sie nicht erinnern, denn sie hat das sorgenvolle Gesicht ihrer eigenen Mutter vor einer Woche nicht vergessen.

Vladimir nickt kurz und zieht den Schirm seiner Mütze tiefer in die Stirn. Sie steht ihm gut, gibt der sportlichen Statur des schlanken Mannes etwas Verwegenes, das seinem zuverlässigen, ernsten Charakter sonst fremd ist.

Rasch nimmt Vladimir die drei hohen Stufen des Zuges. Oben dreht er sich noch einmal um und winkt ihr zu. Irina legt die Fingerspitzen auf ihre Lippen und öffnet die Hand wieder; er antwortet mit derselben Geste. Dann ist er verschwunden im Inneren des Zuges, der mit einem Ruck anfährt und Vladimir mitnimmt auf eine Fahrt ins Ungewisse.

Überallhin wäre Irina mit ihm gegangen, wenn er dafür nur nicht nach Tschernobyl hätte fahren müssen. Alles, nur nicht Tschernobyl.

Spät hat sie wahrhaben wollen, dass etwas Schlimmes geschehen ist in jener Nacht. Doch so wenig, wie sie will, dass ihre Kinder auch nur eine Minute lang mit der Strahlung in Berührung kommen, will sie, dass Vladimir dorthin fährt. Aber die einstigen Arbeiter im Kernkraftwerk sind die Ersten, die auch wieder zurückmüssen. Ein Mann, der sich nicht zur Arbeit meldet, würde bis in den letzten Winkel des großen Landes verfolgt und vor Gericht gestellt werden. Dass sein Arbeitsplatz ein in die Luft geflogener Kernreaktor ist, würde die Strafe nicht mildern. Sie könnten sich auf ein Dasein in Sibirien gefasst machen. Dabei wissen sie ohnehin nicht, wo sie ihre Kinder großziehen werden. Nur, dass es nicht Sibirien sein soll, und dass sie irgendwie weitermachen müssen.

Sie sieht dem Zug nach und atmet den Geruch von Metall, Maschinenöl und Abschied ein. Dann wendet sie sich ab.

Als Irina ihr Elternhaus betritt, läuft Julia auf sie zu und streckt ihr die Arme entgegen. Der Anblick der Kleinen schnürt ihr noch immer die Kehle zu: Als Vorsichtsmaßnahme gegen die aufgenommene Strahlung hatte sie beiden Mädchen die Haare abschneiden müssen. Tapfer hatte Julia sich die Tränen weggewischt und auf die Zusicherung ihrer Mutter vertrauen müssen: »Die wachsen doch wieder, Julitschka.«

Irinas Mutter Raissa taucht in der Küchentür auf und bindet sich gerade die Schürze ab. »Komm«, sagt sie, »gehen wir ein bisschen in den Garten. Die Arbeit kann warten.«

Zusammen setzen sich die beiden Frauen auf die Holzbank hinter dem Haus und beobachten die beiden kleinen Mädchen beim Spielen.

»Der kurze Haarschnitt steht Julia auch«, sagt die Ältere. »Sie ist so ein hübsches Kind.«

Ihre Tochter unfreiwillig geschoren zu sehen trifft Irina ins Herz. »Es ist, als hätte ich nicht gut genug auf sie aufgepasst«, sagt sie. »Als hätte ich sie an einem Ort aufwachsen lassen, der gefährlich für sie war. Ich habe sie nicht beschützt.«

Sie fährt sich mit der Hand über ihre eigenen Haare; auch sie sind nun gebändigt und kurz, aber das ist ihr vollkommen gleichgültig.

»Du konntest es nicht wissen«, widerspricht ihre Mutter.

»Doch. Volodja hat dem Kernkraftwerk nie getraut. Aber ich wollte das nicht wahrhaben, ich hätte auf seine Vorahnungen hören müssen.« Sie nickt, ernüchtert und unbeirrbar. Dann sieht sie ihre Mutter an. »Jetzt ist es zu spät. Wir sind hier, und Prypjat ...«, sie hebt die Schultern, lässt sie wieder sinken, »das ist vorbei. Und wenn die Haare schon ab müssen, was ist mit unserer Haut, mit unseren Lungen und Organen? Wer garantiert mir, dass damit alles in Ordnung ist? Niemand.«

Vladimirs plötzlicher trockener Husten kommt ihr in Erinnerung, und eine Welle der Angst überschwemmt sie wie ein Fieber.

»Wo ist Papa?«, fragt Julia.

»Er kommt bald wieder.« Irina lächelt ihr Kind an und wischt sich die Tränen ab.

Lass das keine Lüge sein, denkt sie.

Noch ein Mann der Partei mit Macht und Einfluss

Poleskoje, Ukrainische Sowjetrepublik, Samstag, 10. Mai 1986

»Was fällt dir ein, Genosse! Du tust, was man dir sagt, und sonst gar nichts! Dir werde ich schon zeigen, wo's langgeht!«

Mit hochrotem Kopf beugt sich der Mann zu Vladimir. Seine dicke Hand saust auf die Tischplatte nieder. Damit meint er seinen Punkt gemacht zu haben, richtet sich wieder auf und fängt an, erneut im Raum auf und ab zu gehen.

Vladimir hat eine Odyssee von einer inkompetenten staatlichen Stelle zur nächsten hinter sich, bis er auf diesem Stuhl im Büro des wütenden Genossen in dem unbedeutenden Kaff Poleskoje zu sitzen kam, siebzig Kilometer entfernt von Tschernobyl und in einer Zone gelegen, welche die Behörden für sauber erklärt haben.

Vladimir ist erschöpft und hungrig und konnte bisher nicht erfahren, wo er heute Abend schlafen, geschweige denn morgen arbeiten soll. Dass er sich zur Arbeit melden müsse, und zwar schleunigst, darin waren sich alle einig und machten es auch sehr dringend. Wo und bei wem er sich indes melden solle, konnte ihm niemand sagen. Wie sich herausgestellt hat, sitzt er hier nun dem Richtigen gegenüber, denn es ist ein Mann, der etwas hat, womit er drohen kann – wie immer und überall ein Zeichen von Macht und Einfluss –, und er tut es, kaum dass Vladimir ihm zu widersprechen wagt.

»Ich bin bereit zu arbeiten, aber ich bitte um einen Einsatz an einem anderen Ort«, wiederholt Vladimir sein Anliegen. Er ist kein Mann, der leicht aufgibt.

Der Dicke mit dem roten Kopf fährt herum und sein Gesicht kommt Vladimir unangenehm nah.

»Du arbeitest in Tschernobyl«, zischt er mit schlechtem Atem. »Du schläfst im Wohnheim hier in Poleskoje. Du fährst jeden Morgen zum Arbeitseinsatz und jeden Abend zurück. Und das so lange, wie die Partei es für richtig hält. Und wenn du noch ein Mal widersprichst ...« Er richtet sich auf und deutet mit ausgestrecktem Arm auf die Wand hinter Vladimir. »Gleich nebenan ist ein Polizeikommissariat. Es kostet mich ein Wort, Wachidow, ein Wort, und die Soldaten schaffen dich mir aus den Augen. Dann brauchst du nicht mehr nach Tschernobyl. Wenn du verstehst, was ich meine.«

Sie sehen einander in die Augen. Vladimir wendet den Blick ab. Eine Verhaftung will er nicht riskieren, und schon gar nicht will er irgendwo in einem Arbeitslager verschwinden.

Der Dicke mit der Aura eines überzeugten, treuen Kommunisten greift nach den Papieren, die Vladimir auf den Tisch gelegt hat: seinen Pass, den Arbeitsausweis und die Reiseerlaubnisse von Prypjat nach Seljonaja Poljana, von Seljonaja nach Lissitschansk und von Lissitschansk nach Poleskoje – alles, was seine weite, beschwerliche Reise, und dass er sie machen durfte, belegt. »Das«, sagt der Parteimann, »behalte ich ein. Zieh jetzt Leine und melde dich beim Leiter deiner Arbeitseinheit. Der zeigt dir deinen Platz im Wohnheim. Worauf wartest du!«

Vladimir löst den Blick von seinen Papieren, steht auf und verlässt den Raum.

Wo bist du?

Lissitschansk, Sonntag, 18. Mai 1986

Zehn Tage sind vergangen, seit Vladimir abgereist ist, und noch immer hat Irina keine Nachricht von ihm. Es ist, als sei er im Nichts verschwunden, verschluckt von der bedrohlichen Welt da draußen. Kein Brief, kein Telegramm, nichts. Sie weiß nicht einmal, ob er gut angekommen ist, wo er arbeitet und schläft und wann er zurückkommt. Sie verdrängt den Gedanken, dass sie nicht einmal weiß, *ob* er zurückkommt. Sie hat keine Ahnung, wie es ihm geht; nur, dass er an sie denkt, dessen ist sie sich sicher. Vielleicht wäre alles ein wenig einfacher, wenn sie hier, in Lissitschansk, Menschen um sich hätte, die dasselbe durchmachen wie sie. Aber sie ist alleine mit ihrer Angst und ihren Sorgen.

Der tief hängende, Kohlenstaub gesättigte Himmel über Lissitschansk macht die Wärme zu einer klebrigen Schicht auf Haut und Haaren und erschwert das Atmen. Die örtlichen Behörden haben Irina mitgeteilt, dass alle aus Prypjat Evakuierten sich in dem Ort, in dem sie sich gerade aufhalten, registrieren lassen müssen. Mit Julia an der Hand ist sie zu der zuständigen Registrierungsstelle gegangen und hat ihre Familie in die Listen eintragen lassen. Dann wurde ihr für jedes Mitglied ihres evakuierten Haushaltes eine Finanzhilfe von zweihundert Rubeln ausgezahlt – ungefähr ein Monatslohn –, und sie konnte mit dem mühseligen Unterfangen beginnen, für alle neue Kleidung zu kaufen. Das war längst überfällig, zu lange schon laufen sie wie Almosenempfänger in anderer Leute Hosen und Blusen herum. Wenn Vladimir zurückkommt, wird er sich über den Ersatz für die verlorenen Sachen freuen. Es tut Irina gut, sich mit diesen alltäglichen Dingen zu beschäftigen, die einen Hauch von Normalität in ihr

Denken bringen und ihr den Eindruck vermitteln, dass Vladimir bald wieder in der Tür stehen wird. Denn wenn sie ihm ein neues Hemd kauft, dann kann es ja gar nicht anders sein, als dass er wohlbehalten zurückkehrt. Wer, denkt sie verzweifelt, sollte denn sonst das Hemd tragen?

In manchen Nächten liegt sie wach. Sie versucht, nicht zu denken: Wo bist du, Volodja? Wie geht es dir, bist du gesund, wann kommst du zurück? Lebst du?

Sie horcht auf den Atem ihrer Kinder, die neben ihr im Bett liegen, und das gibt ihr Ruhe. Die beiden haben sich auch hier wieder nahtlos eingelebt; ihr kindliches Urvertrauen in diese sich so rasch verändernde Welt ist trotz allem nicht erschüttert. Wenn Irina aufstehen und herumlaufen, ziellos durch die Straßen gehen könnte, ginge es ihr vielleicht besser. Aber sie bleibt ruhig liegen, streicht den Mädchen sanft über die Köpfe und wacht über ihren Schlaf.

Die Geräusche aus der Nachbarschaft, einst vertraut und nun fremd, gaukeln ihr in diesen nicht enden wollenden Nächten vor, das Leben ginge weiter, als wäre nichts geschehen. Betrunkene, die an den Hauswänden entlang heimtorkeln – irgendjemand treibt immer Alkohol auf, auch in diesen Zeiten –, ein Streit in der Straße, das Lachen eines Mädchens, das ihr Freund spät heimbringt. So glücklich war sie auch einmal, und sie darf gar nicht daran denken, dass gerade einmal drei Wochen vergangen sind, seitdem ihr Leben aus den Angeln gehoben wurde.

Tagsüber spürt sie die verächtlichen Blicke des Vaters, wenn er sie nicht geradewegs ignoriert. Oft geht er auch einfach weg und kommt lange nicht wieder. Ab und zu kommt Sergej vorbei, ihr jüngerer Bruder, der vor kurzem geheiratet hat und in die benachbarte Kreisstadt Lugansk gezogen ist. Sie albern herum wie in ihrer Kindheit, machen sich ein wenig über die Mutter lustig, welche die Späße verlegen und glücklich abwehrt, und gehen dem Vater aus dem Weg.

Die Geschwister reden nicht viel. Es reicht, dass sie diese vertraute Ungezwungenheit miteinander haben. Auf dem Laufenden zu bleiben über das, was im Leben des jeweils anderen vor sich geht, würde ihnen eine Energie abfordern, die auch Serjoscha nicht übrig hat. Sein Alltag ist hart, der niedrige Lohn des Elektrikers reicht nicht für die junge Familie, so dass er sich mit Gelegenheitsarbeiten etwas dazuverdienen muss. So ist es schön, wenn die Geschwister zusammen sind, und irgendwann wird Irina wieder abreisen. Bis zum nächsten Besuch. Nur wenige Jahre später wird sie an seinem Grab stehen und sich hilflos fragen, was Serjoscha für Träume und Hoffnungen gehabt haben mag. Sie wird zurückdenken an die kurzen, guten Momente in der Küche der Mutter. An einem anderen Maitag, in nicht allzu ferner Zukunft, wenn mitten im Frühling ein spät gefallener Schnee auf den Blättern liegen und es aussehen wird, als ob sogar die Natur um Serjoscha weint.

Doch in diesen Tagen im Mai 1986 sind ihre Gedanken bei Vladimir, der sich nicht meldet. Sie lenkt sich damit ab, dass sie zum ORS geht, der *Abteilung für die Unterstützung der Arbeitssuchenden*, und sich erkundigt, ob nicht irgendwo in der kleinen Stadt jemand eine ausgebildete Konditorin braucht. Torten werden immer gebacken, immer heiraten und feiern die Menschen, und immer essen sie Kuchen und Brot, billige Lebensmittel, an denen nie Mangel herrscht und die den Magen füllen und mit ihrer Süße die Stimmung heben. Man notiert sich Irinas Namen und ihre Qualifikation und schickt sie heim. Sie läuft durch die Straßen mit löchrigem Asphalt, betrachtet die lieblosen Dekorationen der leeren Schaufenster und plaudert mit Bekannten aus alten Zeiten. Die Menschen sind freundlich zu ihr und erkundigen sich nach Vladimir. Sie wissen, dass die Flüchtlinge aus Prypjat nur mit dem nackten Leben davongekommen sind. Es tut gut, mit den Leuten zu reden, und dennoch wird Irina das Unwohlsein nicht los, dass einer etwas sagen könnte, wohlmeinend und naiv, was ihre Zukunftsängste wieder schürt. Manchmal ist es besser, allein zu sein, dann wieder ist selbst die Nähe der Mutter tröstlich, die nie etwas anderes gekannt hat als das beschwerliche Leben im Donbass.

Aber sie muss eine Arbeit finden, sie muss ihre Kinder ernähren, bis Vladimir zurück ist und Geld mitbringt. Und sie braucht eine Beschäftigung, die sie von den immer drängender werdenden Sorgen um die Zukunft ablenkt.

Was soll aus ihnen werden?

Ein gut gemeinter Rat

Poleskoje, Ukrainische Sowjetrepublik, 18. Mai 1986

Ein ganzes Krankenhaus ist nur für sie da, die Männer, die am Kraftwerk arbeiten.

Seit vier Tagen teilt Vladimir das Zimmer mit fünf anderen Arbeitern. Wenn er sich unter seinen Zimmergenossen umsieht, findet er, dass es ihm blendend geht. Einer schläft nur und bekommt fiebersenkende Mittel, die nicht anschlagen; ein anderer röchelt bei jedem Atemzug und macht den anderen das Schlafen unmöglich. Einige von ihnen wurden hierher gebracht, weil sie zusammengebrochen sind; andere wie Vladimir haben sich selbst krankgemeldet, weil es ihnen schlecht ging. Doch der Aufenthalt im Krankenhaus hat seinen Zustand nicht verbessert. Der Husten ist nach wie vor da, und an manchen Tagen kann er kaum essen, weil alle Nahrung wieder durch die Speiseröhre zurückzukommen scheint und heiße gar nicht erst hindurch nach unten will. Dass er abgenommen hat, weiß er, weil er seinen Gürtel zwei Löcher enger schnallen muss. Und das, obwohl das Essen gut ist. Dreimal am Tag eine warme Mahlzeit – das ist keine Selbstverständlichkeit. Man gibt ihm Spritzen, sagt jedoch nicht, wofür oder wogegen. Aber die Spritzen waren entweder schlecht desinfiziert oder gebraucht; auf der Haut seiner Oberarme haben sich mehrere daumennagelgroße Beulen gebildet. Normalerweise vielleicht ein Grund, beunruhigt zu sein, aber nicht hier, wo es viel Schlimmeres gibt.

»Vierzehn Tage Schicht, vierzehn Tage Urlaub.« So hatte es ihm der Leiter seiner Arbeitseinheit erklärt, als Vladimir in Poleskoje im Wohnheim eingetroffen war. Der Ort gilt als wenig verstrahlt. Aber darüber wird nicht gesprochen. Man kommt hier an, bezieht sein Bett, räumt seinen Spind ein, tritt seine Schicht an, wortkarg, weder zu Scherzen noch zu Vertraulichkeiten aufgelegt. Keiner will vom anderen daran erinnert werden, wo sie sind, was sie tun, was sie alles nicht wissen. Sie sind diszipliniert, keiner bricht aus. Alle teilen das gleiche Los, und das zwingt die Männer in eine schweigsame Solidarität. Angst heißt Schwäche, und die will keiner zeigen. Erst nach und nach bauen sich nähere Kontakte auf, in dem Maße, in dem sich ein Alltag einstellt, über den Gespräche möglich sind und der nichts mit dem Grund ihres Aufenthalts an diesem Ort zu tun hat.

Jeden Morgen brechen die Busse in aller Frühe mit den schweigenden und noch müden Arbeitern von verschiedenen Wohnheimen aus auf, um sich auf der Landstraße zu einer Kolonne zu formieren. In Tschernobyl erwartet sie ein Zwölfstundentag.

Seiner Ausbildung entsprechend ist Vladimir als Betonbauer im zehn Kilometer von der eigentlichen Station entfernten Mischwerk eingesetzt. Selbst von hier aus ist das Atomkraftwerk unübersehbar, ragen seine Türme und Kräne aus der kahl geschlagenen Landschaft gen Himmel. Vladimir und seine Kollegen versuchen, sie zu ignorieren. In den Mittagspausen starren sie aus den Kantinenfenstern hinaus in die sie umgebende Düsternis einer zu Ende gegangenen Welt, bis die Busse sie wieder an ihre Arbeitsplätze zurückbringen. Der Boden vor dem Gebäude wird ständig aus Schläuchen mit Wasser besprüht, so dass der Wind und vorbeifahrende Fahrzeuge keine Staubwolken aufwirbeln.

Zum Mischwerk werden riesige Mengen des grauen, staubigen Betonrohstoffes aus Kiew herangeschafft, um die Hülle über dem noch schwelenden Wrack zu errichten. Diese gigantische Schutzkonstruktion aus Beton und Stahl wird schon nach kurzer Zeit von allen der *Sarkophag* genannt, weil unter ihm die Überreste des explodierten Blocks vier wie in einem Grab eingeschlossen werden.

Mittags gehen die Arbeiter in die Kantine in dem unbeschädigten Nebengebäude, in dem sie schon immer war, und passieren dabei einen Geigerzähler. Er schlägt so gut wie nie übermäßig aus. Sie legen ihre weißen Hosen, Oberteile und Mützen ab und ziehen ihre normalen Sachen an, essen ausgezeichnet, sogar Fleisch und Gemüse aus Dosen, was sie vor Müdigkeit oft kaum merken, und trinken einen starken Tee. Alkohol ist tabu; es darf schließlich keiner einen Fehler machen.

Einmal wird Vladimir beim Mittagessen von einem Mann angesprochen, den er vom Sehen kennt. »Ich hab das Ding mitgebaut«, sagt der Mann ohne aufzusehen, während er freudlos das Essen in sich hineinschaufelt. »Jetzt schütten wir's wieder zu. Verdammter Mist ist das. Man hat das alles mit aufgebaut. Man hat gedacht: das ist was Großes, das hat Bestand, vielleicht für Jahrzehnte. Was Wichtiges für unser Land!« Missmutig sticht er die Gabel ins Essen. »Jetzt machen wir es zu, und sie sagen uns wieder: Das ist wichtig.« Er sieht Vladimir an. »Und das vorher, das Aufbauen – war das nun schon der verdammte Mist, oder ist das jetzt erst ein verdammter Mist? Hätten wir es gar nicht erst aufbauen sollen?«

Menschen mit Kladden unterm Arm laufen herum; die Experten haben angeblich genau ausgerechnet, wie man vorgehen muss. Sie tragen Mundschutz, Kittel und Sturzhelm. Der Sarkophag soll bis weit ins neue Jahrtausend hinein dicht halten. Sie können nicht ahnen, dass sich in nicht einmal zwei Jahrzehnten in seinem harten Panzer die ersten Risse zeigen und Messungen ergeben werden, dass der totgeglaubte Koloss Radioaktivität ins Grundwasser entlässt.

Doch noch sind Tausende Männer und Frauen pausenlos damit beschäftigt, Beton auszuladen, umzufüllen, anzurühren und transportfähig zu machen, der dann sofort zum Kraftwerk gefahren und mit Kränen und Hubschraubern in das Gerüst des Sarkophags gegossen wird. Für Arbeiten, die direkt an der glühenden Ruine ausgeführt werden, setzt man Soldaten ein. Keine Freiwilligen – es sind junge Männer, oft haben sie gerade erst eigene Familien gegründet. Sie haben einen Befehl erhalten, der sie zu Helden machen, sie ihr Leben kosten und dazu führen wird, dass ihre Kinder ohne sie aufwachsen werden.

Vladimir steht jeden Morgen auf und fragt sich nicht einmal, welcher Tag ist. Aber sein Körper sagt ihm, dass er keine Maschine ist, die immer weiterlaufen kann. Seine Speiseröhre brennt bei jedem Bissen und jedem Schluck, sogar wenn er Wasser trinkt. Ständig quält ihn schmerzhaftes Sodbrennen. Aber er achtet nicht darauf und trinkt trotz der Schmerzen Unmengen von Wasser, um die Schadstoffe aus seinem Körper zu schwemmen. Die Hustenattacken nehmen ihm die Luft; manchmal packt ihn einer der Kollegen um die Schultern und hält ihn fest, lässt ihn erst wieder los, wenn es vorbei ist, ehe er merkt, wer es überhaupt war. Den anderen geht es genauso. Kaum einer steckt die Arbeit spurlos weg. Die meisten von ihnen rauchen. Jemand bringt immer eine Stange des billigen Krautes mit. Das hebt die Stimmung, vertreibt die düsteren Gedanken und macht wach.

Nach sechs Tagen musste Vladimir sich eingestehen, dass er so nicht weitermachen konnte, und meldete sich krank. Ein Krankenhausbett gab es sofort, im Sowjetstaat etwas Unglaubliches. Doch nach den vier Tagen auf der Station geht es ihm immer noch schlecht. Und nun noch die Beulen an seinen Armen. Er ist erst neunundzwanzig. Er will das alles hier überleben. Er kann an nichts anderes denken.

Alle sehen zur Tür, als ein Arzt und eine Schwester den Raum betreten. Der Arzt konsultiert seine Behandlungsbögen und fragt ihn nach seinem Befinden.

»Es geht schon«, antwortet Vladimir. »Ich will nur nach Hause, dann wird es besser werden.«

»Ihre Leukozyten, die weißen Blutkörperchen, sind noch immer zu niedrig. Als wir Sie hier aufgenommen haben, waren sie bei dreitausendfünfhundert, jetzt ist es schon besser, aber noch längst nicht normal.«

Vladimir hat sich von einem Kollegen ein Buch ausgeliehen; daraus hat er erfahren, dass sein Immunsystem ohne eine ausreichende Zahl weißer Blutkörperchen zusammenbrechen wird. Wie hoch diese Zahl sein muss, stand nicht darin.

»Was wäre normal?«, fragt er.

»Bei Ihrer Größe ...«, der Arzt scheint nachzurechnen, »... neun- bis zehntausend.«

»Soll ich noch weiter Medikamente nehmen?«

»Nein. Nur gesund leben.«

Vladimir lächelt schief. »Wie soll ich das machen?«

»Na, Sie haben doch jetzt erst mal Schichturlaub. Essen Sie viele Vitamine, viel Obst und Gemüse, schlafen Sie viel, ruhen Sie sich aus, machen Sie keine schwere körperliche Arbeit.«

Besonders die ausgewogene Ernährung ist ein guter Rat, denkt Vladimir, zählen doch frisches Obst und Gemüse zu den *defiziten*. Was erhältlich ist, bekommen die Kinder.

»Das ist alles?«

»Das ist alles«, sagt der Arzt und reicht ihm sein Entlassungspapier. »Akute Bronchitis«, steht darauf, und: »Auf dem Wege der Besserung.«

Von den Leukozyten kein Wort.

Vladimir ist es gewohnt, als Patient nicht in die Diagnose und Behandlung seiner Beschwerden einbezogen zu werden. Wie alle Bürger in der Sowjetunion hat auch er bisher ärztliche Anordnungen nicht in Frage gestellt und nicht versucht, seine Rolle in diesem Spiel neu zu bestimmen. Er hatte nie Grund, ihnen kein Vertrauen entgegenzubringen. Bis er gesehen hat, wie hilflos sie vor Menschen wie ihm stehen: Menschen, die radioaktiver Strahlung ausgesetzt waren und sind.

Im Bus, der ihn aus Poleskoje hinausbringt, lehnt Vladimir den Kopf an den Sitz und nimmt sich vor, nicht einzuschlafen; Minuten später schläft er tief und fest. Die Schaffnerin rüttelt ihn unsanft, als er aussteigen muss, und er nimmt seine Tasche und verlässt das Fahrzeug. Ausruhen kann er zu Hause. Auch wenn er keines mehr hat. Aber Irina wartet, und wo sie und die Kinder sind, dort wird er schlafen können.

»Es muss sein!«

Lissitschansk, Montag, 19. Mai 1986

Die Seitenstraße, in der das Haus ihrer Eltern steht, ist nachts so still, dass Irina in ihren schlaflosen Nächten jedes Geräusch hört. Inzwischen schrickt sie nicht mehr so oft auf, aber Ruhe stellt sich nicht ein. Deshalb ist sie sofort hellwach, als sie Schritte auf dem Pflaster hört. Auf Zehenspitzen läuft sie zur Haustür. Mit pochendem Herzen öffnet sie im selben Moment, als Vladimir die Hand hebt, um zu klopfen. Sie umarmt ihn wortlos.

Leise schließen sie die Tür hinter sich. Im milchigen Licht der Straßenlaterne, das durch eine Luke im Flur hereinfällt, sieht Irina Vladimirs gerötete und vor Erschöpfung halb geschlossene Augen.

»Hast du Hunger?«, fragt sie leise. Und als er den Kopf schüttelt: »Du bist todmüde.«

Er nickt, lächelt, und fünf Minuten später liegt er auf seiner Seite des Gästebettes und schläft tief. Hose und Hemd allerdings hat er noch im Hausflur ausgezogen und Irina zur Wäsche gegeben und sich gründlich Hände, Arme und Kopf gewaschen, mit mechanischen Bewegungen wie ein Schlafwandler. Sie legt sich neben ihn auf die Seite, die Hand unter der Wange, und bewacht seinen Schlaf, bis sie selbst einschläft, tief und so ruhig wie seit Wochen nicht mehr.

Früh am Morgen schleichen sich die beiden Kinder leise zu den Eltern ins Bett. Mit großen Augen sehen sie den schlafenden Vater an, kuscheln sich vorsichtig Zentimeter für Zentimeter an ihn heran, ohne miteinander zu rangeln, die Große darauf bedacht, der Kleinen ebenfalls Platz zu lassen. Dann liegen sie wie zwei junge Katzen da, aufmerksam und zufrieden, nur ab und zu zur

Mutter herüberblinzelnd. Irina kann den Blick nicht abwenden von ihrer kleinen Familie.

Als sie spät vormittags am Frühstückstisch in der Küche sitzen, ist Vladimirs Gesicht die Anspannung der letzten Zeit anzusehen; es ist noch schmaler und hohlwangiger geworden. Entsetzt sieht Irina, dass ihr einsachtzig großer Mann seit seiner Abreise sechs Kilo abgenommen hat. Er wiegt gerade noch vierundsechzig Kilo.

»Das füttern wir ihm wieder an, Ira«, sagt ihre Mutter mit der Entschlossenheit einer leidgeprüften Bergarbeiterfrau, die gelernt hat, immer wieder aufzustehen. Dennoch kann sie ihre Tränen über Vladimirs bemitleidenswerte Verfassung kaum verbergen.

Irina befindet sich in einem verwirrenden Zustand zwischen dem Glück des Wiedersehens und der Angst vor der Vergänglichkeit des Augenblicks, als sie ihn am Tisch sitzen und seinen dünnen Kaffee schlürfen sieht. Vor dem Haus streitet ihr Vater mit einem Nachbarn; ihre Mutter steht an der Spüle und putzt Kohl und Kartoffeln. Anna spielt mit einer Puppe, die ihre *babuschka* für sie genäht hat. Julia scheint beschlossen zu haben, dass sie ihren Vater für die nächste Zeit nicht mehr loslässt. Mit ihren drei Jahren ahnt sie, dass seine Anwesenheit plötzlich nicht mehr selbstverständlich ist. Sie sitzt auf seinem Schoß und macht einen vollkommen zufriedenen Eindruck, der sich jedoch in helle Aufregung wandelt, sobald Vladimir aufstehen will. So sitzt er nun schon seit über einer Stunde am Tisch, einen Arm aufgestützt, den anderen um seine Tochter gelegt, die sich an ihn schmiegt.

»Ich möchte nicht, dass du wieder da hingehst«, sagt Irina leise, eindringlich. »Sieh dich doch bloß an, Volodja! Bitte, du darfst nicht wieder dahin zurückgehen!«

Er sieht sie an und legt die freie Hand auf ihren Unterarm. »*Nada*, Ira«, *es muss sein*, sagt er ebenso leise und verstärkt kaum merklich den Druck seiner Hand, als Irina heftig zu widersprechen ansetzt. »Es geht nicht anders. Glaub mir, ich würde nicht zurückgehen, wenn ich einen Weg sähe. Sie haben mich aufgefordert, mitzuhelfen – jemand muss es tun. Es ist meine Pflicht. Ich bin ein Bürger dieses Landes. In dieser Notlage muss ich mithelfen. Wir sind Tausende! Ich kann nicht fortbleiben. Man darf sich nicht drücken. Ich würde es mir nicht verzeihen.«

»Aber deine Kinder! Und ich? Wir brauchen dich!«

»Und ihr verliert mich auch nicht. Ich arbeite zwei Wochen am Werk, und zwei Wochen komme ich auf Urlaub zurück.«

»Du hast abgenommen, du warst im Krankenhaus! Du bist krank! Dein Husten ist viel schlimmer als vor deiner Abreise.«

»Ich weiß. Es wird vergehen.«

»Wie kannst du so gelassen bleiben! Du begibst dich in Gefahr! Siehst du das nicht?«

Schweigend wendet Vladimir den Blick ab. Erst viel später wird Irina begreifen, wie schwer sie es ihm gemacht hat an diesem Morgen. Aber sie wird auch nie vergessen, wie groß und berechtigt ihre Angst war.

Er lächelt sie an, mit neuem Mut. »Es geht mir gut, Irotschka, glaub mir. Und ich muss es tun. Was sein muss, muss sein – das weißt du.«

Sekundenlang zögert sie, dann nickt sie. »Ich weiß. Aber mir wäre es lieber, du würdest nicht zurückgehen.«

Vladimir trinkt einen Schluck Kaffee, zieht plötzlich eine lustige Fratze für Julia, die prompt in Kichern ausbricht, und sagt ganz unvermutet: »Wäre es dir lieber, wir würden nach Smolensk gehen?«

Sie ist sich nicht sicher, ob ihr der Gedanke gefällt. Smolensk liegt auf halber Strecke zwischen Minsk, der Hauptstadt der Weißrussischen Sowjetrepublik, und Moskau, ein gutes Stück weit entfernt von ihrer Heimat.

»Das haben sie mir angeboten, als Alternative. Da steht auch ein Kernkraftwerk.«

Irina lacht bitter auf. »Daher weht der Wind!«, sagt sie. »Jetzt sitzen wir im Regen, und sie bieten dir die Traufe an. Das Kraftwerk in Smolensk – na großartig!«

»Ich habe es dir nicht sofort erzählt, weil ich mir schon dachte, du siehst das genauso wie ich: keine gute Idee.«

»Ja, es wäre ein schlechter Tausch.«

Sie sehen Julia an, die den Kopf an die Brust des Vaters gelehnt hat und mit einem Löffel spielt, in dessen Fläche sich das Licht spiegelt.

Irina und Vladimir blicken einander tief in die Augen. »*Ein* GAU ist genug«, sagt Irina.

Es ist *eine* Sache, einen nuklearen Störfall zu überleben und seine gesamte Familie heil vom Ort des Geschehens fortzubringen, aber es ist eine ganz andere Sache, dasselbe noch einmal zu versuchen, sehenden Auges und nun wohl wissend, welche Gefahr von jedem Kernkraftwerk ausgehen kann. Für Irina sind sie alle schlummernde Zeitbomben. Was auch immer die Zukunft noch bringen mag: bis hierher sind sie gekommen und alle noch zusammen. Sie werden nicht zu einem anderen Kraftwerk aufbrechen, dort ihre Zelte aufschlagen und jeden Tag damit rechnen, dass sie auch von dort wieder evakuiert werden!

»Wie lange sollst du noch in Tschernobyl arbeiten?«, fragt sie nach einer Weile.

»Das konnte mir keiner sagen. Sie wissen nicht einmal, wann sie mit der ersten Phase fertig sind. Vielleicht so lange, bis der Sarkophag gebaut ist.«

»Wie sieht es dort aus? Ist viel zerstört?« Sie spricht so leise, dass ihre Mutter nicht aufmerksam wird. Vor allem aber ist ihr, als würde sie den gefährlichen Details von Tschernobyl zu viel Raum in ihrem sicheren privaten Bereich geben, wenn sie mit lauter Stimme über sie spräche.

»Der Block vier ist eingestürzt, es ist alles schwarz und verkohlt, und sie haben gerade erst angefangen, die Trümmer wegzuräumen. Es sieht schlimm aus.«

»Und ... die Strahlung?«

»Es geht. Weißt du«, fährt Vladimir nachdenklich fort, »ich glaube, diejenigen, die erst nach dem Störfall zur Beseitigung der Schäden dorthin kamen, die leiden noch viel mehr darunter als wir. Vielleicht sind wir daran gewöhnt? Wir haben doch über die Jahre ganz sicher mehr Radioaktivität abbekommen als andere Menschen. Vielleicht hat sich unser Organismus darauf eingestellt und tut sich leichter damit, das wegzustecken. Und diejenigen, die der Strahlung plötzlich ausgesetzt sind, verarbeiten sie schlechter. Jedenfalls sind sie viel kränker als wir. Einige«, sagt er, »sind schon gestorben. Sie kamen an, arbeiteten ein, zwei Tage am Werk, aßen mit uns in der Kantine, dann ging es ihnen schlecht, und dann haben wir gehört, dass ein paar von ihnen gestorben sind.«

Er senkt den Kopf und Irina bereut es, ihn zum Sprechen gebracht zu haben. In einigen Monaten, wenn ihr das nicht mehr gelingen wird, wird sie denken, wie sehr es ihm helfen würde, wenn er es noch so könnte wie an jenem Morgen. Doch die Fähigkeit, darüber zu reden, wird ihn nach und nach verlassen.

»Wo sollen wir leben?«, fragt Irina schließlich. »Wir können doch nicht hier bleiben!«

»Sie sind dabei, nach einer Lösung für uns zu suchen. Ich habe mich erkundigt, aber niemand wusste, was aus uns werden soll. Sie sagen nur, sie arbeiten daran.« Vladimir greift nach seiner Zigarettenschachtel auf dem Tisch, lässt sie dann aber liegen, ohne sich eine anzuzünden, und streicht Julia zärtlich mit dem Finger über die Wange. »Im Moment können wir nur abwarten«, sagt er.

Am Herd zischt die Gasflamme auf, als Irinas Mutter die bescheidene Suppe aufsetzt. Vladimir albert mit Julia herum, als habe er nicht erst am Abend zuvor erschöpft und krank vor der Tür gestanden.

Wir überstehen das, denkt Irina, ich weiß nicht wie, aber wir überstehen das; es darf ja gar nicht anders sein.

Zigarettenpause

Während ich in meiner gemütlichen Kiewer Wohnung das Band mit ihren Berichten abhöre, sehe ich Irina wieder neben mir sitzen und erzählen. Einmal fragte sie mich: »Kannst du das eigentlich verstehen, dass die Männer und Frauen nach dem Unfall wieder im Kraftwerk gearbeitet haben?«

»Na ja«, antwortete ich, »sie mussten doch. Die Partei hat sie gezwungen.«

Irina musterte mich nachdenklich. »Ich war noch nie im Westen, aber ich habe hier in der Ukraine auch andere Europäer außer dir kennen gelernt, Antje. Kaum einer verstand, wie die Menschen zu sowjetischen Zeiten gedacht und gefühlt haben. Es war nicht nur Zwang, dass sie an der Ruine arbeiteten. Auch bei Vladimir habe ich das gemerkt, nachdem er das erste Mal aus Tschernobyl nach Lissitschansk zurückgekommen war. Er hatte das Gefühl, seine Pflicht tun zu müssen.«

»Obwohl er dem Werk gegenüber so viele Vorbehalte hatte?«, fragte ich.

»Aber ja. So seltsam das auch heute klingen mag, wo wir in einer Demokratie leben. Damals hielten die Menschen mehr zusammen als heutzutage. Jeder tat seine Pflicht, egal unter welchen Umständen.« Sie lehnte sich im Sofa zurück, verschränkte die Arme.

»In jener Nacht am 26. April ist eine Arbeiterin hinausgegangen, um eine Pause zu machen«, begann sie und ich drückte auf die Aufnahmetaste. »Sie wollte eine Zigarette rauchen, na, das durfte man natürlich im Block nicht. Also ist sie an die frische Luft gegangen. Das war um zwanzig nach eins. Eine einzige Zigarettenlänge, das muss man sich mal vorstellen, eine einzige Zigarettenlänge! Da ist hinter ihr der Block vier explodiert. Mitten in dieser ruhigen Nacht. Sie hat sich aufgerappelt, sie war kaum verletzt, jedenfalls dachte sie, sie wäre in Ordnung. Sie ist also aufgestanden und in den Block nebenan gegangen, der noch stand. Da funktionierte auch das Telefon noch. Sie hat ihren Mann angerufen, in Prypjat. Sie durfte eigentlich nicht über ihre Arbeit reden, also hat sie auch nicht gesagt, was passiert ist. Sie wusste ja selbst nur, dass was in die Luft geflogen war. ›Mach die Fenster zu‹, hat sie zu ihm gesagt, ›mach sofort alle Fenster zu!‹ Ihr Mann wusste ja auch ohne Erklärungen so ungefähr, was das bedeutete. Er hat also zu ihr gesagt: ›Komm heim! Was tust du denn da noch! Komm nach Hause!‹ Aber sie sagte: ›Nein, ich muss doch noch meine Schicht beenden!‹ Na, sie ist nicht mehr heimgekommen. Sie ist an der Strahlenkrankheit gestorben. Zwei Tage später. Dabei hatte sie ihre Chance, wegen dieser einen Zigarette. Wenn sie nur losgerannt wäre, nachdem sie ihren Mann gewarnt hat! Aber das konnte sie nicht. Die Pflicht kam zuerst, Antje. So war es immer.«

Auf dem Band folgt kurzes Schweigen, denn mich macht diese traurige Geschichte betroffen. War das nun bloße Pflichterfüllung oder waren die Menschen im Sowjetsystem so gründlich geimpft worden mit dem Mythos von der Unfehlbarkeit ihrer Regierenden, dass sie unfähig waren, die Gefahr zu erkennen? Oder war es Angst, bei einer eigenmächtigen Handlung ertappt und dafür bestraft zu werden? Ein Urteil darüber steht mir nicht zu. Obwohl ich schon einige Jahre in der Ukraine lebe und zuvor vier Jahre in Moskau verbracht habe, bleibe ich dennoch eine Besucherin mit der Sicht einer Außenstehenden auf die Dinge.

»Vladimir tat seine Pflicht im zerstörten Kraftwerk, du suchtest Arbeit in Lissitschansk. Hast du welche gefunden?«, höre ich meine Stimme auf dem Band fragen.

»Ja, das schon. Aber es fiel mir schwer. Meine Gedanken waren immer woanders«, erwidert Irina.

Weiter, nur weiter

Lissitschansk, 3. Juni 1986

Irina füllt die süße Creme in die spitz zulaufende Papiertüte, bis sie randvoll ist. Die fast fertige Torte vor ihr wartet nur noch auf ihre Verzierung. Dafür muss man eine ruhige Hand und Freude an der Arbeit haben, und beides ist Irina eigen, seit sie als junges Mädchen den fragilen Bau einer Torte als Kunstform für sich entdeckt hat. Irina legt den Löffel zurück in die Schüssel und schließt die Spritztüte.

Sie wirft einen Blick durch die Großküche und beobachtet die anderen Konditorinnen bei der Arbeit. Sie rühren Teige an, formen Kuchen und Brote – billige Grundnahrungsmittel, die niemals in den Läden fehlen –, schwatzen dabei und rücken sich zwischendurch die weißen Häubchen auf den Köpfen zurecht. Von den Öfen und Herden, den kochenden Zutaten und dampfenden Laiben ist die Luft feuchtheiß und voll süßlichen Aromas, das sich in der Kleidung festsetzt und das Atmen schwer macht.

Irinas Herz klopft ungleichmäßig, als könne es seinen Takt nicht finden, und manchmal dreht sich ihr alles vor Augen. Früher fühlte sie sich stabil und gesund; selbst die Schwangerschaften haben sie nicht mit den üblichen Beschwerden belastet, von denen ihre Freundinnen erzählt hatten. Jetzt setzen ihr die heiße Sonne und die rußige Luft der Stadt zu, sie hat plötzliche Kopfschmerzen, für die sie keine Ursache erkennen kann und die manchmal erst nach Tagen vergehen. Am meisten irritiert sie der Schwindel, das Gefühl, dass sich der Boden unter ihren Füßen dreht und ihr alles Blut aus dem Kopf schwindet. Sie ist beim Arzt gewesen, der ihr Vitamine und frische Luft verordnet hat. Seine Hilflosigkeit gab ihr das eigenartige Gefühl, stärker zu sein: Sie würde schon damit fertig werden, und mit der Zeit verging bislang noch jedes Übel von allein. Man musste nur die Zähne zusammenbeißen und warten.

Irina wendet sich wieder ihrer Torte zu. Volodja, denkt sie, isst so etwas schrecklich gerne. Er ist da nicht viel anders als die Kinder, besonders wenn sie, wie in letzter Zeit, leicht kränkeln. Julia hat einen hartnäckigen Husten entwickelt und die kleine Anna schreit viel. Irina fragt sich, ob das mit dem Unfall zu tun haben kann. Oder ob es einfach an der ungesunden rußigen Luft in der Kohlenstadt Lissitschansk liegt.

Sie fährt sich mit dem Handrücken über die Stirn und strafft kurz die müden Schultern. Dann setzt sie die Spritztüte über dem Rand der Torte an, um vorsichtig die zuckrige Creme zu verteilen. Als sie ihren Fehler bemerkt, ist es zu spät: Sie hat vergessen, die untere Spitze der Tüte abzuschneiden. Auf den leichten Druck ihrer Finger hin quillt die Creme aus dem nur leicht verschlossenen oberen Rand. Ehe sie reagieren kann, ist ein großer Klacks hellgelber Sahne auf der Torte gelandet.

Ihre Kollegin Shana ist sofort neben ihr, nimmt ihr die Spritztüte aus der Hand und hält einen Teller darunter. »Macht nichts, Ira, das können wir reparieren«, sagt sie heiter. »Bring mal den Teller in den Ausguss, ich mache hier weiter. Ach, und da drüben, die Torten, die werden gleich vom Lieferanten abgeholt. Die Lieferscheine sind dabei. Übernimmst du das?«

Irina überlässt Shana dankbar das verunstaltete Kunstwerk, nimmt sich die Lieferscheine und den Wagen mit den fertigen Torten und bringt alles zum Hinterausgang. So was ist mir noch nie passiert, denkt sie. Bin ich schon so lange raus aus dieser Arbeit, dass ich so ungeschickt geworden bin? Dabei war sie so froh gewesen, als man ihr nach nur zweimaligem Vorstelligwerden beim ORS diese Tätigkeit zuwies. Dass sie ihr nicht gewachsen sein könnte, dieser Gedanke kam ihr keinen Moment lang.

Sie bleibt in der Tür stehen und sieht hinaus in den warmen Frühsommertag. Ein paar Katzen haben sich über eine umgefallene Mülltonne hergemacht. Eine alte Frau mit einem Besen scheucht sie fort, doch der Müll lockt die Tiere immer wieder an. Das satte Grün der Birkenblätter, die sich im Wind bewegen, zieht Irinas träumende Aufmerksamkeit auf sich, als Sonne und Schatten miteinander spielen.

Sie hat plötzlich das übermächtige Gefühl, dass Volodja bei ihr ist. Er scheint hinter ihr zu stehen, eine Hand beinahe auf ihrer Schulter, nur Zentimeter darüber hat er in der Bewegung innegehalten. Sie fühlt seine Nähe so deutlich, als bräuchte sie sich nur umzudrehen und er stünde hinter ihr im Sonnenlicht des Hinterhofes.

»Heh, Genossin, willst du mir hier was ausliefern oder stehst du noch lange nur da herum?«

Sie fährt zusammen und dreht sich um, wie um zu prüfen, ob Vladimir nicht doch für einen Moment hinter ihr gestanden hat. Ihr ist kalt und sie weiß, dass sie heute keine Leistung mehr bringen kann, doch sie muss weitermachen.

Sie händigt dem Lieferanten Waren und Scheine aus. Da hält ihr der Mann die Scheine wieder vors Gesicht.

»Diese Torten, Genossin, sind nicht zur Auslieferung bestimmt – steht doch hier! Du musst den falschen Wagen erwischt haben.«

Er sagt es nicht unfreundlich, nur ungeduldig über diese unnötige Verzögerung in der Erledigung seines Arbeitspensums.

Verwirrt gleicht sie Waren und Bestellscheine miteinander ab. Sie hat ihm tatsächlich die falschen Backwaren übergeben wollen. Sie entschuldigt sich, bringt alles zurück und steht einen Moment hilflos am Eingang wie jemand, der nicht lesen und nicht denken kann. Es ist zu viel, ich schaffe das nicht. Die Tränen steigen ihr in die Augen, nicht zum ersten Mal. Sie schüttelt den Kopf, als könnte sie ihr dauerndes Versagen einfach verneinen.

Shana legt ihr den Arm um die Schultern. »Ira, geh einen Tee trinken und beruhige dich. Das kann jedem passieren.«

»Mir passiert so was nicht! Ich mache solche Fehler nicht!«

»Wirst du auch nicht noch mal – wenn dein Leben wieder normal läuft. Wenn du deinen Mann zurück und wieder ein Zuhause hast. Nimm das nicht so ernst hier. Es gibt wichtigere Dinge und die gehen dir nun mal im Kopf herum. Das ist völlig normal.«

Shana nickt ihr aufmunternd zu. Sanft schiebt die Kollegin sie zur Kantine und Irina nickt und geht. Aber kurz vor dem Eingang zur Kantine biegt Irina ab, zieht ihre Schürze und ihr Häubchen aus, legt beides säuberlich zusammen in ihren Spind und verlässt die Bäckerei.

Ein Riesenwels

Poleskoje, Ukrainische Sowjetrepublik, 3. Juni 1986

In Sichtweite zum Kernkraftwerk Tschernobyl, über dem wieder ein Helikopter im Einsatz ist und in ein Netz verschnürte Materialien zum Bau des Sarkophags ablädt, steht Vladimir im Schatten einer Birke. Es ist ein Flecken Erde, den die Männer für ›sauber‹ erklärt haben. Hier, in einer nur kurzen Entfernung, die sie jedoch beruhigt und ihnen gut tut, verbringen sie jede freie Minute, wenn sie zum Beispiel, wie jetzt, auf eine neue Ladung Beton warten. Sie wissen, dass sie auch hier nicht in Sicherheit sind, doch sie atmen freier, liegen in der Sonne, als könnten sie hier ruhigeren Schlaf finden, und reden wenig. Vladimirs Schichtkollege hält mit einem breiten Grinsen einen Wels in die Luft, dessen Größe den Armen des Mannes sichtbar Kraft abverlangt. Keiner der Männer – und das Angeln ist nicht nur Vladimirs Leidenschaft – hat je ein solches Prachtexemplar zu Gesicht bekommen. Dennoch lachen sie alle unfroh und schütteln ungläubig die Köpfe.

»Mann«, sagt einer, »wenn ich den meiner Frau mitbringe, läuft die mir schreiend davon.«

Der Fänger des bemerkenswerten Tieres hockt sich ans Flussufer und lässt den Fisch behutsam wieder ins Wasser gleiten. Sie sehen dem Freigelassenen nach, bis er im Schatten des Schilfs verschwunden ist.

»Wir müssen zurück, Männer«, sagt der Vorarbeiter nach einem Blick zur Straße. »Die nächste Ladung ist da. Pause vorbei.«

Sie nehmen ihre Jacken und machen sich auf den Weg. Vladimir nimmt einen Zug von seiner Zigarette und tritt die Kippe mit der Schuhspitze aus. Er sieht zurück zum Fluss und schüttelt das

Gefühl ab, dass Irina eben ganz nah bei ihm gewesen ist; so nah, dass er sie fast hätte berühren können, wenn er nur genau gewusst hätte, wo sie ist.

Diese Pausen an ihrem ›sauberen Fleck‹, denkt er, tun ihm nicht gut. Besser, das Gelände gar nicht erst zu verlassen. Besser, gar nicht erst an eine Normalität jenseits von Riesenwelsen und Geigerzählern zu denken. Er beeilt sich, den anderen zu folgen.

Welse sind Raubfische, und sie können in der Tat sehr groß werden. Ich kann mir, während ich Irina zuhöre, jedoch gut das mulmige Gefühl vorstellen, das selbst an einiges Seemannsgarn gewöhnte Angler überkommen haben mag beim Anblick solcher Kaliber in der Nähe des havarierten Reaktors. Meine Gedanken gehen von ganz allein zurück zu einem Tag im Juni 2001. Ich hatte meinen Posten an der deutschen Botschaft in Kiew gerade angetreten, kannte keinen Menschen und ließ mich von Kollegen zu einem Ausflug mitnehmen. Es sollte an das eine Autostunde entfernte *Kiewer Meer* gehen. Kiew liegt nicht an der See. Dennoch nennt man den gewaltigen Stausee im Norden der Hauptstadt das Kiewer Meer. Er wird gespeist aus den Wassern des Dnipro, des breiten Stroms, der durch die Stadt fließt und aus dem Norden kommt. Auf seinem Weg fließt ihm der Fluss Prypjat zu und geht in ihm auf. Dort oben liegt Tschernobyl. Was im Kiewer Meer an Wasser ist, kommt folglich zum Teil von dort. Eigentlich kein Ort zum Erholen, dachte ich, und fuhr dennoch mit. Besser als ein einsamer Tag zu Hause. Den Badeanzug packte ich jedoch gar nicht erst ein.

Tote Fische

»Bist du etwa wasserscheu?«, fragt mich mein Kollege Josef neckend.

Ich sehe zweifelnd aufs Wasser. »So kann man es auch nennen. Radioaktivität?«

Er macht eine wegwerfende Handbewegung. »Die ist so niedrig, das kann ich verkraften. Und von irgendwas muss man ja sterben. Beim Fliegen kriegt man auch eine schöne Portion davon ab. Außerdem baden die hier doch alle und fallen davon nicht tot um!«

Gemeinsam betrachten wir die über den nahen und weiteren Strand verstreuten Gruppen von Ausflüglern – Familien mit Kindern, junge Paare, einzelne Angler mit ihren Ködern.

»Solche Mengen merkt man nicht sofort«, sage ich, »das weißt du doch auch.«

»Klar, aber was soll man machen!« Josef hebt die Schultern, lässt sie müde wieder sinken. »Jedenfalls will ich mich nicht verrückt machen. Wenn ich in zwanzig Jahren Krebs kriege, kann es auch am Rauchen gelegen haben!« Mit zwei Schritten ist er im Wasser, das um ihn herum hochspritzt. Er schaufelt sich mehrere Meter weit hinein in die niedrigen Fluten, die das Kiewer Meer gerade für Familien mit kleinen Kindern so attraktiv machen: So schnell ertrinkt hier niemand, und auch die Strömung ist lange nur seicht. Dann schwimmt er hinaus. Mein neidischer Blick folgt ihm in die kühlen Wellen, die nur wenige Zentimeter von meinen Füßen verführerisch ans Ufer schwappen.

Ich stemme die Hände in die Hüften, wundere mich über die Arglosigkeit meines Kollegen – und ärgere mich über meine eigene Kopflastigkeit und ständige Grübelei, die mich nicht zum ersten Mal in meinem Leben einen Spaß versäumen lassen. Ich weiß anscheinend wieder einmal zu genau Bescheid über die Gefahren des Lebens, um seine Freuden unbeschwert genießen zu können.

In Shorts und schulterfreiem Top verharre ich an der Wasserlinie. Wenn diese verflixte Radioaktivität doch irgendwie erkennbar wäre, dann bräuchte ich den See nicht zu meiden wie der Teufel das Weihwasser!

Die Sonne brennt vom wolkenlosen Himmel, die Luft riecht nach heißem Sand und nach dem Rauch der Grillfeuer am Strand, nach *schaschliki* und Sonnenschutzcreme. Hunderte gestresster Hauptstädter haben ihre Autos an der schmalen Uferstraße oder auf den sandigen Wegen geparkt, die zum Wasser führen, tragen Kühltaschen und Grillutensilien, Badetücher, Kochgeschirr, Bälle und Kinder ans Wasser, öffnen die Autotüren weit und stellen die Radios laut. Von morgens bis spät in die Nacht wird das Ufer des Kiewer Meeres mit Musik und Quizshows beschallt.

Einige Schritte gehe ich am Ufer entlang, dann habe ich meine Angst verloren. Auch ohne Badeanzug kann ich ein paar Meter ins Wasser hineinwaten. Es ist bei der ersten Berührung kühl und lindert sofort die Hitze im ganzen Körper. Ich schlendere im flachen Wasser entlang. Am Boden schimmert verschwommen der Sand, durchsetzt von kleinen Muscheln, Steinen, Schneckenhäusern. Kleine Fische flüchten mit zackigen Bewegungen vor mir.

Und plötzlich weicht einer nicht aus. Er treibt mit dem Bauch nach oben an der Oberfläche. Und er ist nicht der Einzige. Ich verlangsame meine Schritte, bleibe schließlich ganz stehen. Ein unerklärliches Massensterben scheint vor meinen Augen stattgefunden zu haben. Die Tiere schweben in unterschiedlichen Höhen und in unterschiedlicher Entfernung zum Ufer, keines von ihnen weist sichtbare Verletzungen auf, aber tot sind sie alle. Entweder sie sind mir bisher nicht aufgefallen oder ich bin in eine hier entlangtreibende Strömung gewatet. Ich schaue auf.

Ein Mann steht bis zu den Oberschenkeln im Wasser, eine Angel locker in der einen Hand, eine Bierflasche in der anderen. Er sieht zu mir herüber, prüfend, ob ich auch nicht seinen potenziellen Fang vertreibe. Er muss sie auch sehen, die zarten schwebenden Leiber, daran besteht kein Zweifel; ihre Anzahl ist bemerkenswert hoch. Ein paar Meter weiter läuft ein Pärchen Hand in Hand ins Wasser; nach einer Weile sind nur noch ihre Köpfe zu sehen und das Lachen ist zu hören, mit dem sie ein Wettschwimmen beginnen.

Im Wasser des Stausees stehend, der das Wasserreservoir von Kiew ist, sehe ich tote Fische treiben, sanft geschaukelt von den klaren Wellen. Ich sage mir, dass in von der Sommersonne aufgeheizten Seen schon mal tote Fische schwimmen, weil zu wenig Sauerstoff im Wasser ist. Und dann blicke ich nach Norden. Dort, wo der Horizont auf dem Wasser aufzuliegen scheint, steht das Kernkraftwerk Tschernobyl an den Ufern des Flusses Prypjat. Für das bloße Auge ist es nicht mehr erkennbar ...

Zwischen Irina und mir liegen auf dem Wohnzimmertisch ein paar Fotos. Sie zeigen Irina, Julia und Anna beim Baden. »Glücklich siehst du nicht gerade aus«, sage ich. »Wo sind die gemacht worden? Etwa auch am Kiewer Meer?« Die Besorgnis in meiner Stimme ist unüberhörbar.

Meine Freundin lacht. »Nein, das war am Schwarzen Meer.«

»Auf der Krim?«, frage ich überrascht. Die Halbinsel Krim, berühmt wegen des Sekts, hat ganzjährig ein mildes Klima, das es mit der Riviera aufnehmen kann. Zu sowjetischen Zeiten war es das Refugium der Nomenklatura der Partei, oder, böser formuliert: der Bonzen. Ich selbst war schon ein paar Mal dort und stellte fest, dass es ein teures Vergnügen ist, unter ukrainischen Palmen zu entspannen. »Wie kam es dazu, Irina?«

Ein Handel mit dem Teufel

Lissitschansk, 14. Juli 1986

Irina starrt auf die vier kleinen Zettel, die Vladimir auf den Küchentisch gelegt hat, und streckt schließlich die Hand danach aus: Vier *putjowkas*, Reiseerlaubnisse, die ihre kleine Familie endlich aus der Bergarbeiterstadt fortbringen werden. Sie sieht das stolze Grinsen in Vladimirs hohlwangigem, blassem Gesicht.

»Freust du dich?«

Sie nickt und schluckt. »Das ist … toll. Wie lange dürfen wir auf der Krim bleiben?«

»So lange wir wollen, zwei Monate oder auch drei. Wir sollen uns erholen. Sie haben dort gerade ein Sanatorium fertig gestellt, in dem sie Leute wie uns verlängerte Ferien verbringen lassen.« Er zögert einen Moment, räuspert sich, aber das tut er in letzter Zeit öfter. »Ich werde zu euch kommen, so oft ich kann.«

Irina ist alarmiert. »Wie oft?«

»Die normalen Zwei-Wochen-Schichten. Du weißt doch, dass ich nicht länger wegkann. Sie lassen mich nicht. Das Wichtigste ist, dass die Kinder und du ans Meer kommen. Julia muss ihren Husten loswerden.«

»Deiner hört sich auch nicht gut an.«

Er überhört ihre Bemerkung. »Ich habe noch eine zweite gute Nachricht.« Er setzt sich zu ihr an den Tisch. »Wir sind auf der Warteliste für eine Wohnung in Kiew.«

Irina runzelt die Stirn. Auf der Warteliste? So schnell? Eine Wohnung in Kiew bekommt man in sowjetischen Zeiten für gewöhnlich nicht nach zwei *Monaten*. Sondern nach zwanzig, manchmal fünfundzwanzig *Jahren*.

Allein schon auf die neun Quadratmeter ihres gemeinsamen Zimmers im Familienwohnheim in Prypjat haben sie nach ihrer Hochzeit ein halbes Jahr warten müssen. Neun Quadratmeter mögen für ein frisch vermähltes Paar ein Nest voller Glück sein, wenn sie seit der Hochzeit in strikt nach Männern und Frauen getrennten Wohnheimen untergebracht waren und sich jeden Abend um zehn Uhr trennen mussten. Neun Quadratmeter wurden zu einem Problem, als ihre erste Tochter zur Welt kam, und unerträglich nach der Geburt ihres zweiten Wunschkindes. Aber da niemand wusste, wie lange man auf die Zuweisung einer eigenen Wohnung warten musste, war es unsinnig, die Gründung einer Familie aufzuschieben.

Das Familienwohnheim war eine schier endlos lang erscheinende Zwischenstation. In seinen dünnen Mauern war es niemals ruhig; jedes Gespräch, jeder Streit, jede Begegnung fand vor den Ohren der Mitbewohner statt. An den kalten Winterabenden trug Irina ihre Kinder in mehrere Tücher eingewickelt über den schlecht beleuchteten Flur, in der Hoffnung, das Badezimmer nicht permanent von einem der anderen Bewohner besetzt vorzufinden. Jede der drei Familien ihres Flurs hatte Säuglinge, und wenn Irina in der Küche den Brei zubereitete, war sie nicht immer in der Laune zu einem Schwatz mit einer der anderen Mütter. Schliefen die eigenen Kinder, so war sicherlich eines der anderen hellwach, und wenn doch der Schlaf endlich kam, dünn und verletzlich, kehrte einer der Männer lautstark heim und fluchte über die kaputten Glühbirnen, wenn er sich in der Tür irrte und im falschen Zimmer stand. Ließ Irina irgendwo, in der Küche, im Bad, im Flur, etwas Eigenes stehen, war es eine Minute später fort. Nicht gestohlen, nein, nur einfach dem Gemeinwesen einverleibt, das die *komunalka* war. Viereinhalb Jahre – eine lange Zeit. Dass es nicht noch länger dauerte, lag an dem Zustrom vorwiegend junger Leute nach Prypjat, für die sehr schnell Häuser hochgezogen wurden.

Und diesmal? Woher sollte das Wunder einer neuen eigenen Wohnung diesmal kommen? Der Gedanke, bereits jetzt auf der Liste zu stehen, kommt Irina beinahe unheimlich vor, wie ein Handel mit dem Teufel – als bekäme sie nun den Lohn dafür, dass sie Vladimir hergibt.

»Wovon redest du denn, Volodja? Wie soll das gehen?«

Er zieht sie sanft an sich, lächelt. »Es stimmt schon so, wie ich es dir gesagt habe. Die Liquidatoren werden bevorzugt bei der Wohnungsvergabe. Und wir sind auf der Liste! Das heißt, wir können noch in diesem Jahr mit einer Wohnung in Kiew rechnen.«

Die Liquidatoren werden bevorzugt … Die Worte haben in Irinas Ohren einen bösen Nachhall. Die Männer, die, wie Vladimir, die Beseitigungsarbeiten am explodierten Reaktor, den Aufbau des Sarkophags und das Abholzen der Wälder im verseuchten Areal erledigen und die heruntergefahrene Infrastruktur auf dem Gelände in Gang halten, werden bevorzugt behandelt! Welch hohen Preis haben sie dafür zu zahlen: Sie sind die Ersten, die erkranken und – nach allem, was Irina so hört – die Ersten, die sterben.

»Und all die anderen Menschen, die auf Wohnungen warten?«, fragt Irina. Deutlich und stark taucht das Gefühl in ihr auf, dass mit ihrem eigenen Vorteil nicht die Enttäuschung anderer verbunden sein sollte. »Was ist mit denen?« Andere haben sich zweifellos schon seit Jahren Hoffnungen auf diese Wohnungen gemacht.

»Wir werden vorgezogen.«

»Alle *tschernobylzy*?«

Es fällt Irina kaum mehr auf, dass sie das Wort benutzt, mit dem der Rest der Republik die Flüchtlinge aus der *Zone* bezeichnet. Beim ersten Hören klang es in ihren Ohren wie ›alle Menschen mit einer Behinderung‹ oder ›alle Pestkranken‹, etwas Hartes, Ungerechtes, eine Unfairness nicht nur des Lebens, sondern auch ihrer Mitmenschen. Jetzt hat sie sich daran gewöhnt, wie an ein Kratzen im Hals oder eine Kälte in den Gliedmaßen, gegen die nichts hilft.

»Ja, Irina, alle Liquidatoren aus Tschernobyl und Prypjat«, bestätigt Vladimir.

»Das sind doch Tausende!«

»Mehr. Aber ihnen werden die Wohnungen zugewiesen, und die anderen müssen warten.«

»Das wird Neid und Missgunst säen. Sie begreifen doch nicht, wie hoch der Preis ist, den wir für die verdammten Wohnungen zahlen.«

»Ira.« Er nimmt ihre Hände in seine, und sie sieht ihn an. »Willst du eine Zukunft für unsere Kinder? Willst du sie hier in Lissitschansk großziehen, bei deinen Eltern? Oder willst du, dass sie bessere Schulen und eine Ausbildung in der Republikhauptstadt bekommen?«

»Du hast Recht. Es sind wirklich gute Neuigkeiten. Ich werde gleich morgen in der Arbeit Bescheid geben. Vielleicht stellen sie mich sogar wieder ein, wenn wir von der Krim zurück sind.«

Obwohl zwei Träume in Erfüllung gehen – ein langer Urlaub und eine neue Wohnung –, bleibt Irina realistisch: Das Leben gönnt ihnen nur eine kurze Atempause.

Ein Urlaub, der keiner ist

Jewpatorija, Halbinsel Krim, 20. Juli 1986

Der Sand unter dem Handtuch, auf dem Irina sitzt, ist warm, weich und hellgrau. Sie legt ihre Hand darauf und beobachtet, wie ihre Finger langsam einsinken. Die Luft riecht nach Salz und Hitze und nach in Fett gebackenen kleinen Teigtaschen, welche die Leute so gerne essen. Irinas Blick geht auf das Meer.

Gerade zieht Vladimir die vor Vergnügen kreischende Julia an den Armen durch das flache Wasser. Anna steht in ihrer roten Badehose auf dem sicheren Trockenen und beäugt das Treiben im Wasser. Einen großen aufblasbaren Pinguin, den die Kinder, die kein Wasserspielzeug besitzen, vom Sanatorium ausgeliehen bekommen haben, hält sie fest im Arm. Doch in das ungewohnte Element traut Anna sich nicht hinein. Andere Kinder toben in ihrer Nähe und größere Jungen spielen Federball. Ab und zu schaut sie den Kindern zu, lächelt zaghaft. Irinas jüngere Tochter ist von beiden Kindern die stillere. Sie sieht sich alles erst genau an, bevor sie sich darauf einlässt. Nach einer Weile setzt Vladimir sie sich auf die Schultern und watet, Julia an der einen Hand und die andere locker auf Annas Fuß, den Strand entlang durch das Wasser.

Irinas Blick wandert über die ruhige Fläche des Meeres, dessen offene Weite von der sanft gerundeten Küste der Krim-Halbinsel begrenzt wird. Die Berge sind hoch und auf den Gipfeln karg. Ihre Namen, *Ai Petri* oder *Kemal-Jegereg*, klingen nach mongolischer Herrschaft und jahrhundertealter Geschichte. Seit den siebziger Jahren wurden unmittelbar an der Küste Hotelburgen hochgezogen: zehn- bis fünfzehnstöckige, lang gezogene, triste Hochhäuser, von denen einige angefangen und einfach als Ruinen stehen gelassen wurden. Auf der Strandpromenade, die in Jewpatorija nicht ganz so aufwändig gestaltet ist wie in Jalta, der Hauptstadt der Halbinsel, werden Süßigkeiten verkauft und fette russische Würste.

»Ganz schön viel los hier«, sagt Vladimir und setzt Anna mit einem Salto auf den Sand. Sie quietscht fröhlich und kommt mit dem Gesicht zur falschen Strandseite auf die Füße, schaut sich verwirrt um, als sie ihre Mutter plötzlich nicht findet.

Julia nimmt sie an den Schultern und dreht sie der Familie zu: »Hallo, hier sind wir, Anja! Wo guckst du denn hin?«

Irina beschirmt ihre Augen mit der Hand. »Meinst du, das sind alles *tschernobylzy*?«

»Auf diesem Strandabschnitt sicher. Die wohnen ja alle im Sanatorium.« Vladimir steht auf. »Ich gehe mit Julia wieder ins Wasser.«

»Warte«, ruft Irina und reibt *smetana* auf Julias Sonnenbrand; die fette saure Sahne ist die natürliche Sonnencreme eines erfindungsreichen Landes. »Lass mir Anjuschka da. Sie mag das Wasser nicht«, bittet sie noch, bevor Vater und Tochter loslaufen, als beschwere sie nichts. Nach einer Weile geht Irina mit Anna bei einem Händler weißes, fast geschmacksneutrales Eis in Waffeln kaufen. Bis sie zurück sind an ihrem Handtuch, ist das Eis in der Sonne fast geschmolzen.

Sie beobachtet die Menschen und sieht, dass sie genauso nach dem Glück des Augenblicks greifen wie Vladimir und sie selbst. Sie genießt es, auf dem Basar von Jewpatorija Hemdchen für Anna zu kaufen und Kleider für Julia, große bunte Schleifen für ihr langsam wieder wachsendes Haar, Hosen und Hemden für Vladimir und gerüschte Blusen für sich selbst. Sie ersteht im Vorbeigehen die ständig fehlenden sowjetischen Grundnahrungsmittel Kaffee und Sprotten, als sie Menschen an einem Geschäft Schlange stehen sieht – das eindeutige Signal, dass irgendwo ein *defizit* verkauft wird; nach noch nicht einmal einer Stunde ist sie zufrieden, zwei *defizite* erstanden zu haben. Beim Frühstück im Speisesaal des Sanatoriums bekommen sie Extrarationen Saft und Früchte für die Kinder, eine weitere der Vergünstigungen für die *tschernobylzy*.

Für Irina sind die Wochen am Schwarzen Meer eine Auszeit. Aber sie merkt es erst, als sie das winzige, spartanisch ausgestattete Zimmer, das ihnen zugewiesen wurde, aufräumen will. Da hält sie mitten in der Bewegung inne, lässt die Tasse einfach stehen und überlässt mit einem ungewohnten Gefühl des Nicht-Verantwortlich-Seins alles der Putzkolonne, die täglich sauber macht. Ganz bewusst nimmt sie nur ihre Jacke von den beiden Betten, die sie von den Wänden in der Mitte des Raumes zusammengeschoben haben, damit sie alle vier beieinander darin schlafen können.

Und sie staunt, wie klein die Welt ist, als sie an einem Eisstand ihre Freundin Katja aus Prypjater Tagen stehen sieht. Die kleine untersetzte Frau kann die unverhoffte Begegnung gar nicht fassen und begrüßt Irina überschwänglich. Sie tauschen rasch die wichtigsten Erlebnisse und Erfahrungen aus – und stellen fest, wie nah die beieinander liegen. Auch Katja verbringt hier ihre hart erkauften Ferien an einem normalerweise der Parteielite vorbehaltenen Strand, während ihr Mann als Liquidator in Tschernobyl seinen bitteren Lohn verdient.

»Ist es nicht wunderschön hier!«, ruft Katja aus. »Wir haben noch nie zuvor einen Aufenthalt auf der Krim bekommen! Ich glaube, man muss die richtigen Beziehungen haben.«

»Die haben wir ja jetzt ...«, sagt Irina mit einem Anflug von Sarkasmus und fügt hinzu, da sie sieht, wie sich die Augen ihrer Freundin verdüstern: »Aber du hast Recht, Katja, man muss es wenigstens genießen.« Bloß nicht an die Vergangenheit denken, ermahnt sie sich.

»Sag ich doch! So viele gute Seiten hat das Leben im Moment ja nicht mehr.«

Ebenso wie Vladimir hat auch Katjas Mann nach dem verdoppelten ersten Lohn schon nach der zweiten Schicht wieder sein normales Gehalt aus den Zeiten vor der Katastrophe erhalten.

Die beiden Frauen beschließen, gleich den nächsten Tag gemeinsam zu verbringen. Die Kinder werden sich über die wiedergefundenen Spielgefährten freuen. Und als Irina zurückgeht, fühlt sie sich leichter und froher, allein durch die Anwesenheit der Freundin. Es scheint wie ein Versprechen, dass doch nicht alles verloren ist, was man nicht mehr vor Augen hat.

Sie sitzt am für die Sanatoriumsbewohner reservierten abgeschlossenen Strand und winkt Julia und Anna zu sich, um ihnen Blusen überzuziehen. Der Medizinische Dienst hatte die Eltern aus Prypjat gewarnt, dass der Nachwuchs nicht zu lange ungeschützt in der Sonne spielen darf: die radioaktive Strahlung, der sie möglicherweise ausgesetzt waren, verschlimmere die negative Wirkung der UV-Strahlen. Auch den Psychologischen Dienst könnten sie in Anspruch nehmen, doch wie viele andere Evakuierte verzichten sie darauf. Was kann ein Psychologe ihnen sagen, das sie nicht selbst schon wüssten? Sie haben einander und mehr brauchen sie nicht, um mit den Dingen fertig zu werden.

Vladimir ist außer Atem und plumpst hustend und erschöpft neben Irina in den heißen Sand.

Schon morgen, denkt Irina, wird sie hier alleine mit den Kindern spielen. Sie spürt Tränen in sich aufsteigen und ein endloses Gefühl der Hilflosigkeit; wenn sie nicht aufpasst, wird es sich zur Panik auswachsen an diesem herrlichen Sommertag am Strand.

Irina Wachidowa im Jahr 1980, kurz bevor sie Vladimir kennen lernte.

Vladimir an Weihnachten vor der Hochzeit mit Irina.

Ein Bild aus unbeschwerteren Tagen: Irina und Vladimir Wachidow mit ihrer ältesten Tochter Julia, 1984.

Irina mit ihren Töchtern Julia und Anna in Prypjat vor dem Prometheusbrunnen, 1985. Prometheus, der Überbringer des Feuers, steht symbolisch für den Stolz der Prypjater Arbeiter, Teil einer großen Aufgabe sein zu dürfen.

Julia im Winter vor der Katastrophe, 1985.

Vom Dach des Wohnblocks in der Trabantenstadt Prypjat, in dem Irina und Vladimir wohnen, fotografierte Vladimir im Winter 1985/86 das nur drei Kilometer entfernte Kernkraftwerk Tschernobyl. Es wurde 1978 in Betrieb genommen und galt als das sicherste der ganzen Sowjetunion.

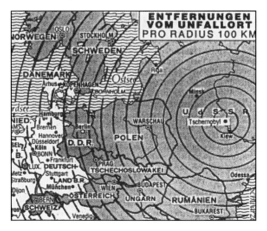

In den Stunden und Tagen nach dem GAU hängt es von der Windrichtung ab, welche Teile Europas von der radioaktiven Wolke erfasst werden.

Am Samstag, dem 26. April 1986 um 1:23 Uhr, passiert die Katastrophe: Im Kernkraftwerk Tschernobyl gibt es eine atomare Explosion. Anfang Mai 1986 rauchen – entgegen den offiziellen russischen Meldungen – die Ruinen des Reaktors Block 4 noch immer, wie auf dieser seltenen Aufnahme aus einem Helikopter zu sehen ist.

Mitarbeiter des Kernkraftwerks bei Aufräumarbeiten winken für die Presse fröhlich in die Kamera:
Die leichte Schutzkleidung wirkt wie eine Farce. Viele der Liquidatoren sterben an den Folgen der radioaktiven Strahlung.

Der Tag, an dem die Wolke kam: Am Samstag, dem 26. April 1986, ereignet sich ein GAU im Kernkraftwerk Tschernobyl. Wegen einer von der UdSSR verhängten Nachrichtensperre berichten deutsche Zeitungen nach einer »Eilmeldung« der dpa erst Tage später – am 30. April – von der Katastrophe.

Panik in Deutschland: In Berlin werden Spielplätze aus Angst vor Verseuchung abgesperrt.

Vladimir hat nach der Katastrophe an der gewaltigen Schutzkonstruktion aus Stahl und Beton um den Block 4 mitgebaut. Heute sind an dem Sarkophag, der bis weit ins neue Jahrtausend hinein dicht halten sollte, deutlich Risse zu erkennen, durch die das Regenwasser in den Reaktor läuft und das Grundwasser radioaktiv verseucht.

Ein Urlaub, der keiner ist: Die »tschernobylzy« kurz nach der Katastrophe im Juli 1986 im Sanatorium auf der Halbinsel Krim: Irina badet mit ihren Töchtern Julia und Anna, von fröhlicher Unbeschwertheit ist nichts zu spüren.

Endlich mal ein bisschen Glück: 1990 kann sich die Familie über einen Lottogewinn freuen. Stolz hält Julia den Lottoschein in der Hand, von dem sich die Familie ein Auto kauft.

Zu Gast bei Familie Herbert in Lampertheim, 1993: Julia mit den Kindern Jonas und Wibke.

Die Autorin Antje Hilliges mit Irina Wachidowa in Kiew: »Es wird Zeit, dass wir erfahren, was euch geschehen ist.«

Julia mit ihrem Vater Vladimir, 2005.

Mutter und Tochter: Julia und Irina heute.

Die Kirche in Tschernobyl: Ein Mönch hat mitten in der verbotenen Zone eine verfallene Kirche renoviert, damit die Menschen einen Platz zum Glauben haben.

Ein Wohnblock in der »Wildnis«: Die verlassene Stadt Prypjat.

Lebensgefährlicher Schrott: Auf dem Autofriedhof in Prypjat wurden die verseuchten Fahrzeuge zurückgelassen, die bei den Evakuierungs- und Aufräumarbeiten verwendet worden waren.

Zum ersten Mal nach 18 Jahren wieder in Prypjat: Irina auf dem verlassenen Rummelplatz im Jahr 2004. Das Riesenrad wurde nie in Betrieb genommen, es wirkt wie ein Symbol für den Stillstand der Zeit.

Anna, Irina, Vladimir und Julia, 2005.

Ein Modell zeigt die Dimension des auf 6 Blöcke angelegten Kernkraftwerks. Ganz links hinten befindet sich der explodierte Block 4.

Antje Hilliges vor dem Tschernobyl-Museum in Kiew, 2005.

Ein Schlüssel zur Zukunft

Jewpatorija, Halbinsel Krim, 4. August 1986

Auf Vladimirs offener Handfläche liegt ein Bund mit zwei Schlüsseln.

Irina nimmt ihn wie eine Kostbarkeit hoch. »Sind das die Schlüssel für unsere Wohnung in Kiew?« Ihr Mann bestätigt ihre ungläubige Frage mit einem Kopfnicken.

Vor zwei Stunden ist er völlig erschöpft von seiner vierzehntägigen Schicht ins Sanatorium zurückgekehrt, hat sich gründlich gewaschen und umgezogen. Sie sitzen in ihrem winzigen Zimmer auf den zusammengestellten Betten, in denen die Mädchen schon schlafen. In der Ecke brennt eine Lampe; vor dem offenen Fenster liegt eine nicht ganz dunkle Nacht. Wenn sie aufstünden, könnten sie die silbrig glänzende Fläche des Schwarzen Meeres und ein Stück der betonierten Uferpromenade sehen. Die Luft riecht salzig. Der Wind bauscht leicht die schlichten Vorhänge ins Innere des Raumes, der weniger Urlaubsdomizil ist als ein weiteres Übergangszuhause. Hierher bekommen sie ihre Post, und die Briefe, die ihre Verwandten und Freunde von ihnen erhalten, tragen über Wochen den Stempel des Hauptpostamtes von Jalta.

Irina wirft die beiden Schlüssel in ihrer Hand hoch in die Luft und fängt sie geschickt wieder auf, und in diesem Moment ist es ihr Zuhause. »Wie hast du das bloß gemacht?« Mit einem fragenden Lächeln sieht sie Vladimir an. »Hast du jemanden bestochen? Hast du Listen gefälscht? Volodja, sag mir die Wahrheit!«

Er lacht und die Anspannung der letzten zwei Wochen fällt von ihm ab, als er die freudige Ungläubigkeit in den Augen seiner jungen Frau sieht. Und doch wird er sie auf den Boden der Tatsachen zurückholen müssen.

»Niemanden bestochen, niemanden betrogen, alles geht mit rechten Dingen zu«, erzählt er. »Aber ich muss dir auch sagen, dass die Zuweisung der Wohnung erst mal nur für ein Jahr ist.«

Irina zuckt die Achseln. »Hauptsache, wir haben die Wohnung erst einmal.«

»Sie ist an eine Bedingung gekoppelt.«

»Die Zuweisung wird uns entzogen, wenn du nicht mehr in Tschernobyl arbeitest. Richtig?« Irina kennt ihr Land. Seine Systeme funktionieren so einfach, dass man jede Regel, die man einmal begriffen hat, problemlos immer wieder anwenden kann. In diesem Fall bedeutet die Regel, dass du das, was der Staat dir gibt, immer mit einem Dienst an ihn bezahlen musst. Die Gegenleistung wiegt dabei für den Einzelnen weit schwerer als für den Staat die ursprüngliche gewährte Vergünstigung. Denn wer ist frei genug, auf die Dinge des Lebens zu verzichten, wie Wohnung, Arbeit, Ausbildung der Kinder, Sicherung des Alters? Man nimmt an, was der Staat bietet, weil man keine Wahl hat; erst später fragt man nach dem Preis.

Und weil Irina dieses System verinnerlicht hat, ist sie bereit, das einzige Gewicht in die Waagschale zu werfen, das sie hat, um dem Staat wenigstens das Zugeständnis einer Wohnung für einen längeren Zeitraum abzutrotzen.

»Was ist mit mir«, fragte sie, »kann ich nicht als Liquidator arbeiten?«

Während Vladimirs Abwesenheit hat sie lange darüber nachgedacht. Ein Großteil der Liquidatoren sind bereits zu diesem frühen Zeitpunkt Frauen, und noch in den folgenden Jahren wird das so sein. Für Irina selbst hat das KKW seinen Schrecken beinahe verloren – die Angst, dass es ihr nehmen könnte, was sie liebt, ist unvergleichlich größer. Und sie hat das diffuse Gefühl, dass es ihr und auch Vladimir helfen könnte, wenn sie seine Erfahrungen mit ihm teilen und sie selbst machen könnte; wenn sie selbst erleben könnte, dass man Tschernobyl überleben kann.

Vladimirs Antwort ist kategorisch: »Bist du verrückt! Auf keinen Fall lasse ich zu, dass du da arbeitest! Denkst du überhaupt an die Kinder? Du bleibst hier und kümmerst dich um sie. Einer von uns beim Werk reicht!«

»Tanja könnte wieder herkommen und sie versorgen.«

»Das kommt nicht in Frage. Meine Mutter bleibt, wo sie ist. Und du schlag dir diesen Unsinn aus dem Kopf. Niemals, hörst du, niemals werde ich zulassen, dass du als Liquidator arbeitest. Niemals.«

Irina weiß, wann sie bei Vladimir an Grenzen stößt und aufgeben muss. Sie nickt und legt ihm beschwichtigend eine Hand auf den Arm.

Nach einer Weile, in der sie nur das Rauschen des Meeres, den Atem ihrer Kinder und das gelegentliche Grölen eines Passanten hören, fragt Irina: »Du warst wieder im Krankenhaus?«

Er nickt. »Aber nur einen Tag. Du weißt ja, wie ich diese Bunker hasse. Ich habe mir meine Medizin geholt und weg war ich.«

»Was haben sie gesagt? Hat es was mit ... mit deiner Arbeit zu tun?«

»Das sagt einem natürlich keiner. Ich habe einfach schwache Bronchien und ein schwaches Herz.«

»Du?! Was für ein Blödsinn!«

»Natürlich. Aber versetz dich in die Lage der Ärzte. Es gibt kein Dekret, keine Sprachregelung, nichts, das die gesundheitliche Situation der Liquidatoren klärt. Soll sich einer der Ärzte aus dem Fenster lehnen und von den Dächern schreien, dass das Werk uns krank macht? Nein, das kann man nicht von ihnen erwarten.«

»Du bist sehr verständnisvoll. Aber ich denke, sie lassen euch im Stich. Wenn dein Husten bleiben sollte, wirst du nie beweisen können, dass du ihn von der Arbeit am Wrack hast.«

»Es wird vergehen. Die Ärzte in Poleskoje sind gut, sie tun, was sie können. Und wenn sie das nicht mehr können, überweisen sie die Leute nach Kiew oder Moskau. Dass sie einem dazu auch noch was Schriftliches geben – zumal, wenn sie es selbst nicht wirklich wissen –, wäre zu viel verlangt.«

Irina hört ihm zu und denkt an diejenigen, die ›nach Moskau überwiesen‹ wurden. Was das bedeutet, weiß mittlerweile jeder einstige Prypjater. Unter den Frauen im Sanatorium auf der Krim waren zwei, deren Männer diesen Weg gegangen sind. Kurz darauf reisten auch die Frauen ab, tapfer und ohne Tränen, die Kinder auf dem Arm oder an der Hand. Irina ist dankbar, dass Vladimir sich lediglich ›seine Medizin abholt‹, wie er es nennt, wenn er sich für einen Tag ins Krankenhaus legt. Sie teilt inzwischen seine früh geäußerte Überzeugung, dass es die ständige moderate radioaktive Dosis ist, der sie beide über Jahre hinweg in der unmittelbaren Nähe des Kernkraftwerkes ausgesetzt waren, die ihm bisher das Leben gerettet hat. Immun sind sie jedoch nicht und Irina verdrängt den Gedanken, wie lange die Abwehrmechanismen funktionieren können. Sie ist einfach dankbar für jedes Mal, wenn Vladimir heil zu ihr zurückkommt.

»Wann fahren wir nach Kiew?«, fragt sie.

»Nach der nächsten Schicht, ja?«

Sie denkt nach. Kiew, das ist die Republikhauptstadt, und eine Wohnung dort lehnt man nicht ab. Andererseits liegt Tschernobyl nur hundert Kilometer nördlich von Kiew. Das ist nicht weit genug, nicht wirklich sicher genug, findet Irina.

»Kannst du irgendwo einen Geigerzähler herbekommen?«, fragt sie.

Offensichtlich hat auch Vladimir bereits daran gedacht. »Ich nehme einen mit. Der Vorarbeiter hat Zugang dazu, er wird mir einen leihen.«

»Vielleicht sollten wir die Kinder erst einmal nicht mitnehmen.«

»Nein. Wenn ich nächstes Mal komme, bringen wir sie nach Lissitschansk zurück und fahren dann weiter nach Kiew.«

»Wie lange werden wir brauchen, um die Wohnung vorzubereiten?«

»Andere haben sich ihre Wohnungen schon angesehen. Sie sagen, die sind komplett leer. Da ist gar nichts drin.« Er muss ihr nicht erklären, was das bedeutet. Anfang des Jahres erst haben sie den bürokratischen Hindernislauf bestanden, um ihre kleine Wohnung in Prypjat auszustatten. Irina denkt mit Unwillen daran, sich darauf erneut einlassen zu müssen. Noch dazu in einer großen, fremden Stadt.

Möbel und elektrische Geräte sind, wie so vieles andere, das sie brauchen werden, *defizit* und daher teuer. Sie werden sich bei den zuständigen Stellen auf Listen eintragen für Sofa und Sessel, Teppiche und einen Wohnzimmerschrank, für Kühlschrank, Herd und Küchenmöbel, für Besteck und Geschirr und ein paar Stühle, einen Hochstuhl für Anna und zwei Kinderbetten, ein Ehebett und einen Kleiderschrank. Sie werden die Einzelteile eines Haushaltes zusammensammeln müssen wie ein Eichhörnchen seine Nüsse für einen harten Winter. Dann werden sie aufpassen müssen, um mitzubekommen, wenn Lieferungen der Gegenstände eintreffen, um die sie sich beworben haben. Man muss schnell sein und Ausdauer haben, denn wer zum entscheidenden Zeitpunkt nicht in der Schlange steht, wenn sein Name aufgerufen wird, wird ganz einfach von der Liste gestrichen, und der nächste in der Reihe profitiert vom Pech des Vordermannes. Dann kann man sich neu eintragen lassen und von vorne anfangen. Wenn man zu zweit ist, lässt sich der Zeitverlust verringern: Während der eine Schlange steht, kann der andere die restlichen Besorgungen erledigen, an anderen Stellen Schlange stehen oder Behörden aufsuchen, die Familie registrieren lassen und etwaige Ansprüche anmelden.

Um diesen Marathon zu laufen, werden die zwei Wochen nicht reichen, die Vladimir nicht arbeiten muss.

Zumindest, denkt Irina, werden die Kosten sie nicht vor eine unlösbare Aufgabe stellen: Der Staat hat vor kurzem jedem aus der Zone Evakuierten eine Entschädigung ausbezahlt. Die Wachidows haben zehntausend Rubel bekommen – eine Summe, für die ein Durchschnittsbürger drei Jahre lang arbeiten muss. Dennoch betrachten sie sich nicht als reich; angesichts der anstehenden Herausforderungen ist das kein großes Vermögen mehr.

Irina spürt das leichte Gewicht der beiden Schlüssel in ihrer locker geschlossenen Hand. Sie sieht aus dem Fenster und ist mit ihren Gedanken bereits bei der nächsten Station auf ihrem Weg.

Ein namenloser Toter und ein Entschluss

Poleskoje, 29. August 1986

Der ältere Mann mit den dünnen weißgrauen Haaren liegt unter seinem Bettlaken, als bestehe er nur noch aus Haut und Knochen. Sein Brustkorb hebt und senkt sich in unregelmäßigen Abständen, je nachdem, wie viel Luft die Lungen einsaugen können. Kantig ragen seine Ellbogen unter dem Stoff hervor. Seine Wangen sind eingefallen, die Lider flattern, und die Lippen scheinen mal blass, mal bläulich angelaufen.

Der Mann war schon da, als Vladimir vorgestern hier ankam, um sich erneut Spritzen geben zu lassen und sich von Betonstaub und Radioaktivität zu erholen. Seinen Namen kennt Vladimir nicht. Er hat sich ein paar Mal mit ihm unterhalten. Dann saß der andere aufrecht an sein zerdrücktes Kopfkissen gelehnt im Bett, rauchte eine Zigarette nach der anderen und in den Pausen zwischen seinen Worten schüttelte ihn ein grässlicher Husten, der schließlich in einem Röcheln verebbte, bis er nach einer Weile wieder sprechen konnte. Sie waren einander schon außerhalb des Krankenhauses begegnet: auf dem Gelände des Kernkraftwerkes und an den Betonmischmaschinen. Der Ältere war wie Vladimir kurz nach dem Störfall als Liquidator nach Tschernobyl zurückgekehrt.

Jetzt liegt er nur noch. Seit heute Morgen. Die Verschlechterung kam rapide. Eben saß er noch im Bett und rauchte wie üblich eine selbst gedrehte Zigarette, dann brach ein Husten aus ihm heraus, der ihm die letzten Kräfte zu nehmen schien. Er legte sich hin, um besser ausruhen zu können, und bat Vladimir noch, seinen Tabak für ihn aufzubewahren, während er schlief.

Das Päckchen in der Hand drehend sitzt Vladimir auf dem Rand seines Bettes und lauscht beunruhigt dem Röcheln aus dem Nachbarbett. Die anderen beiden Patienten haben den verschlechterten Zustand des älteren Mannes mehr oder weniger ignoriert. Wenn es einem von ihnen schlechter geht, wendet man besser den Blick ab. Wohl weniger aus Diskretion, wahrscheinlich eher aus Selbstschutz; es könnte einem selbst irgendwann das gleiche Ende bevorstehen.

Vladimir prüft den Puls des anderen und legt ihm die Hand auf die Stirn. Der Puls ist schwach und die Stirn kalt. Plötzlich hebt sich die Brust des Kranken mit einem lauten Röcheln, das sich anhört, als platze dort drinnen etwas. Als sie sich nach einer Ewigkeit wieder senkt, krümmt sich der magere Körper zusammen und stößt ein fast luftloses Husten aus. Vladimir weicht entsetzt zurück, als eine dünne Blutspur aus dem Mundwinkel des Mannes rinnt.

Er rennt zur Tür, reißt sie auf und schreit hinaus auf den Gang: »Schwester! Hilfe! Schwester! Hier braucht jemand Hilfe!«

Eine Frau in weißer Tracht und weißem Häubchen schaut um die Ecke, gibt ihm ein Zeichen, das alles Mögliche bedeuten kann, und verschwindet wieder. Endlich kommen die Schritte mehrerer Menschen herbeigeeilt, unter ihnen die Schwester von eben. Sie laufen an Vladimir vorbei ins Zimmer, ohne dass er präzisieren muss, für welchen Patienten er ihre Hilfe gerufen hat. Bevor sie die Vorhänge links und rechts des Bettes zuziehen und die Tür schließen, fällt Vladimirs Blick auf das nun blau angelaufene Gesicht des Sterbenden. Dessen Augen sind geschlossen und Vladimir weiß sofort, dass er nicht wieder aufgewacht ist, nachdem er vor einer Stunde eingeschlafen war. Er hat seitdem neben einem Sterbenden gesessen, ohne es zu wissen.

Er wendet sich ab und tritt an eines der großen Fenster auf dem Gang. Er schaut in den Innenhof und zum Hauptportal. Mehrere Autos stehen davor, kleine Ladas und ein geparkter Krankenwagen; ein paar Männer stehen in Trainingsanzügen in der Sonne und rauchen. In seiner Tasche befingert Vladimir das Tabakpäckchen seines Bettnachbarn. Er hat plötzlich das Bedürfnis nach frischer Luft. Der Weg kommt ihm lang vor, er muss sich mehrfach an die Wand lehnen, so schwach fühlt er sich seit gestern. Draußen zwitschern Vögel im reichen Laub der Bäume, ein paar Spatzen hüpfen vor seinen Füßen herum. Er setzt sich auf eine Bank und stützt den Kopf in die Hände.

Nach einer Stunde kehrt er langsam zurück zu seinem Zimmer. Vorsichtig drückt er die Klinke hinunter, hofft, der Anblick des blau angelaufenen Gesichtes möge nicht der letzte gewesen sein, mit dem er an seinen Kameraden denken wird. Er steht im Raum und sieht die beiden anderen Patienten an, doch keiner von beiden erwidert seinen Blick. Einer scheint zu schlafen, der andere liest aufmerksam eine Zeitung der vergangenen Woche.

Das Bett neben seinem ist fort.

Vladimir macht auf dem Absatz kehrt und geht zurück in den Gang. Der erstbesten Schwester stellt er sich in den Weg. »Entschuldigung, wo ist denn der Patient aus Nummer 18?«

»Der ist tot«, sagt sie unbeeindruckt, als sei es eine Information wie jede andere, und wohlmöglich ist es das für sie auch.

Erst als sie bereits weitergeeilt ist, fällt Vladimir ein, dass er sie hätte fragen können, wie sein Bettnachbar hieß. Sie hätte es sicherlich gewusst und vielleicht hätte sie es ihm sagen dürfen.

Er tritt wieder ans Fenster, an denselben Platz, wo er schon vor einer Stunde gestanden hat. Andere Autos parken jetzt dort; die rauchende Männerrunde von vorhin ist verschwunden. Vladimir legt das Tabakpäckchen aus seiner Hosentasche in den Mülleimer, behutsam, wie eine letzte Geste für einen Toten.

Ich bin neunundzwanzig, denkt er, und fragt sich, wen wohl der Verstorbene hinterlässt, dem er ahnungslos beim Sterben Gesellschaft geleistet hat.

Ich bin erst neunundzwanzig.

Er greift in seine Hosentasche und zieht die angefangene Zigarettenschachtel heraus, wirft sie dem Tabakbeutel hinterher.

Es ist nicht viel, was er tun kann, um diese Situation zu überleben, aber er weiß plötzlich, dass er alles, was in seiner Macht steht, tun muss, um nicht denselben Weg zu gehen wie der namenlose Liquidator aus dem Nachbarbett. Und dass er alles meiden muss, was dem Tod in die Hände spielen kann. Im Stillen dankt er dem anderen für dessen wortlose Warnung, mit der er ihm den Tabak zum Verwahren gab: Pass auf dich auf, Junge – niemand sonst tut's für dich!

Er sieht hinaus in den hellen Sommertag, der so unvermutet jemandes Todestag geworden ist. Unten sind zwei Fahrzeuge vorgefahren, kleine fensterlose Transporter ohne Aufschrift. Vladimir starrt auf die Wagendächer. Es ist nicht das erste Mal, dass Vladimir diese Fahrzeuge sieht. Sie gehören zum Fuhrpark der örtlichen Dekontaminationsbrigade. Seit dem Reaktorunfall tauchen sie immer mal wieder da und dort auf, reinigen, *entseuchen* ein Gebiet, ein Gebäude, einen Ort, an dem Menschen sich aufgehalten haben. Sie jetzt hier zu sehen, die Männer in Schutzanzügen und mit ihren erstaunlich simplen Gerätschaften, versetzt Vladimir einen Schlag in die Magengrube. Er dreht sich um und geht in sein Zimmer, packt seinen kleinen Koffer, wechselt den Trainingsanzug gegen Hemd und Hose und verlässt kaum fünf Minuten später das Zimmer.

Draußen stehen Ärzte und Pflegepersonal beisammen, um ihre Visite zu beginnen. Sein Arzt begreift sofort, was Vladimir vorhat, geht zu ihm und nimmt ihn beiseite. »Was ist los, Wachidow, wo willst du hin mit deinem Köfferchen?«

Vladimir presst die Lippen zusammen, um den ersten Schwall einer Antwort herunterzuschlucken. Dann schüttelt er kurz und entschlossen den Kopf. »Hier bleibe ich nicht«, sagt er. »Hier sterben die Leute. Ich will nicht sterben. Und das kann ich draußen besser vermeiden als hier.«

»Was soll denn das heißen!« Zornesröte steigt dem Mann im weißen Kittel ins Gesicht. Er lässt Vladimirs Arm los. »Wenn du dich nicht behandeln lässt, stirbst du – nicht umgekehrt, du Narr!«

»Ich will mich hier nicht behandeln lassen.« Vladimirs Stimme ist ruhig und gefasst. Der Sturm, der im Inneren des jungen Mannes tobt, ist nur am entschlossenen Blick seiner Augen zu erahnen, und der Arzt scheint das zu erkennen.

»Du bist ein Idiot!«, sagt er. »Wenn du gehst, kann ich für nichts garantieren. Du könntest sterben.«

»Das kann ich hier auch. Es ist besser für mich zu gehen. Geben Sie mir ein Entlassungspapier.«

»Nicht auf meine Verantwortung! Du bist krank, du musst dich behandeln lassen! Ich werde dich nicht entlassen! Da musst du schon auf eigene Verantwortung gehen.«

Der Arzt hat erneut die Stimme gehoben. Seine Kollegen sind auf die Diskussion aufmerksam geworden und Vladimir vermutet, dass der Arzt aus genau diesem Grund lauter gesprochen hat: Die anderen werden bezeugen können, dass ihr Kollege den uneinsichtigen Patienten nicht gehen lassen wollte. Doch Vladimir ist sein Entlassungspapier mit Stempel und Unterschrift wichtiger als die Reputation des Arztes – Erfahrung macht klug.

»Ich war zwei Tage hier«, erwidert er. »Sie haben mich ja behandelt. Also entlassen Sie mich jetzt!«

Der Arzt beißt die Kiefer zusammen, doch er widerspricht nicht mehr. Er greift nach einem Block, den ihm eine Schwester hinhält, kritzelt etwas auf einen Bogen, unterschreibt, reißt das Blatt aus der Halterung und gibt es Vladimir.

Solange ihm die Belegschaft noch nachsehen kann – er weiß nicht, ob sie es tun –, geht Vladimir aufrecht und sicher davon. Dann biegt er um die Kurve und stützt sich am Geländer ab. Langsam steigt er die Treppe hinunter. Sein Koffer, klein und leicht, scheint Tonnen zu wiegen. Die Schwäche in seinen Knien ergänzt sich mit der Watte in seinem Kopf, alles ist ein Nebel aus Kraftaufwand und unendlicher Müdigkeit, einem Schmerzen der Lungen und Brennen der Speiseröhre. Ein Zusammenspiel mehrerer Unannehmlichkeiten, von denen – daran glaubt er ganz fest – ihn keine umbringen wird, wenn er etwas dagegen tun kann. Schließlich geht es ihm jedes Mal so in diesem Jahr, wenn er das Krankenhaus verlässt. Er nimmt an, dass es die Medikamente sind, welche die Ressourcen seines Körpers dermaßen beanspruchen, dass für Kraft in den Beinen und klare Gedanken kaum Platz bleibt.

Draußen setzt er sich auf eine Bank, den Koffer zwischen seinen Füßen, sammelt Kräfte für den Weg bis zum Busbahnhof und bricht nach einer Weile auf. Bevor er heim kann – zu Irina und den Kindern in ihr behelfsmäßiges Zuhause auf der Krim –, hat er jedoch noch etwas zu erledigen. Etwas ganz und gar Verrücktes, von dessen Sinn er überzeugt ist, das ihn aber nur noch mehr Energie kosten wird. Und einen Umweg über die Hauptstadt Kiew.

Der Taucher aus der Wüste

Jewpatorija, 30. August 1986

Die Menschen am Strand deuten mit den Fingern hinaus aufs Wasser. Aus den Fluten des Schwarzen Meers nähert sich eine seltsame Gestalt. Einen Mann mit Tauchermaske hat man hier am Strand des Sanatoriums noch nie gesehen. Der Körper des Sportlers ist schneeweiß und so mager, dass sich jeder Muskel abzeichnet.

Julitschka und Anja springen auf: »Papa! Papa!«, rufen sie. Julia rennt ihm ins Wasser entgegen, während Anna dem feuchten Element nach wie vor misstraut. Ein Handtuch in der Hand erwartet Irina ihren Mann am Strand.

»Wo hat Ihr Mann das her?«, fragt jemand.

»Was will er damit?«, erkundigt sich eine Frau.

Irina ist der Auflauf einigermaßen peinlich; sie steht nicht gern im Mittelpunkt. Vladimir hat seine Tauchermaske abgenommen und reicht sie Julia, die sie sich vors Gesicht hält und den Kopf ins Wasser taucht. Ihrem Vater ist der kleine Auflauf, den er verursacht hat, unangenehm. Er will nicht auffallen. Der für Jewpatorija ungewöhnliche Aufzug hat einen ganz anderen Grund.

»Niemand kann mein Leben retten, das muss ich schon selbst tun«, sagte er heute Morgen, nachdem Irina dem Heimkehrer in aller Früh um sieben Uhr die Tür des Appartements geöffnet hatte.

Irina begutachtete erstaunt die Tauchermaske. So etwas hatte sie nie zuvor in der Hand gehabt.

»Ich muss was für meine Gesundheit tun«, erklärte Vladimir. »Das Meer wird mir helfen, wieder stark zu werden. Ich habe gehört, dass Schwimmen und Tauchen Herz und Lungen stärkt und die Abwehrkräfte verbessert. Es ist der ideale Weg.« Er sah die Skepsis im Blick seiner Frau. »Übrigens habe ich aufgehört zu rauchen«, fügte er fast schon nebenbei hinzu.

»Das ist eine gute Idee. Ich habe dich doch schon oft darum gebeten. Warum hast du dich dazu entschlossen?« Bei den letzten Worten lächelte sie ihn an, um ihnen jegliche Spur eines Vorwurfs zu nehmen.

Vladimir zuckte die Achseln. »Es war Zeit.«

Das hatte sich Irina bei seinen Hustenanfällen schon öfters gedacht. Das billige Kraut konnte ihm nur zusätzlich schaden. Sein Plan zu tauchen verblüffte sie völlig.

Ihr Mann ist in der Wüste aufgewachsen, den Schwimmunterricht in der Schule hat er verabscheut. Er diente auch nur dem Zweck, später einmal als Soldat der Marine zur Verfügung stehen zu können. Doch Vladimir hatte seinen Dienst bei Samarkand abgeleistet, in Usbekistan, nur zweihundert Kilometer von zu Hause entfernt – ein seltener Glücksfall. Bis zum Urlaub auf der Krim hatte er nie mehr den Fuß ins Wasser gesetzt, nicht freiwillig und nicht aus Not.

Nachdenklich beobachtete Irina, wie Vladimir seine Tasche ausräumte. Wie bei jeder Rückkehr ins Sanatorium packte er die Kleidungsstücke, die er auf der Baustelle, im Wohnheim sowie auf der Reise getragen hatte, in einen Sack, der in die Wäsche gegeben werden kann, ohne dass jemand anders mit ihm in Berührung kommen muss.

Während er sich mit heißem Wasser und Schrubbschwamm so gründlich wusch, bis die Haut an Armen und Händen sich rötete, sagte er: »Niemand wird mir helfen, gesund zu werden.« Er sprach leise, aber Irina entging kein Wort. »Ich muss für unsere Kinder da sein. Ich will erleben, wie hübsche junge Frauen aus ihnen werden. Ich will alt werden mit dir, so alt es jedenfalls geht. Nicht als Krüppel, der nach einem Schlaganfall oder Herzinfarkt viel zu jung in einem Bett dahinsiecht und verbittert auf den nächsten

Anfall wartet, der ihn endlich erlöst. Ohne Medikamente, die sein Leiden lindern, weil hier bei uns in der Sowjetunion keine erhältlich sind. Meine Kinder sollen niemals Mitleid mit mir haben. Ich will für sie da sein, und sie sollen nach Möglichkeit unbeschwert von der Hypothek aufwachsen, mit der Tschernobyl unsere Familie belastet hat.« Das Reden hatte ihn angestrengt, er rang nach Luft. »Im Moment bin ich ganz unten. Es ist einfach so. Ich weiß es, und du weißt es«, setzte er mühsam hinzu.

Am liebsten hätte Irina ihn bei diesem bewegenden Bekenntnis in die Arme genommen. Doch er wirkte so sehr bei sich und so entschlossen, dass sie sich nicht rühren konnte. Er hatte ihr einen Blick tief in den Abgrund gegeben, den er sonst vor ihr verbarg.

In seinem Körper tickt eine Zeitbombe. Und er sucht nach einem Weg, am Uhrwerk zu drehen. Nicht seinetwegen, das hatte er gerade gesagt, sondern wegen seiner Familie. Und dieses Bekenntnis trieb ihr die Tränen in die Augen. Aber sie riss sich zusammen.

»Wo hast du diese Ausrüstung denn her?«, fragte sie in dem Versuch, wieder auf den Boden der Normalität zu finden. »Und wann hast du dich überhaupt dazu entschlossen?«

»Gestern«, antwortete Vladimir und setzte sich frisch angekleidet an den Tisch. Die Mädchen waren inzwischen wach und drängten sich an ihn. Irina schenkte ihm ein Glas *borshomi* ein.

Das stark schwefelhaltige Quellwasser ist in der ganzen Sowjetunion beliebt, weil es als gesundheitsfördernd gilt. Da man es bereits als Kind zu trinken bekommt, stößt sich kaum jemand mehr an seinem Höllengeschmack. Hilfreiche Dinge schmecken eben mitunter scheußlich.

»Nachdem ich gestern aus dem Krankenhaus raus bin, bin ich nach Kiew gefahren, in unsere Wohnung.« Er sah Irina lächelnd an. »Sie ist übrigens fertig und völlig leer. Aber wir können tatsächlich wie geplant einziehen. Nach ein paar Stunden Schlaf ...«

»Wo hast du denn da geschlafen?«

»Ach, am Boden, die Arbeiter hatten alte Pelzmäntel vergessen. Das ging schon. Nachdem ich mich ausgeruht hatte, fuhr ich nach Kiew ins Zentrum. Ein Kollege hatte mir eine Adresse genannt, wo ich ein Sportgeschäft finden könnte.«

Kiew ist auf zahllosen Hügeln erbaut; kaum eine Strecke scheint ohne Berge und Steigungen möglich zu sein. Geschwächt, wie Vladimir war, erschien ihm der Weg endlos. Aber sein Wille trieb ihn voran. Den drei Verkäuferinnen in dem Laden auf dem Boulevard *Lesja Ukrainka* muss der nach Luft ringende, hohlwangige Mann eigentümlich vorgekommen sein, der ausgerechnet eine Tauchmaske mit Schnorchel verlangte. Aber sie hatten das Gewünschte vorrätig. Vladimir war darüber nicht einmal überrascht; Dinge des täglichen Lebens sind rasch Mangelware, Ausgefallenes findet man leichter. Wenn man weiß, wo.

Julia bringt ihrem Papa die Tauchermaske wieder zurück. »Ziehst du mich wieder durchs Meer?«, bittet sie.

Irina sieht den beiden nach, wie sie übermütig über den Strand tollen. Lange wird Vladimir seine Lunge nicht trainieren können, denkt sie. Denn in einer Woche ist der Urlaub am Meer vorbei.

Zum ersten Mal in ihrem Leben wird Irina sich für mehrere Wochen von ihren Töchtern trennen müssen. Vladimir und sie werden die Mädchen zu *babuschka* Raissa nach Lissitschansk bringen. Irinas Mutter liebt die beiden. Ihrem Vater sind seine Enkelinnen zwar gleichgültig, aber Irina weiß, dass er sie nicht schlagen wird. So, wie früher ihren Bruder und sie selbst.

Über einen Monat ohne die Mädchen – Irina mag gar nicht daran denken.

Vom Dorf in die Großstadt

Kiew, 18. September 1986

Irina sitzt auf einer Matratze in dem Raum, der bald ihr Schlafzimmer werden soll, und hört auf die fremden Geräusche. Sie ist zu erschöpft, um zu schlafen. Das Pulsieren der Großstadt hält sie wach. In der Nachbarwohnung rückt ein anderes Paar aus Prypjat seine neuen Möbel herum. Auf der Straße vor dem Haus steht seit einer halben Stunde ein Auto mit laufendem Motor. Der Verkehr gibt einen diffusen Klangteppich im Hintergrund ab. Jemand hupt und kurz darauf schreien sich zwei Männer an. Der laufende Motor wird kurz und heftig hochgedreht, bis die Zylinder zu platzen scheinen, dann läuft er wieder ohne Gas. Die Nachbarin auf der anderen Seite der dünnen Wand beschimpft ihren Mann so lange, bis er ihr knapp, aber laut das Wort abschneidet und das Möbelrücken aufhört; vermutlich haben sie plötzlich doch noch einen Platz gefunden für das neue Sofa.

Das alles ist nichts gegen die Müllabfuhr, die jeden Morgen um halb fünf vor dem Haus anhält; Mülltonnen werden über den Asphalt gekarrt, mit Getöse geleert und wieder auf den Bürgersteig gerammt. Es ist die rücksichtslose Musik der Stadt, und Irina kann sich nicht an sie gewöhnen. Sie ist den Müllmännern dankbar, dass sie ihre Aufgabe erfüllen, doch sie reißen sie Tag für Tag aus dem so nötigen Schlaf.

Auf dem Dorf geboren und in einer Kleinstadt aufgewachsen, fühlt sich Irina entwurzelt und verpflanzt, in eine Welt geworfen, die sie sich nicht ausgesucht hat und der sie sich nicht immer gewachsen fühlt. Der Stress der Großstadt ist etwas Neues und Fremdes für sie, das ihr Kopfschmerzen bereitet. Sie sehnt sich zurück nach der Ruhe und Gleichförmigkeit des Lebens in der Provinz.

Nach der Leere der ersten beiden Wochen sind endlich die ersten Möbel auf die drei kleinen Räume der Wohnung verteilt. Nach stundenlangem Schlange stehen haben Irina und Vladimir ihre Wohnzimmereinrichtung kaufen können und gestern, kurz vor Vladimirs Abreise nach Tschernobyl, das Kinderzimmer. In zwei Wochen soll das Schlafzimmer erhältlich sein. Sie haben sich auch dazu entschlossen, einen Fernseher zu bestellen, der in ein paar Wochen verfügbar sein soll. Zwar sehen die Wachidows nicht mit der gleichen Begeisterung fern wie die Mehrheit ihrer Landsleute, aber sie haben die Gelegenheit ergriffen. Im winzigen Flur hängt eine Garderobe an der Wand, den Boden des engen Korridors ziert ein Läufer und an den Wänden des Wohnzimmers hängen zwei Bilder.

Irina hat den ganzen Tag damit zugebracht, Geschirr und Besteck für die Küche zu finden, bis ihre Füße schmerzten, und den Abend über das Kinderzimmer zusammengebaut und eingeräumt. Vladimir wird in seinem nächsten Schichturlaub einiges an den Möbeln nachbessern müssen, aber das sind sie gewöhnt: Kaum etwas verlässt sowjetische Fabriken so, dass man es gleich gebrauchen könnte, und ein geschickter Handwerker ist eigentlich jeder Sowjetbürger, ob Mann oder Frau.

Irina hat Farbe gekauft und das Holz des Kinderhochstuhls blau angemalt. Sie hat Schrauben besorgt und die Griffe an den beiden Schränken und den Schubladen befestigt; immerhin wurden die überhaupt mitgeliefert. Die Kiste, die ihnen bisher als Küchentisch gedient hat, ist versteckt unter einer Tischdecke und beschwert mit einer Vase, die eine Frau an einer Ecke für ein paar Kopeken verkauft hat. Irina freut sich auf das Ehebett, für das sie sich auf die Listen haben setzen lassen, und ist stolz auf die Kissen, die schon auf den Kinderbetten liegen.

Eine dicke Matrone, die drei Stunden lang genau hinter ihr in der Schlange gestanden hatte, wollte sie ihr vor der Nase wegschnappen. Doch Irina setzte sich durch: »Die nächsten sind Ihre,

Genossin – die hier sind meine!« Sie freute sich wie ein Kind über ihren Sieg: Vier Kissen hatte sie erbeutet, für jeden eines! Und das, obwohl die zum Verkauf stehende Lieferung geradezu winzig war, vielleicht der Inhalt eines einzigen Autos, und die Schlange der Interessenten lang.

Als sie Vladimir an jenem Abend von ihrem kleinen Erlebnis erzählte, hatte er sie angegrinst: »Du wirst dich hier verändern, mein Mädchen – wenn du dich jetzt schon um Kopfkissen prügelst ...« Natürlich war er genauso froh wie sie selbst über den Kauf.

Irina kann es noch immer kaum fassen, dass ihnen eine Dreizimmerwohnung zugewiesen worden ist, entsprechend der Größe, die sie zuvor in Prypjat besaßen. Doch die Unsicherheit bleibt, da sie nach wie vor nicht wissen, ob die gewährte Zuweisung der Wohnung über das erste Jahr hinaus verlängert werden wird.

Durch die nackten Fenster scheint das Licht der Straßenlaternen ins Zimmer. Vielleicht gelingt es Irina, morgen irgendwo Gardinenstoff zu erstehen; zuschneiden kann sie ihn selbst. Sie steht auf, tritt ans Fenster und sieht hinaus auf die Straße. Irina wüsste schrecklich gerne, wie es Julia und Anna hier gefallen wird. Vor dem Haus liegt ein schmaler Zufahrtsweg für die Anwohner, und man hat sogar ein wenig Raum zwischen den Gebäuden gelassen für Grünflächen und einen Spielplatz für die Kinder. Das ist mehr, als die Kleinstädterin Irina vom Wohnen in einer Millionenstadt erwartet hat. Es macht den Eindruck, als hätte man auch hier, wie in Prypjat, für junge Familien gebaut.

Ihre Nachbarn hat sie noch nicht kennen gelernt; sie hatte keine Zeit dazu. Und auch ein wenig Angst davor. Dabei macht sie sich weniger Sorgen um die anderen *tschernobylzy* als um die Kiewer: Vielen von ihnen müssen die Tausenden von Zugezogenen in diesem Stadtviertel ein Dorn im Auge sein. Sie hat Angst, dass Trojeschtschina ein Ghetto werden könnte, ein Stadtteil für die

Evakuierten aus der *Zone*. Doch sie müssen versuchen, hier heimisch zu werden, um der Kinder willen. Und allen anderen *tschernobylzy* wird es ähnlich gehen.

Wie gerne hätte sie jetzt Tatjana hier. Mit Vladimirs Mutter fiele ihr der Berg an Arbeit, den sie in der Wohnung und in Kiew vor sich hat, nur noch halb so schwer. Die Usbekin hat die einzigartige Gabe, ihre Schwiegertochter allein durch ihre Geduld und Güte immer wieder aufzubauen. Aber Tanja hat längst ihren Alltag in Leninsk, ihrem Heimatort in Usbekistan, wieder aufgenommen. Die Briefe zwischen ihnen fließen selten und spärlich: Die alte Frau ist es nicht gewöhnt, Schreiben zu verfassen und von sich zu erzählen, und da Irina weiß, dass jeder ankommende Brief ihr zunächst einmal Angst macht – er könnte ein Bote schlimmer Nachrichten sein –, schreibt sie ihr nicht oft. In ihrem Alter würde Tanja sich auch nicht mehr daran gewöhnen, Briefe als etwas Positives zu betrachten und sich über sie zu freuen, anstatt sie zu fürchten. So ist der Kontakt wieder in seinen vorherigen langsamen Rhythmus zurückgefallen. Alles, was man tun kann, ist aneinander denken. Und das tut Irina, während sie sich wieder auf ihr provisorisches Nachtlager setzt.

Wahrscheinlich wird sie heute gar nicht schlafen können, denn ein Datum rückt immer näher, an das sie lieber nicht denken will. Vladimir hat ihr über einen Kollegen, der zum Schichturlaub nach Kiew gefahren ist, übermitteln lassen, dass sie die Erlaubnis bekommen haben, aus ihrer Wohnung in Prypjat einige Sachen zu holen. Doch Irina hat mit Mühe und Not seit viereinhalb Monaten versucht, den Gedanken an ihr einstiges Zuhause zu verdrängen.

»Ich wollte das doch aus dem Kopf kriegen«, flüstert sie in die Dunkelheit der halb vollen Wohnung. »Und jetzt das. *Boshe moj*, mein Gott, ich will das alles nicht …« Sie würde ihr verlorenes Zuhause lieber so in Erinnerung behalten, wie es war an jenem 27. April.

Wie mag sich eine Wohnung verändert haben, aus der die Bewohner vor Monaten geflohen sind? Die Pflanzen und Fische werden eingegangen sein – ein Anblick, den sie lieber vermeiden möchte. Vielleicht ist die Wohnung auch geplündert worden; Gerüchte über Plünderungen in Prypjat machen seit einiger Zeit die Runde. Arbeitskollegen, die ihre Erlaubnis bereits erhalten und eingelöst haben, haben Vladimir erzählt, dass sie ihre Wohnungen durchwühlt vorgefunden haben. Auch Irina hörte zwei Frauen ihres neuen Viertels sich darüber unterhalten, während sie vor einem Lebensmittelgeschäft Schlange standen.

Und die Strahlung? Können sie sich gefahrlos in die Stadt begeben, welche die Regierung so kommentarlos und schnell hat räumen lassen, während doch sonst alles in ihrem Land eher schleppend vor sich geht? Am Vorhandensein der Radioaktivität zweifelt Irina seit langem nicht mehr. Doch man kann sie nicht sehen, riechen oder schmecken, man weiß nicht, wann sie wo wie stark oder schwach ist und wie lange man sich an einem Ort wie Prypjat aufhalten darf.

Der *propusk*, ihre Zugangserlaubnis für Prypjat, wurde auf den 23. September 1986 ausgestellt. In fünf Tagen.

Ein verlassenes Zuhause

Prypjat, 23. September 1986

Der Transporter fährt mit hohem Tempo durch menschenleere Straßen. Irina lehnt sich auf der schmalen Bank an Vladimir und starrt hinaus. Links von Irina sitzt eine Frau mit einem Jungen, der seinem Alter und Aussehen nach ihr Sohn sein dürfte. Ob er den Vater vertritt, weil der diese Reise nicht mehr antreten kann? Auf der anderen Seite ein junges Paar. Insgesamt sind sie zu zwölft auf dieser Fahrt, und in den beiden Transportern hinter ihrem fahren weitere ehemalige Bewohner Prypjats. Vor der Kolonne fährt ein Milizfahrzeug mit Blaulicht, aber immerhin ohne Sirene. An ihrem Ende folgen zwei geschlossene Transporter, deren Insassen Irina beim Einsteigen nicht erkennen konnte.

Trockenes Laub liegt auf dem Asphalt und fliegt in einer Staubwolke auf, wenn der Wagen vorbeifährt. Jede Straße ist vertraut und doch ganz fremd, völlig anders, als Irina alles in Erinnerung hat. Es ist das Leben, das fehlt. Und schon hat sich eine leichte Patina der Verwahrlosung über Prypjat gelegt: Die Bäume und Sträucher werden nicht mehr beschnitten, die Rasenflächen wurden im Sommer nicht gemäht, Zeitungsfetzen und Unrat liegen umher. Der Verfall der einstigen Vorzeigestadt scheint schnell fortzuschreiten. Irina sieht entsetzt, wie unmöglich es ist, dass dies wieder zu einem Zuhause wird. Es wissen und es sehen, denkt sie, sind zwei grundverschiedene Dinge. Sie greift nach Vladimirs Hand und er hält sie fest.

An einem Platz in dem Bezirk, in dem ihr Haus steht, hält der Kleinbus an. Aus den beiden Transportern, die den Autos gefolgt sind, steigen Bedienstete der Tschernobyler Verwaltung. Sie tragen einfache weiße Schutzkleidung und kleine weiße Baumwollmützen und ziehen sich Masken über Mund und Nase. Sie rufen die ehemaligen Bewohner der verlassenen Stadt, die in ihrer ganz normalen Alltagskleidung hier sind, nach Listen auf.

»Genossen!« Die Ansprache ist knapp und zügig. »Wir gehen mit Ihnen in Ihre Wohnungen und prüfen die Strahlung, um sicherzustellen, dass Sie sich gefahrlos in ihnen aufhalten können. Sie nehmen keine eigenen Taschen und Behältnisse mit. Sie benutzen ausschließlich die Säcke, die wir Ihnen jetzt geben, damit nichts Verseuchtes ausgeführt wird. Sie haben eine Stunde Zeit, um einzusammeln, was Sie mitnehmen wollen. Dann kehren Sie unaufgefordert hierher zurück. Wir überprüfen die Gegenstände, die Sie mitnehmen wollen, auf radioaktive Strahlung. Mitgenommen wird nur, was nicht verseucht ist. Folgen Sie den Anweisungen!«

Niemand stellt eine Frage oder macht eine Bemerkung. Man ist autoritäre Worte von behördlicher Seite gewohnt. Irina zittert vor Kälte, Nervosität und der Leere in ihrem Magen. Sie konnte zum Frühstück nichts essen und merkt jetzt, dass das ein Fehler war; der Hunger macht sie noch nervöser. Dann setzt sich der kleine Trupp, dessen Ziel ihr eigenes Wohnhaus ist, in Bewegung, immer der Gestalt in Weiß hinterher, als kennten sie den Weg nicht selbst allzu gut. Der, der ihnen vorausgeht, hat eine kräftige Statur; der kurze Haarschnitt über einer ungeschminkten Augenpartie kann Mann oder Frau gleichermaßen gehören, und gesprochen hat er oder sie nicht.

Im Haus stellt sich heraus, dass ihr Strahlungswächter ein Mann ist, als er anordnet, dass Irina und Vladimir im Hausflur warten sollen, bis er die Wohnung geprüft hat, die Mutter und Sohn aus dem Kleinbus gehört. Es brennen keine Glühbirnen mehr, weil es keinen Strom gibt. Irina ertappt sich dabei, den Schalter drehen zu wollen. Als ihr Blick nach oben zur Lampe wandert, sieht sie, dass die Glühbirnen fehlen; jemand muss sie mitgenommen haben.

»Wonach riecht es denn hier?«, fragt sie leise.

»Katzenpisse und Müll«, antwortet Vladimir.

»Meinst du, jemand war in unserer Wohnung?«

»Das werden wir gleich wissen.«

»Wenn ich alleine wäre, würde ich wieder gehen. Ich schwör's dir. Es ist sowieso alles hin.«

»Wir brauchen unsere Dokumente, Ira. Und ich will unsere Bücher holen«, sagt Vladimir. Bücher sind schwer zu bekommen. Das gibt man nicht einfach auf.

»Meinst du, die Fotoalben sind verstrahlt?«

»Nein, die waren im Schrank – wie sollten sie verstrahlt sein?«

»Es ist schrecklich hier, Volodja.«

Der Mann in Weiß gibt ihnen mit einer Kopfbewegung zu verstehen, dass sie zu ihrer Wohnung gehen können. Der Geigerzähler in seiner Hand knattert, aber Irina hat eben beobachtet, wie der Mann den Lautstärkeregler heruntergedreht hat. Sie möchte ihm gerne in die Augen sehen, doch der Fremde vermeidet jeden Blickkontakt. Mechanisch erledigt er seine Arbeit – eine Arbeit wie jede andere? Sie fragt sich, ob er selbst aus der *Zone* kommt oder ob der Staat für diese Aufgaben Männer und Frauen aus anderen Regionen hergeschickt hat. Menschen ohne emotionale Bindung, für welche die Katastrophe und ihre Folgen keine persönliche Dimension haben. Sie könnte nicht sagen, was ihr lieber wäre.

Vladimir schließt die Tür auf, doch bevor er sie ganz aufstößt, wendet er sich an ihren Begleiter. »Ich habe viele Pflanzen gehabt«, sagt er ruhig. »Wenn noch welche davon leben, kann ich mir einen Ableger mitnehmen?«

Der Mann schüttelt den Kopf, kurz nur. »Und versuchen Sie es gar nicht erst. Pflanzen nehmen die Radioaktivität auf wie Wasser.« Er deutet auf den Geigerzähler. »Wir hören es.«

Vladimir nickt enttäuscht und öffnet die Tür.

Die Stille in der verlassenen Wohnung ist gespenstisch. Alles ist unberührt an dem Platz, an dem sie es vor fünf Monaten stehen oder liegen gelassen haben. Niemand ist eingebrochen und hat geplündert. Der Kinderwagen versperrt ihnen den Weg zur Küche; Julias zweitliebste Puppe nach Malvina – die, für die sie sich, vor die Wahl gestellt, nicht entschieden hat – liegt auf dem Tisch. Tatjanas Jacke hängt über einer Stuhllehne, Irinas Einkaufstasche an einem Haken an der Garderobe. Als hätten sie die Wohnung vor zwei Stunden verlassen, um nur mal schnell einkaufen zu gehen, und wären nicht wiedergekommen. Fast kein Staub liegt auf den Möbeln. Vladimirs Theorie, dass die nassen Tücher ihn abhalten, muss funktioniert haben.

Während der Mann mit dem Geigerzähler in jedem Zimmer kurz stehen bleibt und das Messergebnis prüft, warten Irina und Vladimir im Flur. Die stehende Luft und irgendetwas anderes, das Irina nicht benennen kann, haben den vertrauten Wohnungsgeruch überlagert. Die Wohnung scheint auch dunkler zu sein, als Irina sie in Erinnerung hat. Es ist ein gelblich-grünes Licht, das Irina an das mögliche Vorhandensein von tödlicher Strahlung denken lässt. Ein ungutes Licht, das von fehlendem Sauerstoff und stehen gebliebenen Uhren erzählt.

Irina denkt, dass sie in ihrer eigenen Wohnung nicht mehr würde leben wollen, nicht mehr leben könnte; es ist ihr verleidet. Am liebsten würde sie kehrtmachen und alles vergessen.

Der Kontrolleur ist mit seiner Arbeit fertig. Er zeigt wortlos auf die Uhr und bedeutet Vladimir mit dem Zeigefinger das Zeichen für die Zahl eins. Irina schließt die Tür hinter dem Mann und sieht sich hilflos um. Sie weiß plötzlich nicht, wo sie anfangen soll, ihre Habseligkeiten zu sichern – jetzt, wo sie zum ersten und letzten Mal die Gelegenheit dazu hat.

Da reißt Vladimirs Stimme sie aus ihren Gedanken. »Sieh dir das an, Ira! Komm mal her!«

Er steht in der Küche, die Hände in die Hüften gestemmt. Irina tritt neben ihn. Auf seinem Gesicht liegt das Strahlen des beglückten Gärtners, der für eine Sekunde alles um sich herum vergessen hat.

Die Pflanzen haben das Fenster vollständig eingenommen, Äste und Blätter haben sich bis an die Decke emporgehangelt. Das durch sie hindurchfallende Sonnenlicht landet zartgrün gefärbt auf den Gegenständen. Hart wie Bretter hängen die getrockneten Tücher und Lappen vor den Fenstern, ausgebleicht vom Sonnenlicht. Eine Unmenge Kakteen muss in voller Blüte gestanden haben. Ihre großen Kelche liegen verwelkt auf Fensterbrett, Sitzbank und Fußboden. Vladimir schüttelt ungläubig und anerkennend den Kopf über die Kraft der Natur, die vom Menschen verlassen wurde und so lange durchgehalten haben muss.

Dann sehen sie beide das Aquarium. Der Wasserspiegel ist um zwei Drittel abgesunken; eine grünliche Suppe schwimmt auf der Oberfläche und verströmt den modrigen Geruch, der in der ganzen Wohnung liegt. An den Wasserpflanzen und Steinen haben sich ein flaumiger, brauner Belag und dickes Moos angesammelt. Von den Fischen ist nichts zu sehen. Es scheint, als habe nie ein Tier darin gelebt. Kein einziger schwimmt tot und mit dem Bauch nach oben im Becken, keiner liegt auf dem dick bewachsenen Kieselboden.

»Das kann doch nicht möglich sein«, sagt Irina. »Vladimir, wo sind die Fische?«

»Nun guck dir das an, Ira! Wie kommt der denn da hin?«, fragt ihr Mann und deutet auf die verwesten Umrisse eines winzigen fragilen Grätengerüstes mit ein paar stumpf glänzenden Schuppen. Es liegt direkt neben dem etwa fünfzig Zentimeter hohen Aquarium: Einer der Todgeweihten hat das schier Undenkbare getan – er ist aus dem nur zur Hälfte abgedeckten Becken gesprungen!

»Vielleicht wollte er nicht verhungern? Oder er wollte nicht gefressen werden«, vermutet Irina.

Vladimir, der sich so viel mit der Natur beschäftigt hat, sinniert: »Oder er war der Letzte, derjenige, der allen anderen den Garaus gemacht und dann auf der anderen Seite seines Gefängnisses Rettung gesucht hat.« Mit dem ihm eigenen Humor setzt er trocken hinzu: »An diesem Ort gibt es aber leider keine Rettung. Armer Kerl.«

Schweigend verharren sie noch einen Moment vor dem Schauplatz dieses stummen Dramas, das sie an den gespenstischen Überlebenskampf gemahnt, der draußen in der Stadt vor sich gegangen sein muss und noch vor sich geht. Dann sehen sie einander mit resigniertem Seufzen an.

»Wir haben nicht viel Zeit, lass uns anfangen«, sagt Irina.

Im Badezimmer hängen Vladimirs Hose und Hemd auf der Leine, die sie an jenem 26. April nach seinem Gang zum Markt noch gewaschen hat. Sie nimmt beides ab, faltet es rasch zusammen und wirft es in den Sack, den man ihnen gegeben hat.

Im Schlafzimmer wählt Irina wenige Kleidungsstücke für sich selbst und Vladimir aus, nichts jedoch für die Kinder. Sie brauchen keine Anweisung, um zu wissen, dass das Risiko zu groß ist, den Mädchen mit ihrer eigenen Kleidung aus der *Zone* Schaden zuzufügen. Irina hat ohnehin bereits mehr oder weniger alles Nötige für sie neu gekauft. Beim Einpacken wirft sie einen Blick zum Fenster. Auch hier haben sich die von Vladimir einst so liebevoll gehegten Pflanzen ohne seine Fürsorge weiterentwickelt und allen verfügbaren Raum eingenommen.

All diese Pracht wird über kurz oder lang eingehen. Einen Moment lang überlegt Irina, ob sie es nicht einfach riskieren soll, eine der kleineren Kakteen einzupacken. Vielleicht würden die Strahlenwächter ja doch nichts merken? Und Vladimir würde sich bestimmt freuen, wenn sie ihm das herausgeschmuggelte Pflänzchen gäbe! Aber sie verwirft den Gedanken. Es wäre zu gefährlich. Vermutlich hat der Mann mit dem Zähler Recht und mit der Pflanze nähme sie ein Stück radioaktiver Strahlung mit in ihr neues Leben.

Vladimir steht in der Küche vor dem geöffneten Kühlschrank, einen Ellbogen auf die Tür gelehnt. Er dreht den Kopf, als Irina den Raum betritt.

»Willst du einen fünf Monate gereiften Käse haben?«, fragt er.

Sie lächelt matt. Aus dem Kühlschrank weht ihr der muffige Geruch sich selbst überlassener Lebensmittel entgegen. Strom gibt es vermutlich seit mehreren Monaten keinen mehr. »Danke, nein, ich verzichte.«

»Dachte ich mir. Keiner weiß heute mehr Käse zu schätzen, der ein gewisses Alter hat.«

Er lässt die Kühlschranktür zufallen und zieht den Sack zu, in den er Papiere, Bücher und Musikkassetten gelegt hat. Irina braucht keinen Blick hineinzuwerfen, um zu wissen, dass er ihre liebsten Gedichtbände und die Erzählungen von Gogol eingepackt hat sowie seine Pflanzenbücher und Briefmarkenalben. Nichts, was ihnen unentbehrlich erscheinen könnte, hat er vergessen.

Sie sehen sich um in ihrem verlorenen Zuhause; alles scheint in den beiden randvollen Säcken Platz gefunden zu haben. Als Irina den Schlüssel im Schloss der Wohnungstür dreht, hallt das Geräusch leise im leeren Hausflur nach. Wieder greift das nervöse Unwohlsein nach Irina, das intensive Bedürfnis, diesen traurigen Ort zu verlassen. Und wie zur Mahnung, dass es nun Zeit ist und alles getan ist, meldet sich ihr leerer Magen zu Wort.

Nichts wie weg hier, hefte den Blick auf den Boden, schau nicht hin, wie das hier jetzt aussieht. Lass all das hinter dir, lass es los. Für immer.

Draußen herrscht die gleiche Totenstille wie in der Wohnung. Die Luft ist herbstlich kühl, manche Äste sind kahl. An der Straßenecke steht eine gelbe Telefonzelle offen, der Hörer hängt wie leblos herab, nutzlos geworden, seit die Verbindung zur Außenwelt abgeschnitten wurde.

Irina schaut an den Häuserwänden hoch. Fast alle Bewohner sind der Weisung gefolgt und haben ihre Fenster geschlossen. Ein Schwarm Krähen zieht über ihren Köpfen hinweg. Ihre Schreie zerreißen die gespenstische Stille und jagen Irina einen eiskalten Schauer über den Rücken. Dann steigt der ganze Verband hoch in die Luft und verschwindet mit lang gezogenem Kreischen zwischen den Häuserwänden in einem farblosen Herbsthimmel.

An dem Platz, wo sie ausgestiegen sind, steht eine disziplinierte kleine Menschenschlange vor den Transportern. Jeder Müllsack wird genau kontrolliert, ganz gleich, wie lange es dauert. Vor ihnen in der Schlange ist die Mutter mit ihrem Sohn dran. Mit steigender Nervosität beobachtet Irina, wie der Kontrolleur einen der beiden Säcke aussondert, die sie mitnehmen wollten. Der etwa Zehnjährige will seinen Besitz nicht aufgeben, seine Mutter zieht ihn zum Bus.

Als sie an der Reihe sind, deutet der Mann auf Vladimirs und Irinas Säcke. »Aufmachen!«

Vladimir öffnet den Verschluss und der Mann fährt mit dem Dosimeter daran entlang. Beinahe wie ein körperlicher Schmerz klingt das laute Knattern des Gerätes, als der Zeiger bis an den Rand ausschlägt und vibrierend stehen bleibt. Die Augen über dem Mundschutz mustern Vladimir kurz, als müssten sie sich den Mann mal genauer anschauen, der dermaßen verseuchtes Hab und Gut sein Eigen nennt.

»Viel zu hohe Strahlung!«, verkündet der Mann. »Den können Sie nicht mitnehmen.«

Es ist der Sack, in den Irina ihre und Vladimirs Kleidung sowie Hemd und Hose von der Wäscheleine im Badezimmer gestopft hat. Das Waschen hat nichts gegen die radioaktive Verstrahlung ausrichten können.

»Werfen Sie das alles weg?«, fragt Irina hilflos. »Können Sie nicht wenigstens prüfen, ob ein paar Dinge in dem Sack nicht verstrahlt sind?«

Wortlos deutet der Mann auf den Haufen bereits ausgesonderter Säcke neben dem Bus. Vladimir wirft Irina einen raschen Blick zu, dann zieht er den Sack zu und schleudert ihn auf den Haufen. Er schultert den einzigen ihnen verbliebenen Sack und hilft mit der freien Hand Irina in den Transporter.

»Aufmachen!«, befiehlt der Kontrolleur dem Nächsten in der Schlange.

Obwohl Irina bereits vor vielen Wochen innerlich Abschied von ihrem Eigentum genommen hat, tut es weh, es nun nach einer gewährten zweiten Chance noch ein weiteres Mal verloren zu geben. Gleichzeitig entsetzt sie der Gedanke, dass die Kleidung noch immer hoch verstrahlt war, obwohl sie alles gründlich gewaschen hatte. Beinah ist sie dem Mann mit dem Dosimeter dankbar für seine Härte. Und sie ist froh, dass sie in der Wohnung ihrem Impuls nicht nachgegeben hat, eine der Kakteen in ihr neues Leben einzuschmuggeln. Ein schönes Mitbringsel wäre das gewesen!

Aus der nicht ganz geschlossenen Öffnung des zurückbleibenden Sacks lugt ein Stück Stoff von Vladimirs damals neuer Hose hervor, wie um ihr vorzuwerfen, dass sie es nicht mitnimmt. Sie wendet den Blick ab.

Wie anders hatte sie doch vor fünf Monaten die Fahrt aus der Stadt empfunden! Damals war sie sicher, dass sie bald würden zurückkehren dürfen. Alles war eher eine notwendige Unannehmlichkeit, wie sie das Leben einem so oft bescherte, ohne dass es böse Konsequenzen haben würde. Sie hatte keine Angst vor der Zukunft oder um die Gesundheit ihrer Familie. Denn sie vertraute noch der Regierung. Jetzt hat sie die traurige Gewissheit, dass Volodja mit seinen düsteren Ahnungen von Anfang an Recht hatte.

Die Straßenzüge einer einst in die Wildnis hineingebauten Trabantenstadt gleiten vorbei, derer sich die Natur langsam wieder bemächtigt. Irina legt den Kopf an Volodjas Schulter und er nimmt schweigend ihre Hände. Was sie zurücklassen, wird für immer mit dem Wort Zuhause verbunden bleiben.

»Schade, dass ich keine meiner Kakteen mitnehmen durfte«, sagt Volodja nach einer Weile.

»Du kannst eine neue Zucht beginnen«, tröstet diesmal sie ihn.

»So kann man nicht leben«

Kiew, Anfang Oktober 1986

Sie starren auf das Gerät, das in ihrem neuen Wohnzimmer so wenig verloren hat wie eine Kettensäge. Dann sehen sie einander an. Irina schweigt. Vladimir zuckt mit den Achseln. Schließlich schaltet er den Geigerzähler ein.

»Es hat ja keinen Zweck«, sagt er, »wir wollen doch ruhig schlafen können, wenn wir die Mädchen holen, oder nicht?«

»Natürlich.« Irina schluckt. »Aber es ist merkwürdig, es hier stehen zu haben. Was ist, wenn es ausschlägt?«

Vladimir hat sich bereits vorgebeugt, um den unscheinbaren kleinen Kasten hochzuheben. »Klar schlägt es aus, das ist normal.« Er wirft Irina einen raschen Blick zu. »Auf unserer Welt ist überall Radioaktivität. In uns, um uns, überall. Die Frage ist nur, wie viel.«

Irina nickt und verschränkt nervös die Arme vor der Brust, während ihr Mann das Dosimeter hochhebt und einschaltet. Er war jahrelang bei der sowjetischen Armee. Irina weiß, dass er sich nicht nur wie jeder beliebige Hobbyangler und Pflanzenzüchter mit der Natur und ihren vielfältigen Lebewesen und gefährlichen oder harmlosen sonstigen Inhalten gut auskennt, sondern auch mit technischen Gerätschaften wie diesem. Was immer es nun aussagen mag: Auf Vladimirs Fehler wird das Ergebnis nicht zurückzuführen sein.

Leise knatternd beginnt die Messung. Irina beobachtet, wie ihr Mann langsam die gesamte Wohnung abgeht. Es stehen noch immer nicht viel mehr Möbel darin als zwei Wochen zuvor. Als er sich im Wohnzimmer dem Fernsehgerät nähert, wird das nervenaufreibende Geräusch lauter.

»Das ist normal«, sagt Vladimir konzentriert. Die alten sowjetischen Geräte gaben damals immer viel eigene Strahlung ab. »Der Himmel mag wissen, was sie da alles eingebaut haben. Ohne Rücksicht auf unsere Gesundheit. Na, wir haben's bis jetzt auch überlebt.«

Er geht weiter, und Irina folgt ihm langsam.

Sie haben auf die erste Idee hin, die noch auf der Krim entstand, ihr Vorhaben unbeirrt umgesetzt, die neue Wohnung vor dem Einzug der Kinder auf eine mögliche radioaktive Belastung hin zu testen. Den Geigerzähler hat sich Vladimir vom Vorarbeiter geliehen.

Im Zimmer, das Julia und Anna bewohnen sollen, verläuft die Untersuchung ruhig, und auch im Schlafzimmer schlägt der Zähler nicht aus. Als Vladimir in der Küche ans Fenster tritt, verstärkt sich das Knattern erneut. Vladimir beugt sich vor, begutachtet erst die Skala, um den genauen Wert zu ermitteln, und fährt dann mit dem Finger über die Fensterbank. Nach einem kurzen Blick darauf hält er Irina seine Hand hin.

»Staub«, sagt er. »Muss noch von den Bauarbeiten sein. Normal.« Er zwinkert. »Schlechte Hausfrau!«

Er wischt sich den Finger an der Hose ab und nimmt die letzten Messungen in den geschlossenen Räumen des Badezimmers und der Toilette vor, wo der Geigerzähler ebenfalls ruhig bleibt. Im Wohnzimmer stellt er ihn zurück in seinen Kasten und drückt auf den Ausschaltknopf. Er richtet sich auf und sieht Irina an, atmet hörbar aus.

»Alles in Ordnung, scheint's.«

»Ich glaube, ich will nicht noch mal messen«, sagt Irina. Ihre Stimme ist unsicher. »So kann man nicht leben, wenn man ständig daran denkt.«

»Morgen werde ich ihn wieder abgeben.« Vladimir klappt den unscheinbaren Kasten zu. Er nimmt seine Frau in die Arme und hält sie eine Weile.

Irina sieht sich in ihrer frisch eingerichteten, noch unbewohnt aussehenden Wohnung um, welche die Kinder in wenigen Tagen mit Leben füllen sollen. Sie haben gut vorgesorgt und aufgepasst, dass die Kinder in ihrem neuen Zuhause in Sicherheit sind. Sie sagt es sich immer wieder: Sie sind hier nicht in Gefahr. Tschernobyl ist weit genug entfernt. Irgendwann, hofft sie, kann sie es glauben.

»Ich kann es kaum erwarten, unsere beiden wiederzuhaben«, sagt sie mit einem Lächeln der Vorfreude.

Vladimir nickt, während er die ersten beiden Pflanzen gießt, die sie vor ein paar Tagen für ihr neues Zuhause gekauft haben. »Das war eine lange Zeit.«

Irina legt ihm die Hand auf den Arm. »Du hast nur zwei Tage bei meinen Eltern in Lissitschansk mit ihnen, wenn wir morgen da ankommen, bevor du wieder zur Schicht musst. Das wird zu kurz sein, um die Trennung zu überwinden.«

»Es wird schon gehen.« Er hustet plötzlich und stützt sich auf einer Stuhllehne ab. Alarmiert legt Irina die Arme um ihn, bis sein Husten sich wieder beruhigt hat. »Alles in Ordnung ...«

»Nichts ist in Ordnung. Wir brauchen eine Auszeit, Volodja. Irgendwo, wo es ruhig und die Luft sauber ist, wo wir alle zusammen sind, uns erholen können, wo Tschernobyl weit weg ist. Und wo man mal wieder durchschlafen kann, ohne vom Lärm dieser Stadt geweckt zu werden«, fügt sie hinzu. Sie dreht Vladimir zu sich und sieht ihn an. »Ich vermisse nicht nur im Moment die Kinder und, wenn du weg bist, dich. Ich vermisse auch deine Mutter. Das ganze Leben ist ein einziges Vermissen geworden. Sich nach Menschen sehnen, die nicht bei einem sind!«

Früher haben sie sich zwar jahrelang nicht gesehen, aber das Unglück hat in Irina den Wunsch nach Nähe größer werden lassen. Sie mag es sich nicht eingestehen, aber mit ihren fünfundzwanzig Jahren ahnt sie bereits, dass das Leben endlich ist.

Vladimir lächelt, aber Irina entgeht nicht, dass das Lächeln seine Augen nicht erreicht. »Wir werden sehen«, sagt er und streicht ihr übers Haar. Er wendet sich ab. »Du hast Recht. Ich vermisse euch auch dauernd. Aber es wird nicht leichter, wenn man eine Zeit lang zusammen war mit den Menschen, nach denen man sich gesehnt hat. Im Gegenteil. Es wird schwerer, immer nur schwerer.«

Irina sieht ihren plötzlich so schwermütigen Mann an und fragt sich, was in ihm vorgeht. Er, dem seine Familie immer am wichtigsten war, hat sich verändert.

Ach, das ist nur eine Stimmung, hofft sie.

Keine Rast

Leninsk/Mittelasien, 15. Oktober 1986

Irina streicht ihrer jüngsten Tochter über die erhitzte Stirn und dreht das unruhig schlafende Kind behutsam auf die Seite, damit es leichter atmen kann. Von ihrem eigenen Bett zieht sie ein kleines Kissen herbei und schmiegt es leicht an Annas Rücken. Als spüre sie die weiche Geborgenheit, mit der ihre Mutter sie umgeben hat, schläft das kleine Mädchen ruhig weiter.

Vor fünf Tagen ist Anna zwei Jahre alt geworden. Irina hat ihr einen Kuchen gebacken und Julia hat zum großen Vergnügen des Geburtstagskindes die zwei dünnen Kerzen ausgepustet. Da hatte Anna aber schon leichtes Fieber. Seit Tagen ist sie müde und will doch nicht schlafen. Sie ist schnell unzufrieden und weint beim geringsten Anlass. Auch Julia kränkelt wieder, laboriert an einer Erkältung und hustet viel, ohne dass die Medizin, die Irina sich noch in Lissitschansk für sie hat geben lassen, dagegen helfen würde. Vielleicht, denkt Irina, ist es die Hitze der nahen usbekischen Wüste, die ihnen allen hier in Tatjanas Dorf so sehr zu schaffen macht.

Von Kiew aus sind sie und Vladimir nach Lissitschansk zurückgefahren, um die Kinder zu holen. Die Reise in ihr neues Zuhause hat Irina dann alleine mit ihren beiden Töchtern angetreten, denn Vladimirs Schichturlaub war zu Ende. Da war die Entscheidung, seine nächsten freien Wochen bei Tatjana in Usbekistan zu verbringen, schon getroffen; Irina brauchte es nicht noch einmal zu erwähnen. Er brachte einfach die Tickets mit.

Vladimir ist krankgeschrieben worden. Wieder hat er auf eigene Verantwortung das Krankenhaus verlassen, doch diesmal ist er an einen Arzt geraten, der den zähen, entschlossenen Patienten lieber mit einem Stück Papier gehen ließ, als ihn gegen seinen Willen dazubehalten.

Irina kommt es vor, als seien sie hierher, in Vladimirs kleines Heimatdorf, geflohen – vor der auch in Kiew nicht weichenden Angst des allzu nahen Tschernobyls, der permanenten Gefahr von Vladimirs Arbeit; geflohen an einen Ort, von dem sie sich Erholung und Rast erhofft haben. Und es ist seltsam, denkt Irina, während sie sich in der Mittagshitze eines der letzten heißen Tage in dieser von Trockenheit heimgesuchten Region Mittelasiens den Schweiß von der Stirn wischt: Wovon man sich am meisten erhofft, das kann nur allzu oft eben dieser Hoffnung nicht standhalten. Die Erleichterung, die sie sich so sehr gewünscht hat, hat sich nicht eingestellt. Die Pause im schwer gewordenen Alltag, den Stillstand des Augenblicks, den sie so sehr braucht, hat es nicht gegeben.

Die mörderische Hitze der Wüste bereitet ihr Kopfschmerzen und drückt ihr auf Lunge und Herz; im hellen Tageslicht überfällt sie immer wieder Schwindel wie eine böse Überraschung. Feiner Staub legt sich in alle Poren, und zu jeder Bewegung gehört ein Schwarm von Fliegen wie eine Heimsuchung, die nie vergeht. Irina möchte sich am liebsten zu den Kindern aufs Bett legen und schlafen, doch sie weiß mittlerweile aus Erfahrung, dass sie sich danach nur noch matter fühlt. So lange sie sich auf den Beinen halten kann, bleibt sie lieber wach.

Sie wirft noch einen Blick auf die beiden Mädchen in ihrem Mittagsschlaf, dann kehrt sie zurück in die weiß getünchte kleine Küche. Hier sind Vladimir und seine Schwester aufgewachsen, und von hier sind beide so weit wie möglich fortgegangen, getreu dem Rat ihrer klugen Mutter. Irina hört ihre Worte noch, ausgesprochen von Vladimir ganz zu Anfang ihrer Liebe, als er ihr alles von sich erzählte: »Du musst fort von hier, Junge, hier hast du keine Zukunft.« Inzwischen ist die Jugend abgewandert aus dem abgelegenen Gebiet und Tatjana lebt in einem Dorf der Älteren und der ganz Alten. Ihre Tochter hat Arbeit und Ehe in die nördliche Nachbarrepublik Kasachstan geführt, wo Tatjana geboren wurde und von wo sie in ihrer Kindheit durch die stalinistische Umsiedlungspolitik vertrieben wurde. Um Vladimir und seine Familie zu sehen, hat Tatjana zuletzt im März die weite Reise nach Prypjat unternommen. Selten nur noch sieht Tatjana ihre beiden Kinder, und sie einander. Es ist ein übliches Los sowjetischer Mütter, ihre Kinder im Riesenreich oft über Jahre hinweg aus den Augen zu verlieren.

Ergraut in den wenigen Monaten der Trennung, sitzt Tatjana am Tisch. Sie scheint schmaler, kleiner geworden, und wie bei der ersten Begrüßung vor einigen Tagen rührt sich in der Schwiegertochter ein ungutes Gefühl wie eine schlimme Vorahnung. Sie schenkt frische kuhwarme Milch in ein Glas, gießt dickflüssigen aromatischen Honig hinein, verrührt alles und reicht ihrer Schwiegermutter das Getränk.

»Sag mir, was mit dir ist«, bittet Irina, als sie sich zu ihr an den Tisch gesetzt hat. »Ich weiß, du sagst es nicht Vladimir, aber mir kannst du es sagen. Was ist mit dir?«

Die Ältere schüttelt verlegen den Kopf. »Es ist doch nichts, Ira«, sagt sie und fährt dann doch fort, als Irina schweigend abwartet. »Ich habe noch immer dieses Magengeschwür. Aber der Arzt hat mir gesagt, dass ich damit hundert Jahre alt werden kann. Ich darf mir nicht so viel aus den gelegentlichen Magenschmerzen machen. Wenn es mir nicht so gut geht, nehme ich ein Pülverchen.«

Irina weiß von dem Magengeschwür, das ihre Schwiegermutter seit ihrer Jugend in sich trägt. Ihre Beschwerden kamen und gingen und eine Gefahr schienen sie nicht zu sein, lediglich eine schmerzhafte Unannehmlichkeit.

»Und hilft die Medizin?«

Tatjana zuckt mit den Achseln. »Seit einiger Zeit nicht mehr. Manchmal«, sie wirft Irina einen raschen Blick zu, »kann ich das Geschwür ertasten, wenn ich draufdrücke.«

Irina starrt sie an. »Tanja, das musst du untersuchen lassen!«

Tatjana winkt ab mit ihrer mehr und mehr von Gicht gelähmten Landarbeiterinnenhand. »Bei der letzten Untersuchung im vergangenen Jahr war es doch bloß so groß wie ein Rubelstück. So schnell geht doch das nicht.« Sie streichelt flüchtig Irinas Wange und lächelt, so dass die beiden Goldzähne, auf die sie stolz ist, in ihrem Mund aufblitzen.

Irina hat gehört, dass Radioaktivität Krebs auslösen kann. Den Gedanken, was das bedeuten könnte, will sie gar nicht erst zulassen. Hätte sie ihre Schwiegermutter nur nie gebeten, zu ihnen nach Prypjat zu kommen! Aber vielleicht, denkt sie mit vager Hoffnung, hat es gar nichts miteinander zu tun und Tatjanas Magenprobleme werden von alleine wieder vergehen?

»Mach dir keine Sorgen um mich«, sagt Tanja, als lese sie die Gedanken der Jüngeren. »Und um deine kleine Anja musst du dir auch keine Sorgen machen, hörst du? Kinder haben Fieber, und Kinder werden wieder gesund. So ist das. Sie wird wieder gesund. Kümmere dich um Volodja und um dich selbst und erholt euch.« Sie nimmt sich eine Schüssel und geht in den Garten, um etwas Gemüse zu holen. Viel ist es nicht, was auf dem mageren Boden vor dem Haus gedeiht.

Nach einer Weile steht Irina auf, um erneut nach Anna und Julia zu sehen. Beide schlafen noch immer, tief und mit vom Fieber erhitzten Gesichtern. Von der Sorge um sie gehen ihre Gedanken sofort wieder zurück zu Volodja. In letzter Zeit ist er schnell erschöpft. Seine Lunge hat sich nicht erholt und Irina fragt sich, wie das auch möglich sein soll. Die mit so viel Elan erworbene Tauchermaske hat er kein einziges Mal mehr seit dem Krim-Urlaub benutzt. Und Irina weiß angesichts der sie umgebenden Wüste auch nicht, wo er das wohl tun sollte. Beinah ist sie froh, dass er jetzt nicht obendrein mit den Kindern herumtobt: Allen dreien steht der Sinn nicht danach.

Erleichtert hört sie das morsche Gartentürchen knarren und Vladimirs Stimme, als er mit seiner Mutter spricht. Sie schleicht auf Zehenspitzen aus dem Zimmer.

Ihr Mann sitzt auf der Bank im Schatten eines knorrigen Baumes und Irina setzt sich neben ihn. Gemeinsam betrachten sie die schiefen Hütten des Dorfs, deren geschlossene Fensterläden das gleißende Sonnenlicht aussperren. Der rötliche Boden ist staubtrocken; es hat seit Wochen nicht geregnet. Weit und breit blühen kaum Blumen, nur ein paar Gemüsebeete beweisen das Ergebnis mühsamer Zuwendung mit graugrünen Blättern. Eine dürre Katze schleicht an einer Hauswand entlang, ohne die beiden Menschen zu beachten.

»Immer, wenn ich hier bin«, sagt Irina, »wird mir wieder klar, warum du unsere Wohnung mit Pflanzen zugestellt hast.«

Er sieht sie schief von der Seite an, erwidert ihr Lächeln und legt den Arm um sie. »Du mit deinem Dickkopf hast einen Mann aus der Wüste zum Standesamt geschleift. Aber du wolltest es ja so.«

Sie nickt. »Mit all deinen Kakteen. Oh ja.«

Als sie ihn nach einer Weile wieder ansieht, geht sein Blick leer und unendlich einsam in die Ferne. Er spürt lange nicht, dass Irina ihn ansieht, und sie ahnt seine vollkommene innere Abwesenheit, als wäre er körperlich aufgestanden und gegangen. Irina hat plötzlich Angst, ihn nicht erreichen zu können, ihm nicht folgen zu können, wo auch immer er im Geiste hingegangen sein mag. Es ist mehr als eine Tagträumerei in der Mittagshitze.

Für einen Moment, in dem die Zeit stillzustehen scheint, hat Vladimir sie allein gelassen.

Das Schweigen

Kiew, Januar 1987

»Fasst mich nicht an!«

Anja, die ihm bereits die Arme entgegenstreckt, um von ihm hochgehoben zu werden, treten Tränen in die Augen. Verunsichert sehen die Kinder ihren Vater an, der mit abweisend erhobenen Händen im Flur steht.

Irina zuckt zurück. Die Freude, ihn zu sehen, verwandelt sich binnen Sekunden in Erschrecken und das Gefühl, verletzt worden zu sein. Wo sich ihre Herzen doch auf Glück und Freude eingestellt hatten.

Vladimirs Stimme ist rau, die Augen wie immer übermüdet, wenn er nach zwei Wochen Schicht in Tschernobyl nach Hause zurückkommt. Er geht an Irina und den Mädchen vorbei, den schmalen Korridor der jetzt fertig eingerichteten Kiewer Wohnung entlang, und schließt die Badezimmertür hinter sich. Gleich darauf dreht sich der Schlüssel im Schloss.

Irina nimmt die kleine Anna auf den Arm und drückt sie für einen Moment beinah zu fest an sich, streicht der Größeren über den dunklen Haarschopf und lächelt sie an. Irina schluckt ihre Tränen hinunter; wenigstens sie muss jetzt den Anschein von Normalität aufrechterhalten und Stärke zeigen. Aber sie spürt, dass ihre Kraft dafür kaum reicht. Die Situation ist einfach zu paradox: Der Vater, der einzige Mann und Mittelpunkt der Familie, soll ihnen das Gefühl von Sicherheit vermitteln. Aber gerade er ist es, dessen Verhalten die unsichtbare Bedrohung ausdrückt, unter der ihrer aller Leben steht.

Es ist bereits das dritte oder vierte Mal, dass Vladimir sich bei seiner Heimkehr im Bad einschließt, kaum dass er die Wohnung betreten und seine Reisetasche abgestellt hat. Beim ersten Mal nahm er die Tasche mit ins Bad, leerte alles aus, füllte die Wanne mit Wasser und legte seine Kleidung hinein. Jetzt reist er nur noch mit waschbaren Taschen und steckt auch sie – nach der Vorbehandlung in der Wanne – wortlos in die Waschmaschine, die sie von der Entschädigungssumme gekauft haben. Er gibt Irina keine Gelegenheit, seine Sachen auch nur anzufassen.

Als Irina die Mädchen in ihrem Zimmer beschäftigt weiß und in die Küche zurückgeht, hört sie im Badezimmer die Dusche laufen. Die Kartoffeln für das Abendessen kochen auf dem Herd, sie gießt sie ab, verbrennt sich die Finger beim Schälen und spürt es nicht, stellt die dampfende Schüssel auf den Tisch, deckt ihn, schenkt sich ein Glas Wasser ein und trinkt es aus.

Vladimir ist noch immer im Badezimmer.

Sie sieht aus dem Fenster und beobachtet, wie ein Kleinwagen zwischen zwei meterhohen Schneebergen einzuparken versucht. Der Fahrer ist ihr Nachbar, ein Mann aus Prypjat, der sich für einen Teil seiner Entschädigung in die Wartelisten für ein Auto eingekauft hat. Bis er es erhält, nach zehn oder fünfzehn Jahren Wartezeit, fährt er ab und zu den Wagen eines Verwandten. Irina und Vladimir haben den Versuch, ein Auto zu beantragen, gar nicht erst unternommen; die Zeit erschien ihnen zu lang.

Wer weiß, was in ein bis zwei Jahrzehnten ist.

Sie setzt Tee auf, gießt sich ein zweites Glas Wasser ein und beginnt das Gemüse zu putzen. Ohne dass sie etwas dagegen tun kann, tropfen die Tränen aufs Schneidbrett. Sie kann die Angst um Volodja schon kaum verdrängen, wenn er zur Schicht und nicht in ihrer Nähe ist, doch wenn er da ist und sich im Badezimmer einschließt, manchmal für Stunden, schnürt sich ihr die Kehle zu.

Als sich endlich der Schlüssel im Schloss dreht und sie die Tür hört, ist es beinah Zeit, die Kinder ins Bett zu bringen. Kurz bevor Vladimir kam, hatte sie die beiden gefüttert und müsste ihnen jetzt eine Gutenachtgeschichte vorlesen.

Sie bleibt sitzen und wartet. Fünf, zehn Minuten lang hört sie Vladimir im Schlafzimmer Schubladen öffnen und schließen; eine Weile scheint er nur am Fenster zu stehen und nichts zu tun. Sie rührt sich nicht. Die Kinder spielen ruhig miteinander. Wenn die beiden und ihre Puppen noch eine Weile durchhalten, ohne ihr Müdigkeitsquengeln zu beginnen, kann Irina Vladimirs Flucht vor einem Gespräch mit ihr vielleicht aussitzen: Irgendwann muss er in die Küche kommen, wo seine Frau auf ihn wartet. Obwohl er es manchmal sehr lange hinauszögern kann. Ohne es zu bemerken, hat Irina an den Fingernägeln zu kauen begonnen. Ärgerlich steht sie auf und wäscht sich die Hände. Als sie sich umdreht, steht Vladimir in der Tür.

Er ist blass und hat dunkle Ringe unter den Augen. Das frische Hemd hängt ihm von den knochigen Schultern, unter deren Ärmeln nur die sehnigen Arme auf harte Arbeit schließen lassen. Irina zweifelt nicht daran, dass er weiter an Gewicht verloren hat; vermutlich war er wieder krank.

Er wird es ihr nicht sagen.

»Wollen wir essen?«, fragt Irina.

Er nickt, fährt sich mit den Fingern beider Hände durch die noch nassen Haare und setzt sich wie ein scheuer Gast, dem unerwartet eine Einladung angeboten worden ist, an den Tisch. Irina füllt Kartoffeln, Gemüse und *biftek* auf ihre Teller. Gebratenes Hackfleisch ist eine Besonderheit, die sie nur auf den Tisch bringt, wenn Vladimir von der Schicht kommt. Die besten Lebensmittel hebt sie für ihn auf, und alles, was sie den Kindern an Obst und Gemüse vorenthalten kann, damit er sich erholt und gestärkt wird.

Er beginnt zu essen und Irina sieht, dass ihm jeder Bissen schwer fällt und er die Nahrung nur mühsam zusammen mit einem Schluck Tee herunterschluckt. Der Teller scheint sich kaum zu leeren.

»Schmeckt es dir nicht?«, fragt sie vorsichtig, ohne jeden Vorwurf.

Er nickt rasch. »Doch, doch, sehr gut.«

»Warum isst du dann nicht, Volodja?«

»Lass mich, Ira, bitte.«

Irina legt ihre Gabel beiseite. Schon wieder fließen die Tränen, dabei hat sie doch weiß Gott nicht nah am Wasser gebaut! Seit ein paar Monaten scheinen alle Tränen zu kommen, die sie früher nicht geweint hat.

»Ich kann so nicht weitermachen, Volodja. Du musst mit mir reden.«

»Ich rede doch mit dir.«

»Das tust du nicht! Du schließt dich im Bad ein, wenn du von der Schicht kommst, und danach schließt du dich in dir selbst ein! Ich kann dich nicht erreichen, die Mädchen auch nicht. Du nimmst sie gar nicht wahr. Ich weiß nur, dass es schwer ist für dich, aber du lässt mich nicht zu dir! Um Gottes willen, sag mir doch, was mit dir ist!«

Er hat aufgehört zu essen, starrt auf seinen Teller. Sie ist sich nicht sicher, ob verärgert oder selbst den Tränen nah. Sie überwindet sich, legt ihm vorsichtig eine Hand auf den Arm, und es geschieht, worauf sie gefasst war und was dennoch so wehtut, dass ihr sofort wieder Tränen in die Augen steigen: Er zuckt zurück und entzieht sich ihr.

»Lass mir Zeit, Ira.«

»Zeit? Wie viel denn? Du bist tagelang so wie jetzt, fast die ganze Zeit, die du hier bei uns verbringst. Meine eigenen Sorgen und meinen Alltag kann ich nicht mit dir teilen. Die Kinder sind oft krank, aber ich kann es dir nicht sagen! Für mich ist auch vieles schwer, aber ich kann nicht mit meinem Mann darüber reden! Am letzten Tag bringst du es vielleicht fertig, eine halbe Stunde mit den Kindern zu spielen – bevor du wieder wegmusst! Nach zwei Wochen Schicht kommst du zurück, und alles fängt von vorne an. Wie viel Zeit soll ich dir lassen? Wie viel kann ich dir lassen, ohne dass unsere Familie daran kaputtgeht?«

Mit den letzten Worten scheint sie ihn zu erreichen. Er hebt den Kopf und sieht sie aus seinen unendlich müden, geröteten Augen an. »Ich weiß es nicht.« Und wie um zu bestätigen, dass sie keine andere Antwort von ihm bekommen wird, wiederholt er: »Ich weiß es nicht.«

»Ich weiß es auch nicht, Volodja. Du kommst zu uns, aber du bist nicht bei uns. Und ob es dir besser geht, wenn du wieder zurückgehst, oder nicht, das weißt nur du allein. Ich möchte dir helfen, ich möchte für dich da sein. Ich bin deine Frau!«

»Dann lass mir Zeit. Lass mich nur einfach ... lass mich hier sitzen, wenn ihr euer Leben lebt. Mehr nicht.«

»Aber du nimmst nicht daran teil!« Irina hat die Stimme gehoben und senkt sie sofort wieder. Sie will ihn wachrütteln, aber sie sucht keine Konfrontation. »Wie soll ich dein Verhalten verstehen, Volodja? Willst du uns vor dir schützen? Denkst du, du bist radioaktiv verseucht, wenn du hierher kommst? Denkst du, du bist ansteckend? Dürfen wir dich deshalb nicht anfassen, nicht umarmen, wenn du heimkommst? Dann bring einen Geigerzähler mit und wir prüfen es! Nichts kann so schlimm für uns sein, als dass du dich vor uns zurückziehst, das kannst du mir glauben.«

Dass sie den wunden Punkt getroffen hat, kann Irina nur daran erkennen, dass Vladimir kurz und rasch den Blick hebt. Dann versinkt er in tiefes Schweigen.

Irina wischt sich die Tränen ab und putzt sich die Nase, steckt das Taschentuch in ihre Rocktasche und steht auf, um die Kinder zu Bett zu bringen, deren leises Plappern und Spielen immer öfter von Annas müdem Quengeln untermalt wird. Sie bleibt neben Vladimir stehen und streckt die Hand aus, um ihn zu berühren. Er weicht aus, doch diesmal legt Irina ihm sanft die Hand auf den Nacken.

»Ich will dir Zeit geben«, sagt sie. »So viel zu brauchst. Aber irgendwann musst du zu mir kommen. Du brauchst mich, und ich bin für dich da. Aber ich warte darauf, dass du wieder mein Mann und der Vater meiner Kinder bist.«

Im Flur bleibt sie stehen und sammelt sich, bevor sie das Kinderzimmer betritt. Die beiden Mädchen unterbrechen ihr Spiel, als sie die Mutter in der Tür stehen sehen, und wenden ihr die großen blauen Augen zu – es sind Vladimirs Augen. Immer, denkt sie, würden diese Augen sie an ihn erinnern, wenn er nicht mehr bei ihr wäre. Immer.

Nina

Während ihre Mutter von diesen schweren Zeiten berichtete, sah ich verstohlen zu ihrer heute erwachsenen Tochter Julia hinüber. Oft hatte ich den Eindruck, sie versänke regelrecht in den Polstern meines Sofas, dann wieder tastete sie nach der Hand ihrer Mutter. Als wollte sie ihr signalisieren: Es ist vorbei, Mama. Doch die beiden erleben täglich, dass es das nicht ist.

Durch Irina lernte ich viele *tschernobylzy* kennen, die wohl niemals in den offiziellen Mitteilungen über die Katastrophe erwähnt werden. Irinas Bekannte Nina zum Beispiel. Mit ihrer erwachsenen Tochter und ihrem nach einem Schlaganfall gelähmten Mann muss sie in einer Einraumwohnung zurechtkommen. Sie leben von einer monatlichen Rente in Höhe von umgerechnet dreißig Euro. Ninas Mann ist mal apathisch bis depressiv, dann voller Aggression auf die Regierung, von denen er jeden Einzelnen am liebsten »totschießen« würde, weil niemand anerkennen will, dass seine Krankheit eine Strahlenfolge ist.

Wie Irina war Nina Konditorin. Nach dem Unfall wurde sie an ihren alten Arbeitsplatz in Prypjat geschickt, um den Lagerbestand aufzunehmen. Bevor Nina sich an die Arbeit machen konnte, musste sie zunächst den überall herumliegenden Staub aufwischen. Weder hatte sie eine Atemmaske bekommen noch war sie über die radioaktive Strahlung des Staubs aufgeklärt worden. Wenn Nina das erzählt, lacht sie oft hysterisch. »Weil ich sonst weinen müsste.« Und dann sagt sie den Satz, den ich oft zu hören bekam: »Ich tat doch nur meine Pflicht.« Heute, mit Anfang vierzig, kann Nina sich nicht mal mehr ein Backrezept merken; die Radioaktivität hat ihr Kurzzeitgedächtnis zerstört. Anfälle schlimmster Depression sind die Folge. Selbstmord ist ein häufiger Grund für den frühen Tod der Strahlenopfer, die in ihrer eigenen Welt die Orientierung verloren haben.

Als ich mich von Nina verabschiede, habe ich ein schlechtes Gewissen. Ich kann nicht wirklich helfen. Vor allem aber bleiben mir die entnervten Blicke ihrer Tochter in Erinnerung. Gerade mal zwanzig Jahre alt, wird sie täglich mit dem Elend ihrer Eltern konfrontiert. Und das belastet sie so sehr, dass sie bei jedem hysterischen Lachen ihrer Mutter am liebsten an die Decke gehen würde. Aber sie kann nicht entkommen. In den Kiewer Außenbezirken entstehen große, schicke Quartiere; für normale Menschen wie Ninas Tochter hängen die süßen Früchte des jungen Kapitalismus unerreichbar hoch.

Irina hat das Erzählen müde gemacht, sie und Julia verabschieden sich. Ich bleibe allein zurück und lese in meinen Notizen vom Vorjahr, als ich Prypjat und Tschernobyl besucht hatte. Und stelle fest, es war nicht einmal so sehr dieser Block aus Strahlen-Schrott, der mich beeindruckte. Wieder waren es die Menschen, die ich dort traf.

Den Männern, die die Welt gerettet haben

Grau und mit den Umrissen eines schlafenden Kolosses ragt der Sarkophag aus der ihn umwuchernden Landschaft hoch. Daneben die anderen Reaktoren. Acht hatten es werden sollen; als Nummer fünf und sechs im Bau befindlich waren, fanden alle Planungen ein jähes Ende. Erst über ein Jahrzehnt nach dem Unglück wurde am 15. Dezember 2000 der letzte Reaktorblock des Kernkraftwerkes abgeschaltet – auf massiven Druck der internationalen Öffentlichkeit.

Knappe dreißig Meter trennen mich von dem riesigen Areal. Das gleichmäßige Ticken des Geigerzählers ist fast beruhigend: Erhöhte sich die Strahlung um uns herum, würde auch die Frequenz seines Signals steigen. Das Gelände ist mit einer Betonmauer und einem Militärzaun abgesperrt, hin und wieder machen aufgestellte Warnschilder mit dem internationalen gelben Symbol für Radioaktivität auf die dahinter lauernde Gefahr aufmerksam. Die Gräser und Büsche neben dem Weg, der Staub, in dem sie wachsen, sind hoch verstrahlt; man bleibt auf dem Asphalt.

Vor dem Eingang des Kraftwerkes stehen zwei, drei Arbeiter, die eine Pause machen. Für diese Mannschaften wurde eigens eine neue Stadt aus dem Boden gestampft, das etwa fünfzig Kilometer entfernte Slawutitsch. Busse bringen die Belegschaft morgens zur Arbeit und abends zurück. Slawutitsch ist eine Trabantenstadt, ein Satellit des verödeten Planeten Tschernobyl. Aber auch dort werden Ehen geschlossen und Kinder geboren, wird Leben gelebt, ein wenig abseits, ein wenig anders, und doch ganz normal. Wie einst in Prypjat.

Brüchig und verrostet wirkt der Sarkophag, mit bloßem Auge sind seine Risse erkennbar. Oder sehe ich sie, weil ich weiß, dass sie da sind? Ich bin ein Kind des Medienzeitalters, ein Konsument des Informationsoverkills. So weit entfernt ich auch bisher gelebt habe, bin ich doch umfangreich unterrichtet über die Vorgänge hinter der fragilen Betonmauer. Oder jedenfalls meine ich es zu sein. Und doch stehe ich hilflos staunend und mit einem deutlichen Gefühl völliger Unsicherheit vor dem Koloss. Wie Zuckerguss über einen heißen Kuchen wurde die Hülle über den zerstörten Reaktor gegossen. Auch wenn ich weiß, dass da drin nichts mehr arbeitet, die Brennstäbe kalt sind, stelle ich mir die naive Frage: Kann das halten?

Unter dem sargförmigen Betonmantel liegt in einem trügerischen Schlaf der durch die Explosion zerstörte Block vier in Höhe eines mehrstöckigen Wohnhauses. Trümmerteile und zerstörte Maschinen, Betonbrocken, Löschsand und Brennstäbe sind unter einer meterdicken radioaktiven Staubschicht zu einem Horrorhaufen verschmolzen. Um die Konsistenz dieser strahlenden Masse zu beschreiben, haben einige Experte einen Vergleich mit der Natur zu Hilfe genommen. Sie bezeichnen es als *Lava*. Ein beschönigendes Wort: Erkaltetes Magma strahlt nicht. Überprüfen konnte bislang niemand, was genau in der radioaktiven Masse vorgeht – man wäre trotz erdenklicher Schutzmaßnahmen innerhalb kürzester Zeit tot.

Baukräne schwanken im Wind neben den verschiedenen Gebäuden, alles sieht aus wie gerade eben erst stehen und liegen gelassen, auf ein rätselhaftes Kommando hin, als einer die Entscheidung traf, nun sei es genug. Überall ist auch hier, wie in Prypjat, Gras und Unkraut durch die Steinplatten gebrochen, wachsen Krüppelkiefern und Büsche. Wo immer der Wind die Saat hinträgt. Nicht einmal Kaninchen tummeln sich auf dem Gelände oder in der Landschaft. Außer den Arbeitern und unserer kleinen Besuchergruppe diesseits der Mauer ist keine lebende Seele zu sehen. Auslöser klicken. Auf den Bildern werden später blasse Wintergesichter mit Sonnenbrillen und unsicherem Lächeln in hellem Sonnenschein zu sehen sein, vor einem weltbekannten Mahnmal technischen und menschlichen Versagens.

Ein paar Krähen fliegen über das Kernkraftwerk hinweg, lautlos. Ein verwunschener, ein verfluchter Ort. Und kein Zauber vermag je wieder seine vorherige Gestalt herzustellen. Aber Angst spüre ich nicht. Erst das Ticken des Geigerzählers erinnert mich daran, dass ich sie haben sollte. Diese kurzen Minuten in der Nähe der nicht offensichtlich als Ruine erkennbaren Anlage machen mir etwas anderes bewusst: Wir fürchten nur, was unsere Sinne als eine ihnen bekannte Gefahr zu erfassen im Stande sind. Wie leicht mag es erst fallen, die Bedrohung zu vergessen, wenn man mit ihr lebt – sie jedoch niemals spürt.

Beim nächsten Halt bekomme ich den Beweis für diese Vermutung prompt nachgeliefert. Am Rande der Dritten Zone haben sich Siedler niedergelassen. Sie sind nach der Evakuierung zurückgekehrt, weil sie an keinem anderen Ort leben wollten. Hier ist ihre Heimat und sie wüssten nicht, warum sie sie verlassen sollten. Sie glauben nicht an die Radioaktivität. In einem Garten entfernt sich die einzige Kuh der Siedlung eilig und scheu von den Fremden. Erst als ich das Getrappel ihrer Hufe höre, bemerke ich sie. In der Leblosigkeit der Landschaft hat sie mich genauso erschreckt wie ich sie.

Die Einsamkeit des verfallenen Dorfes ist erdrückend. Die meisten Hütten stehen leer, schiefe Holzwände lehnen sich aneinander, deren leere Fensterrahmen den Blick freigeben in die Dunkelheit dahinter. Auf dem Weg vor den bewohnten Häuschen picken ein paar Hühner im Staub. Ein zahnloser Alter kommt lächelnd herbei, auf einen Stock gestützt, freudig angelockt von der unerwarteten Abwechslung an einem Tag, dessen Datum er vielleicht nicht einmal weiß. Wenn jemand krank wird, behandelt man sich selbst, erzählt er. Die nächste Krankenstation ist weit, und sie mit dem einzigen Pferdefuhrwerk des Dorfes zu erreichen ist ein mühsames Unterfangen.

»Wir wurden doch hier geboren«, sagt seine Frau, schütteres weißes Haar unter einem abgetragenen Kopftuch versteckt; mit den großen, abgearbeiteten Händen rückt sie es zurecht. Ihr Gesicht ist von Falten zerfurcht. »Wir essen, was es hier zu essen gibt, Früchte, Beeren, unser Gemüse, Pilze. Es ist doch alles in Ordnung. Bisher hat es uns doch nicht umgebracht! Na, wir werden irgendwann sterben. Aber dafür haben wir ja noch den Priester.«

Der ist ein altersloser Mann, bärtig, die ungeschnittene Mähne zum Zopf gebunden und in ein schwarzes bodenlanges Gewand gekleidet wie alle orthodoxen Popen. Er ist der Einzige, der diese Einsiedler des Niemandslandes in einer von Gott verlassen wirkenden Gegend betreut. In einem kleinen Steinhaus neben seiner Kirche lebt er.

Die Kirche ist das schönste und bei weitem am besten hergerichtete Gebäude in der *Zone*, ihr weißer, gelber und himmelblauer Anstrich mit der Ikone über dem Eingang und den goldenen Verzierungen strahlt farbenprächtig im Sonnenschein. Ordentlich eingezäunt ist das kleine Grundstück, der Zaun frisch gestrichen, die Beete für den Frühling bereitet. Statt Hirte der einst zwanzigtausend Seelen zählenden Gemeinde von Tschernobyl zu sein, ist der bärtige Mönch nunmehr der letzte Beistand dieser kleinen, den Realitäten trotzenden Gemeinschaft. Bis auch sie ausgestorben ist. Scheu schließt er die schwere Tür seiner Kirche für uns auf, geht den Fremden voran in das nach Wachs duftende Dunkel. Er zündet ein paar Kerzen an, damit die Besucher etwas sehen können, und verschwindet dann lautlos wie ein Schatten irgendwo hinter der Tür in der Altarwand. Im Halbdunkel glänzt Blattgold auf marmornen Säulen und verglasten Ikonen. Wie alle orthodoxen Kirchen bietet auch diese keine Sitzgelegenheiten. Wir wandern herum, ungebetene, doch höflich behandelte Gäste.

Draußen blendet uns wieder die Helligkeit des Tages. Ich weiß nicht, was mir unwirklicher erscheint: die einsame Pracht der

Dorfkirche mit ihrem menschenscheuen Hüter oder die Stille der Landschaft, in der sie steht.

Aus dem Busfenster sehe ich, wie uns die Alten nachschauen, mitten auf ihrem staubigen Weg in dem verlassenen Dorf stehend. Es hilft nichts, sich zu sagen, dass sie freiwillig hier sind. In anderen Dörfern in der *Zone* leben Menschen, die ganz einfach niemals evakuiert wurden und nicht aus freien Stücken noch dort leben.

An der Landstraße nach Tschernobyl steht ein rührend schlichtes, von ihren Kameraden selbst entworfenes und errichtetes Mahnmal für die Feuerwehrmänner, die am 26. und 27. April 1986 am havarierten Reaktor ihr Leben gelassen haben. Als um halb zwei Uhr in der Nacht die Sirenen ertönten, folgten sie ihnen wie bei jedem anderen Einsatz auch, selbst als sie wussten, wo dieser Einsatz sie hinführte und wie anders als alle anderen er war. Fünfzehn Feuerwehren nahmen in jener Nacht an der Brandbekämpfung teil, dazu weitere Reservemannschaften, um die jeweils den Brand bekämpfenden Männer abzulösen. Selbst Feuerwehrleute, die keinen Dienst hatten, eilten herbei, um zu helfen.

Das Denkmal für sie hat nichts mit den Ideologie strotzenden Denkmälern der Sowjetzeit gemeinsam. Es wurde von Laien an diesen Ort gestellt, aus Trauer, Schmerz und Liebe heraus. Ein paar Blumen liegen davor, eine rote Friedhofskerze flackert.

Es trägt eine zutiefst aufrichtige Inschrift, voller Wissen um die Tragweite des Geschehens und gleichzeitig vollkommen schlicht: »Den Männern, die die Welt gerettet haben.«

Ein paar Wochen sind vergangen, seitdem ich Irina das letzte Mal gesehen habe. Sie hat sich auch nicht am Telefon gemeldet, und als ich sie erreiche, äußert sie ihre Freude, meine Stimme zu hören, und fragt, wie es mir geht. Ich habe den Verdacht, dass sie krank gewesen ist, aber sie will offensichtlich nicht darüber reden. Es entspricht nicht ihrem Naturell, sich über ihr Schicksal zu beklagen. Wer bei einem alkoholkranken Vater in einem trüben Bergarbeiterdorf aufgewachsen ist und die Explosion eines Kernkraftwerks überstanden hat, wird wohl automatisch hart im Nehmen. Wir verabreden uns für den folgenden Tag. Sie kommt diesmal allein und strahlt die Zufriedenheit eines in sich selbst ruhenden Menschen aus. Dann erzählt sie von der Zeit, als Vladimir nicht mehr in Tschernobyl aufräumen musste.

»Auf dich – mein Leben lang!«

Kiew, April 1989

Wenn Irina mit ihren Kolleginnen von der Putzkolonne die Schule betritt, die jetzt ihr Arbeitsplatz ist, umfängt sie vollkommene Stille. Die Kinder und ihre Lehrer sind längst fort, wenn die Frauen unter Aufsicht des alten Hausmeisters an die Arbeit gehen. Sie holen ihre Eimer, Lappen und Besen aus der kleinen Kammer im Erdgeschoss, streifen ihre Jacken ab und schlüpfen in ihre Kittel, ziehen bequeme Schuhe an und binden sich die Haare zurück. Sie plaudern und summen ein Lied, sie lachen und manchmal, wenn eine ihre Sorgen mit jemandem teilen muss, wird ein Rat erteilt oder getröstet. Um sie herum ist die Schule ein Ort mit einer spürbaren Leere, wie alle Orte, die am Tag besonders laut und lebendig sind. Irina mag die Ruhe eines eigentlich lebendigen Ortes. Und wenn sie das Gebäude am frühen Abend wieder verlassen, auch alle gemeinsam, und der Hausmeister hinter ihnen die Tür abschließt, scheint der abweisende Bau der Schule wieder in seinen Dornröschenschlaf zu fallen.

Irina wirft einen Blick an der Fassade hoch und dreht den Ehering an ihrer rauen Hand. Kurz sieht sie auf ihre Hände, die mit Präzision und Kompetenz Jubiläumstorten dekorieren und Brotmännlein formen könnten, aber jetzt gerötet sind von ihrem Alltag als Putzfrau. In der Sowjetunion des Jahres 1989 muss man jede Arbeit annehmen, die einem angeboten wird. Und Irina will arbeiten.

Sie war zwei Jahre lang Hausfrau, weil es nicht genügend Kindergärten gab, um Julia und Anna tagsüber beaufsichtigen zu lassen. Dann, endlich, wurde vor ein paar Monaten ein staatlicher Kindergarten in der Nähe eröffnet, der beide Mädchen aufnahm.

Sofort meldete Irina sich bei der Arbeitsagentur, doch Konditorinnen wurden keine gesucht. Putzfrauen braucht die Sowjetunion allerdings auch in Zeiten der *Perestroika* – und ihre Bürger das Geld umso mehr, denn die Jagd nach *defiziten* bestimmt nach wie vor ihren Alltag. Nicht selten ist das Nötigste auch das Teuerste.

»Sieh mal, Irina – da wartet jemand auf dich!«

Irina dreht sich um und ein Lächeln entspannt ihr müdes Gesicht. Lässig an den Mast einer Straßenlaterne gelehnt und die Hände in den Hosentaschen, steht Vladimir. Auf dem Kopf eine Mütze, deren Schirm er verwegen zurückgeschoben hat. Als Irina auf ihn zugeht, stößt er sich von der Laterne ab und kommt ihr entgegen.

»Was machst du denn hier? Bist du nicht krankgeschrieben und solltest du nicht zu Hause sein?«, begrüßt Irina ihn.

»Bewegung tut mir gut, Frau Doktor.«

»Na, wenn du meinst ... Wartest du schon lange?«

Vladimir lächelt. »Auf dich – mein Leben lang!«

Irina gibt ihm einen Schubs in die Seite, er gibt vor, zu straucheln und zu stolpern, und Irina erkennt den Mann wieder, der mit seinen Kindern herumalbern kann, bis sie alle drei nicht mehr zu bändigen sind. Für einen Moment ist das Glück, ihn nicht verloren zu haben, so heftig und präsent, dass Irina lachen muss, um nicht zu platzen.

Eine Weile gehen sie still nebeneinander her.

Um sie herum summt die Betriebsamkeit der Großstadt, an die Irina sich noch immer nicht gewöhnt hat. Anders als Prypjat schläft Kiew niemals. Die Geschäfte mögen jeden Abend früh schließen, und noch fahren nur wenige Autos auf den breiten Prachtstraßen und durch die kopfsteingepflasterten Gassen; doch eilende Menschen, streunende Hunde, Lastwagen und *marschrutkas*, hupende Busse und klingelnde Straßenbahnen, Milizfahrzeuge und Krankenwagen mit heulenden Sirenen machen jede Nacht zum Tag. Es riecht nach schlechtem Benzin und billigem Parfüm, und Irinas Nase meint noch überall den süßlichen Geruch des allgegenwärtigen Putzmittels wahrzunehmen.

Vladimir legt den Arm um ihre Schulter.

Seit kurzem arbeitet er nicht mehr in Tschernobyl. Das Wrack liegt verborgen unter der trügerischen Hülle. Vladimir und die anderen Liquidatoren haben den strahlenden Schutt vergraben, die Katastrophe gilt als abgeschlossen, und doch ruht nur ein Scheintoter im Betonsarg.

Irina legt den Arm um Vladimir und passt ihre Schritte seinen an.

Zahllose Frauen verlieren in diesen Jahren ihre Männer an Schweigen und Hilflosigkeit, an plötzliches Herzversagen, an Lungen- oder Schilddrüsenkrebs, an Leukämie und durch Selbstmord. Leise kommt die Depression, das sprachlose Leiden an einer Krankheit, die es offiziell in der Sowjetunion nicht gibt, über die man nicht spricht und die den Einzelnen vollkommen vereinsamen lässt, weil sie noch weniger behandelbar ist als die Strahlenkrankheit. Sie wird unter den *tschernobylzy*, die zur Schicht ins Kernkraftwerk gehen, neben dem Krebs zu einer der häufigsten Todesursachen.

»Lass uns die Mädchen vom Kindergarten abholen«, sagt Vladimir, als der Bus neben ihnen hält.

Irina lächelt. »Gleich«, sagt sie, »einen Augenblick noch.«

Sie lassen den Bus abfahren, stehen einfach nur an der Straße und sehen dem Verkehr zu, und dann nehmen sie den nächsten Bus nach Hause.

Ein leises Ende

Kiew, 13. Dezember 1989

Die eigentlich nicht alte, aber ergraute Frau ist zusammengesunken, als zöge ihr jemand den Boden unter den Füßen weg. Das war vor einer Woche. Heute ist sie leise fortgegangen. Was von ihr blieb – nur Haut und Knochen und ein verschlossenes Gesicht, das sich vollkommen verändert hat –, liegt in einem sauberen Nachthemd unter einer leichten Decke auf dem Bett. Das scheint viel zu groß für Tatjana Wachidowa und ist doch ein Kinderbett.

Tanja ist zweiundsechzig Jahre alt geworden.

Das Gewicht der sterbenden Mutter in seinen Armen war so leicht, und Vladimir kann noch immer nicht glauben, wie unglaublich schnell sie geschwunden, verschwunden ist. Er sitzt auf dem Bett neben ihr und hat die Hand auf ihre noch warmen Hände gelegt.

In der Tür steht die kleine Julia. »Was ist mit der *babuschka*?«, fragt sie leise.

»Sie schläft«, antwortet ihr Vater, der heute Waise geworden ist.

»Wann wacht sie wieder auf?«

Er wendet seiner kleinen Tochter den Blick zu und sie sieht die Tränen in seinen Augen. »Sie wacht nicht wieder auf, mein Schatz. Sie darf jetzt immer schlafen und träumen und hat keine Schmerzen mehr.«

»Hat sie große Schmerzen gehabt?«

»Ja, mein Engel, sie war sehr krank.«

»Dann ist es gut, dass sie jetzt schläft.«

»Ja, das ist gut.«

Irina taucht im Türrahmen auf, ein zerknülltes Taschentuch in der Hand. Sie hat den Arzt hinausbegleitet, der den Totenschein ausgestellt hat.

Vor einer Woche ist sie von der Küche ins Kinderzimmer gegangen, um nach der Schwiegermutter zu sehen, und fand sie lautlos zu Boden gesunken, vermutlich auf dem Weg ins Badezimmer. Irina hatte den Sturz nicht gehört und konnte nur noch nach Vladimir rufen. Er hob seine Mutter auf und legte sie zurück ins Bett, das sie nicht mehr verlassen hat.

Ein halbes Jahr lang war sie immer weniger geworden, bis die Leute in ihrem Dorf schließlich begriffen, dass sie nicht einfach abnahm oder das Essen vergaß, sondern allmählich starb, und den Sohn im weit entfernten Kiew anriefen. Der reiste sofort hin und holte seine Mutter zu sich. Die viertausend Kilometer weite Reise mit Überlandbus, Zug und Flugzeug verlangte der Kranken weitere Kraft ab. Doch Vladimir war überzeugt, dass sie in Kiew medizinisch besser versorgt werden würde als im Dorf seiner usbekischen Heimat. Im Krankenhaus konnte man ihm nur noch eine vage Diagnose mit auf den Weg und die Mutter zum Sterben zurückgeben.

Irina bringt die kleine Julia in die Küche und gibt ihr eine warme Milch zu trinken. Dann geht sie zurück zu Vladimir, zieht sich einen Stuhl heran und setzt sich zu ihm und der Toten. In Vladimirs Gesicht treten die Kieferknochen hervor, als er die Zähne aufeinander beißt, Zeichen eines Gefühls, das der beherrschte Mann zurückhält. Doch es ist nicht nur Trauer, es ist auch Zorn.

»Sie hatte diese Magenprobleme, seit ich denken kann«, sagt er. »Mit der Hungersnot von 1933 fing das an – da war sie sechs Jahre alt. Es gab ja nichts zu essen, sie hatten alle ständig Hunger. Zu denken, dass das ganze Getreide nach Moskau abgegeben werden musste, und ihnen blieb nichts! Seitdem waren ihre Magenschmerzen immer da. Wann wurde daraus Krebs?«

Er sieht seine Frau an, und sie nickt, weil sie weiß, was er vermutet. »Du denkst, es war Tschernobyl?« Irina legt ihre Hand auf seine, so dass sie zusammen mit der Toten eine stille Verbindung eingehen: Vladimirs Linke auf den Händen seiner Mutter, seine Rechte in Irinas Händen. Für einen Moment ist er die Brücke zwischen zwei Welten, Tod und Leben.

»Ich habe keine Erklärung. Die Diagnose, die sie ihr mitgegeben haben, war ja nicht Magenkrebs, sie haben ja überhaupt nichts Genaues gesagt, aber was soll es sonst gewesen sein? Vorher ging es ihr gut, jedenfalls so gut oder schlecht wie früher auch. Und jetzt ist sie tot.« Vladimir hat keinen Schuldigen, dem er den frühen Tod seiner Mutter vorwerfen kann. Tatjana nimmt das Geheimnis, warum sie sterben musste, mit ins Grab.

In keiner der Statistiken, die alle Toten in Folge des Unfalls zählen, wird sie jemals auftauchen.

Wer, außer den Verwandten, interessiert sich dreieinhalb Jahre nach dem GAU schon für den Tod einer *alten Frau*? Wer erinnert in diesem Moment daran, dass Tanja an jenem Morgen über Stunden der hohen Strahlung ausgesetzt war? Niemand hat Vladimir erklärt, dass die Strahlen wie winzigste Geschosse in die Zellen des Körpers eindringen. Sie töten die Zellen. Oder deformieren sie. Deformierte Zellen wachsen weiter – zu Krebszellen. Die Geschwindigkeit dieses Prozesses richtet sich nach der Gesundheit des Betroffenen. Alte und Kranke sind deshalb besonders gefährdet. Tanja gehörte beiden Risikogruppen an.

Am Nachmittag erledigt Vladimir die Formalitäten und kehrt blass und wütend zurück nach Hause. Er steht im Türrahmen zur Küche, wo Irina der kleinen Anna einen Apfel schält.

»Weißt du, was sie mir gesagt haben?« Seine Stimme bebt. »Wir sollen Mutter rückführen nach Usbekistan. Kannst du dir das vorstellen? Wer transportiert eine Tote viertausend Kilometer vom einen Ende der Sowjetunion ans andere, um sie dort zu begraben? Wollen sie sie zum zweiten Mal vertreiben?«

Irina starrt ihn an. Unter anderen Umständen würde sie unweigerlich lachen müssen über eine solche Absurdität. Unter diesen treibt es ihr erneut die Tränen in die Augen.

»Sind die verrückt? Das ist doch Wahnsinn!«, sagt sie. »Sie würde nicht zurückwollen nach Usbekistan, das weiß ich genau. Das ist alles so unwürdig! Auf keinen Fall machen wir das. Tanja wird hier in Kiew begraben.«

»Natürlich begraben wir sie hier!«

Eine Woche später hat sich Vladimir bei den Behörden durchgesetzt und erwirkt, dass seine Mutter auf einem Kiewer Friedhof beerdigt werden kann und nicht an ihrem Wohnort, wie es die Vorschriften verlangten. Sie stehen an ihrem Grab und wissen, dass ein schweres Leben an seinem Ende nur knapp einer bürokratischen Farce entgangen ist. Nach einer Kindheit in Armut und mit einer staatlich verursachten Hungersnot zur Erfüllung eines Plansolls als Startguthaben, nach einem Weltkrieg und einer Zwangsumsiedlung in die unbarmherzige Hitze Mittelasiens, nach einer unglücklichen Ehe und einem Leben in Mangel und harter Arbeit, liegt sie nun hier in der Hauptstadt in ihrem Grab, und einer hat für sie gekämpft – vermutlich der Erste und der Einzige.

Vladimir und Irina sind die Letzten am geschlossenen Grab mit dem schlichten Holzkreuz. Ein leichtes Schneegestöber hat eingesetzt. Der Atem vor ihren Gesichtern gefriert zu kleinen weißen Wolken. An den anderen Gräbern baumeln schmutzige bunte Schleifen im Wind, blättert die Farbe von den Gittern, welche die kleinen Grabstätten umgeben, stehen erloschene rote Lichter im Schnee.

»Sie hat mir neulich erzählt«, sagt Vladimir, »wie das Dorf entstanden ist, in dem ich geboren bin. Als sie umgesiedelt wurden nach Usbekistan, wurden sie einfach aus dem Zug geworfen. Einfach irgendwo in dieser unwirtlichen Wildnis. Die einen in die eine Richtung und die anderen in die andere. Da, wo sie hinausgeworfen wurden, da haben sie eine Siedlung gebaut.« Er sieht Irina an. »Sie hat gesagt, sie ist da immer eine Fremde geblieben. Da waren die Einheimischen der Region, und dann waren da die Umgesiedelten, und so ist es geblieben. Darum hat sie auch verstanden, dass wir uns hier noch immer fremd fühlen und gerne nach Prypjat zurückwürden, wenn das nur ginge. Sie hat so was selbst erlebt. Dass man sich sein Leben lang an einen Ort zurücksehnt, der einem jedoch verschlossen bleibt.«

»Hört man denn wirklich gar nicht irgendwann auf, sich da fremd zu fühlen, wohin es einen verschlagen hat?«

Er hebt statt einer Antwort die Schultern und lässt sie wieder sinken.

Ein starker Halt und das große Los

Kiew, Oktober 1990

Als Vladimir die Wohnungstür öffnet, weiß er sofort, weshalb die Nachbarin aus dem Erdgeschoss bei ihnen geklingelt hat. Es ist etwas in ihrem ernsten, verhärmten Gesicht, das jeder *tschernobylez* sogleich erkennt, eine traurige Ruhe und Pflichterfüllung; sie sehen es jeden Monat mindestens einmal, in schlechten Zeiten noch öfter.

»Jelena Andrejewna, guten Tag.«

Sie erwidert seinen Gruß und Vladimir öffnet die Tür ganz, obwohl er weiß, dass die ältere Frau in den abgetragenen Kleidern und mit dem Kopftuch über dem Haar seine Wohnung nicht betreten wird: Sie hat noch an vielen Türen zu klingeln, bis sie ihre ehrenvolle Aufgabe erfüllt hat. Sie sammelt für die Familie eines gestorbenen Liquidators.

Vladimir schluckt eine plötzliche unendliche Traurigkeit herunter. »Wer ist es? Wer ist gestorben?«

»Georgij Patanin. Heute früh. Er soll übermorgen beerdigt werden.«

Ein dreiundfünfzigjähriger Vater von zwei Töchtern, mit dem Vladimir zeitweise zur gleichen Schicht gegangen ist. Noch bevor das Werk als liquidiert galt, war allerdings für Patanin das Arbeitsleben beendet. Seither sah man ihn ab und an im Viertel herumgehen, auf einen Stock gestützt, weil er sich nicht mehr auf seinen Gleichgewichtssinn verlassen konnte.

Ausliquidiert war nicht nur das Werk, ausliquidiert waren auch seine Arbeiter.

Vladimir zieht seine Geldbörse hervor, nimmt einen Schein heraus und reicht ihn Jelena Andrejewna. Es ist nicht viel, was die einzelne Familie entbehren kann, aber jeder gibt etwas, damit die

Angehörigen den Toten würdig bestatten können. Und jeder weiß, dass der oder die mit der Sammlung Betraute eines Tages für die eigenen Angehörigen an den Türen der anderen *tschernobylzy* klingeln könnte. Es ist ein starker Zusammenhalt, den die Entwurzelten aufrechterhalten.

Er schließt die Tür und kehrt zurück ins Wohnzimmer. Draußen ist es schon dunkel, aber er hat das starke Bedürfnis hinauszugehen, an die Luft, auf die Straße, Menschen zu sehen, die ihren alltäglichen Beschäftigungen nachgehen, ohne an Katastrophen und Tragödien zu denken. Seine älteste Tochter sitzt im Schneidersitz auf dem Teppich. Die Siebenjährige bemüht sich, die kurzen Texte in einem Leselernbuch zu lesen.

»Julitschka, wollen wir Lotto spielen gehen?«

Gelenkig springt sie auf und läuft die drei Schritte durchs Zimmer zu ihm. Er fängt sie in seinen Armen auf und eine Minute später laufen sie Hand in Hand durch den muffigen Hausflur nach unten, beide warm eingepackt gegen die Herbstkälte.

Vladimirs Spielleidenschaft beschränkt sich auf ein einziges harmloses Vergnügen: Obwohl ein Los so viel kostet wie fünf Brote, spielt er schrecklich gerne Lotto. Und seine kleine Tochter genießt die Komplizenschaft mit dem Vater, während ihre Mutter nur den Kopf schüttelt und die beiden ziehen lässt und Anna noch gar nicht begreift, worum es geht. Es ist ein kleiner Kosmos der Hoffnung, den nur Julia mit ihm teilt.

In der engen Spielstube ist es feucht von der kalten Luft draußen und der Wärme drinnen.

»Ein Los für einen Rubel, bitte, Nina Iwanowna!«

Die Frau hinter der Theke nimmt Vladimirs Geldschein in Empfang und lässt Julia einen bedruckten Papierfetzen aus der Trommel ziehen. »Na, viel Glück, kleine Julia!«

Julia zieht ihre Nummer und reicht sie mit erwartungsvollängstlichem Blick dem Vater. Zwar kann sie selbst lesen, aber bei diesem Ritual soll Julia die Glücksfee spielen.

Niete, liest Vladimir. Er wirft dem Mädchen einen Blick zu, schüttelt den Kopf, beide seufzen leise, melodramatisch, wobei sie die Schultern deutlich heben und wieder sinken lassen, die Kleine in perfekter Imitation des Vaters. Dann zieht Vladimir einen weiteren Rubelschein hervor und reicht ihn über die Theke.

»Noch eins, bitte!«

»Aber diesmal einen Gewinner, was!«

»Wenn möglich!«

Julia wählt sorgfältig ein Los aus.

»Was ist es, Papa? Haben wir gewonnen?«

Er zögert, schüttelt den Kopf, zerknüllt die beiden Scheine.

Vor seinem geistigen Auge sieht er das ruhige, verhärmte Gesicht der alten Nachbarin, wie sie vor einer halben Stunde vor seiner Tür stand. Er versucht sich an Georgij Patanin zu erinnern, doch immer wieder schieben sich andere Züge vor diejenigen des Toten, den er schon seit Wochen nicht mehr gesehen und es kaum bemerkt hat.

»Geben Sie mal noch ein Los her, Nina Iwanowna. Wir wollen es heute wissen.«

»Na, bitte schön, nur immer zu! Ich wünsch euch Glück, meine Hübschen!«

Julia kichert und zieht.

Vladimir beobachtet seine kleine Tochter und ist versucht, ihr die Hand auf die dunklen glatten Haare zu legen, die sich anfühlen wie Seide, wenn man sie berührt. Wenn er für dieses Mädchen nicht mehr da sein könnte, bräche ihre Welt zusammen. Wie es heute für die Töchter eines anderen Mannes geschehen ist.

Julia hält ihm das Los vor die Augen und er sieht sofort, dass es wieder eine Niete ist. Sie hält abwartend seinen Blick fest und er nickt. »Noch ein letztes. Wenn das wieder nichts ist, geben wir für heute auf.«

Er hat bereits vier Rubel eingesetzt und wieder hat Julia eine Niete gezogen. Enttäuschung steht in ihrem Gesicht. Obwohl er weiß, dass sie die Sache nicht zu ernst nimmt, zuckt er mit den Achseln und zieht einen letzten Schein hervor. »Ein letztes Los für heute, Nina Iwanowna, bitte.«

Die Frau zieht die Brauen hoch, grinst, nimmt den Schein entgegen. »So, Julitschka, jetzt ziehst du aber einen Gewinn!«, lacht sie.

Unbeeindruckt folgt Julia dem Beispiel ihres Vaters und zuckt mit den Achseln: Man muss das Leben nehmen, wie es ist. Ihre kleine Hand versenkt sich in den Losen, wühlt nur kurz darin herum, zieht eines hervor, reicht es dem Vater.

Vladimir ist mit den Gedanken bereits halb auf der Straße, als er das Los entgegennimmt.

Sie haben ein Auto gewonnen, steht darauf.

Vladimir starrt auf den Papierfetzen, sieht seine Tochter an, wieder zurück auf das Los. Die Frau hinter der Theke bemerkt das Ausbleiben der üblichen Reaktion und zieht fragend die Brauen hoch.

»Was ist, Papa? Papa!« Julia zieht ihn am Ärmel, erst verunsichert, dann immer vergnügter, denn sie kennt ihren Vater gut.

Er schüttelt den Kopf, lächelt ungläubig. Das, denkt er, wird Irina aufheitern; es ist eine der wenigen guten Neuigkeiten, die das Schicksal ihnen beschert in diesen Tagen. Sie sind zufrieden mit dem, was *nicht* passiert – wenn keiner von ihnen krank ist, wenn keiner von ihnen die Arbeit verliert, wenn niemand stirbt, wenn ein dringend benötigtes Gut kein *defizit* ist. Die gute Nachricht, dass ihnen in den Schoß geworfen wird, worauf andere Sowjetbürger ein halbes Arbeitsleben lang warten müssen, ein unabhängiges Fortbewegungsmittel, wird Irina ihm erst gar nicht glauben.

Er legt seinem kleinen Glücksengel die Hand auf den Kopf. »Gut gemacht«, lacht er, »ganz ausgezeichnet hast du das gemacht!«

Sie werden ein halbes Jahr auf den schneeweißen *Saporoshez* warten müssen, bis sie ihn im Frühling 1991 in Empfang nehmen können. Aber was ist schon ein halbes Jahr.

Schlösser in der Fremde

Dijon, Frankreich, Juni 1991

Wovon träumt ein kleines Mädchen, wenn es wenig hat und nichts anderes kennt als das, was es hat? Wenn es aufgewachsen ist in dem Bewusstsein, ein Kind aus Tschernobyl zu sein? Wenn es mit acht Jahren noch gar nicht wissen sollte, was sich hinter dem Wort verbirgt, und doch schon weiß, dass andere ihm deshalb seine Obstration neiden und dass seine Eltern jeden leichten Schnupfen wachsam beobachten? Wovon träumt ein kleines Mädchen, dessen wertvollster Besitz eine Puppe ist, mit Haaren lang und schwarz wie die eigenen?

Im Sommer 1991 werden mehrere Schulklassen durch die Organisation ›Kinder von Tschernobyl‹ ins Ausland vermittelt, um dort Ferien von sechs Wochen bis mehreren Monaten zu verbringen. Familien in Deutschland nehmen zahlreiche Kinder auf. Viele werden nach Cuba gebracht, wo es Kliniken gibt, die sich auf die Behandlung von Hautkrebs spezialisiert haben.

Julias Klasse darf nach Frankreich reisen.

Sie ist aufgeregt und hat fast mehr Angst vor dem Heimweh als vor der Reise selbst. Eine neue Welt tut sich vor ihr auf: Die Straßen sind sauber und adrett gepflegt, die Gebäude modern und viel zu groß für die wenigen, die darin wohnen. Die Menschen sind gut gekleidet und selbstbewusst; sie scheinen alles zu haben, was man braucht, und mehr. Die kleinen Mädchen tragen keine Rüschchenkleider, Lackschuhe und riesige rosafarbene Schleifen im Haar, sondern Jeans, Sneakers und freche Frisuren. Die Jungen sind Rabauken in neuen, ordentlichen Hosen. Sie haben Hunde und Katzen und ihre Mütter duften nach Parfum. Ihre Väter haben nicht nur ein Auto, sondern zwei. Sie haben nicht nur eine Puppe, sondern fünf und ein Spielzeughaus noch dazu. Die Kuchen und Bonbons, die sie essen, sind weniger süß, aber viel schmackhafter; jedes hat ein anderes Aroma. Die Gastfamilie veranstaltet eine Party, als eine der Töchter Geburtstag hat, und Julia wird schlecht, weil sie alles probiert. Man sagt ihr, dass sie vorsichtig sein soll, aber es ist wie mit allem in dem fremden Land: Sie versteht die freundlichen Menschen nicht. Niemand hier spricht ihre Sprache und sie kann kein einziges Wort Französisch. Sie lernt schnell, und Kinder verstehen einander problemlos über die Grenze der Sprachen hinweg, aber immer, wenn es wichtig wird – immer, wenn Erwachsene beteiligt sind –, ist Julia vollkommen auf sich und ihre Intuition und Kombinationsgabe angewiesen.

Manchmal geht es gut, und manchmal geht es eben schief.

An einem sonnigen Wochenende hat Jean-Paul, der Gastvater, eine besondere Überraschung für die kleine Besucherin aus der Ukraine. Als der große, neu riechende Wagen anhält, steht Julia im Hof eines Schlosses. Unter ihren Schuhen knirscht der Kies. Ihre neuen Freundinnen laufen sofort los, um die Welt zu entdecken. Julia betrachtet staunend das riesige alte Gebäude mit den Steinfiguren und Brunnen. Jean-Paul weiß schon, dass das hübsche kleine Mädchen mit den fragenden blauen Augen ihn oft nicht versteht. Doch an diesem Tag geht seine Begeisterung für das, was er ihr zeigen will und was er mit seiner Familie mehrfach im Jahr besucht, mit ihm durch. Stunde um Stunde laufen sie durch weite Hallen, prunkvolle Gemächer, endlose Flure, fahren über Landstraßen von einem sagenumwobenen Gebäude zum nächsten, gehen durch Gemäldegalerien und über geschwungene Freitreppen, fahren weiter durch die liebliche französische Landschaft bis zum nächsten Lustschloss eines toten Herrschers.

Jean-Paul ist ein wahrer Patriot, und als solcher wird er dem Kind aus Tschernobyl in Erinnerung bleiben, das mit seiner Familie ohne Luxus in einer beengten Wohnung mit häufigen Stromausfällen lebt und dessen Eltern es in einer *komunalka* in die Welt gesetzt haben. Er zeigt ihr die schönsten Schlösser seines Landes, er erzählt ihr mit Händen und Füßen gestikulierend und anhand prächtiger Gemälde und kunstvoll verzierter Möbel die Geschichte der *Grande Nation*.

Julia tun die Füße weh.

Als sie am Abend todmüde zurückkommen in das moderne Heim der Familie, sagt Julia leise: »Ich möchte nach Hause.«

Die Gasteltern nehmen ein Wörterbuch zu Hilfe; mehr als die Grundbegriffe der Versorgung haben sie sich bisher nicht aneignen können. Ihr guter Wille stößt an schier unüberwindbar scheinende Grenzen – Julias Sprache ist schwieriger, als sie dachten. Mit dem kyrillischen Alphabet allein ist es nicht getan.

»Ich möchte nach Hause, bitte!«, sagt Julia, diesmal mit Tränen in den Augen und mehr Nachdruck in der Stimme.

Die Erwachsenen sehen einander sprachlos an. Dann reden sie beide gleichzeitig auf das Kind ein, versuchen es in den Arm zu nehmen. Julia schüttelt die ihr fremd gebliebenen Menschen ab, sanft, aber bestimmt, sie will niemandem wehtun. Mit ihren acht Jahren weiß Julia schon, dass diese Leute helfen wollen, sich um sie kümmern, für sie da sein und ihr die schönsten Wochen ihres Lebens bereiten möchten. Warum, ist ihr nicht ganz klar; doch sie weiß, Jean-Paul und Fanny sind nicht schuld an ihrem Heimweh. Auch die Schlösser sind nicht schuld.

Jahre später wird die Erwachsende an die unglückliche Kleine vom Sommer 1991 zurückdenken und mit einem traurigen Lächeln den Kopf schütteln, Jahre später, wenn Julia kaum etwas so gerne macht wie reisen. Jetzt läuft sie davon, die Treppe hinauf und in ihr Zimmer, wirft sich auf ihr Bett, schläft ein vom verzweifelten Weinen eines erschöpften Kindes. Sie möchte wieder unkompliziert mit Menschen plaudern, die ihre Sprache sprechen. Sie möchte wieder wie ein normales Kind behandelt werden. Sie möchte wieder mit Anna streiten und zur Schule gehen. Und sie möchte keine Schlösser mehr sehen.

Vier Wochen, nachdem sie in Frankreich angekommen ist, setzen Jean-Paul und Fanny das Kind wieder ins Flugzeug zurück in die Ukraine. Julia tritt im Schutz einer anderen Gruppe die Rückreise an, deren drei Monate in Frankreich bereits zu Ende sind. Die Gasteltern fragen sich, was sie falsch gemacht haben, wo sie es doch so gut meinten. Sie fragen sich, warum dieses Mädchen zurück will in sein schwieriges Heimatland, während es bei ihnen alles haben kann, was es will. Sie kehren trotz ihrer eigenen Kinder in ein seltsam leeres Haus zurück, weil sie sich noch nicht von dem Gedanken gelöst haben, das arme benachteiligte Kind aus Tschernobyl für drei Monate bei sich aufzunehmen.

Julia schaut aus dem Flugzeugfenster und kann es kaum erwarten, heimzukommen. Nirgendwo scheint es ihr schöner zu sein.

Mit leeren Händen

Kiew, Sommer 1991

Als Vladimir an diesem Sommertag von seinem Untersuchungstermin zurückkommt, sieht Irina ihm sofort an, dass es nicht gut gelaufen ist. Er setzt sich in der Küche auf einen Stuhl, schüttelt wortlos den Kopf und lässt sich von Ira ein Glas Wasser geben.

»Was ist mit deinem Herz?«, fragt sie schließlich. »Was hat die Ärztin gesagt?«

Er sieht sie an, lacht spöttisch auf. »Ich bin kerngesund!«

»Schön!«, sagt sie bitter. Unter den *tschernobylzy* ist die mangelnde Unterstützung durch die Ärzte eine Geschichte von unendlicher Frustration. Sie setzt sich zu ihm. »Wie kommt die Ärztin zu dieser Diagnose?«

Seit fünf Jahren leidet ihr Mann an ständiger Erschöpfung und wacht nachts mit Herzrasen auf. Soll das keine Ursache haben? Sie wäre nur zu glücklich, wenn er es sich einbilden würde! Doch sie kennt ihren Volodja gut genug, um zu wissen, dass er vor jeder Erkrankung lieber flieht, als bei ihr Zuflucht zu suchen.

Es war heute das neunte oder zehnte Mal, dass Vladimir einen Ausdruck seines Herzschlages hat machen lassen. Er ist wegen Geschwüren operiert worden und kommt mit seinen vierunddreißig Jahren keine zwei Etagen hoch, ohne zu keuchen. Aber alle Untersuchungen wurden bisher auf seine eigene Veranlassung hin unternommen. Die Ärzte scheinen es ihm beinahe zu verübeln; nur misslaunig und unwirsch nehmen sie seine unerschrockene Hartnäckigkeit hin und sein unzeitgemäßes Verantwortungsgefühl sich selbst gegenüber. Er lässt sich niemals abwimmeln, hat vor niemandem in Weiß mehr Respekt, es sei denn, derjenige hat ihn sich bei ihm erworben. Aber das kommt selten vor.

»Die Ärztin saß nur eine Armlänge von mir entfernt«, erzählt Vladimir, »aber ich hatte den Eindruck, dass ich für die gar nicht im selben Raum war! Sie hat mich kaum angesehen. Man kommt sich vor wie ein Nichts, ein Niemand, wenn man mit seinen Sorgen so behandelt wird.«

Die Ärztin trug einen Kittel über hochgeschlossener Bluse, hatte ihre ungepflegten grauen Haare zu einem Knoten zusammengesteckt und sah Vladimir nur flüchtig über den Rand ihrer Brille hinweg an. Er zog sich sein Hemd wieder an und kämmte sich mit den Fingern die Haare, setzte sich schließlich auf den Besucherstuhl am Schreibtisch, obwohl sie ihn nicht dazu aufgefordert hatte, und wartete. Der Ausdruck seines Kardiogramms floss aus dem Drucker und ratterte dabei gleichmäßiger, als es Vladimirs Herz eben getan hatte.

Schließlich riss sie den Ausdruck aus der Maschine und breitete ihn vor sich auf dem Tisch aus, rückte ihre Brille zurecht, nahm einen Stift zur Hand, beugte sich über die Aufzeichnung und schwieg. Vladimir rückte mit seinem Stuhl um die Tischecke herum, so dass er fast neben der Frau saß. Sie warf ihm einen kritischen Blick über den Rand ihrer Brille zu, sagte aber nichts.

Selbst aus seiner leicht verschobenen Perspektive konnte Vladimir erkennen, dass sein Herz nicht gleichmäßig geschlagen hatte, als er an den Elektroden angeschlossen war. Er konnte spüren, wie es hüpfte und kroch und wild pochte, jedes unerwartete Mal einen Stoß in seiner Brust verursachend, der ihm über die Jahre immer mehr Unruhe bereitet, wenn nicht gar Angst.

»Nun, das ist ja alles völlig normal«, verkündete die Medizinerin in der herrischen Art, die manchen sowjetischen Ärzten zu eigen ist. Dabei fuhr ihr Stift mit dicker Linie über die aufragenden Spitzen der Messung, die weit über den durchschnittlichen ruhigen Schlag seines Herzens hinausgingen. »Alles völlig normal! Das habe ich Ihnen doch gleich gesagt. Ich weiß gar nicht, was Sie wollen!«

»Moment mal!« Vladimirs Stimme war rau. »Was machen Sie denn da? Sie streichen doch nicht etwa einfach die Messungsspitzen heraus? Darauf basiert dann Ihr Bericht? Das ist meine Krankheit, was Sie da wegstreichen!«

»Na und! Was für eine Krankheit überhaupt? Sie haben keine Krankheit! Sie sind kerngesund und bilden sich das nur ein. Finger weg von meinem Kardiogramm!«

»*Ihr* Kardiogramm? Doch wohl eher meins! Und Sie sind dabei, die Ergebnisse zu verfälschen!«

»Was verstehen Sie denn schon davon! Sie haben doch keine Ahnung von Computern!«

»Das brauche ich dazu auch nicht.« Er stand auf und nahm sein Jackett von der Stuhllehne. »Ich habe Augen im Kopf und es ist mein Herz, das da geschlagen hat, deshalb weiß ich, wie es schlägt. Und ich weiß, dass Sie Untersuchungsergebnisse manipulieren.«

»Unsinn.« Ihre Stimme war nicht mehr ganz so herrisch. Prüfend sah sie ihn an. Dann nahm sie das Kardiogramm, rollte es zusammen und ließ es in ihrer Schublade verschwinden.

Offiziell existieren die Krankheiten der Liquidatoren nicht. Nur wenige Ärzte nehmen die bei allen Betroffenen merkwürdig ähnlichen Symptome ernst. Auch wenn ihre Arztberichte sie nicht schwarz auf weiß mit dem früheren Arbeitsplatz der Männer und Frauen und der Katastrophe von Tschernobyl in Verbindung bringen dürfen, versuchen diese wenigen Mediziner dennoch, die Beschwerden ihrer Patienten zu lindern. Beheben können sie sie in den seltensten Fällen. Eine Lunge, die eines Nachts kollabiert; ein Herz, dass zum Bersten rast und plötzlich aufhört zu schlagen; ein Krebs, der herausgeschnitten wird und ein halbes Jahr später mit Metastasen in anderen Organen und mit größerer Aggressivität wieder auftaucht; eine Seele, die sich verdüstert und eines Tages gar kein Licht mehr zulässt – die Ärzte stehen mit leeren Händen da. Wie die Betroffenen selbst.

Vor kurzem hatte es eine Umfrage unter allen aus Prypjat und Tschernobyl Umgesiedelten gegeben. Irina fragte nicht, wer sie in Auftrag gegeben hatte. Die Regierung hat Befugnisse genug, alle nur möglichen Informationen im Leben ihrer Bürger anzufordern. Man nimmt es zur Kenntnis und gibt Auskunft.

Allen im Haus wurden Bögen ausgehändigt, die sie ausfüllen und beim für ihren Stadtteil zuständigen Gesundheitsbüro abgeben sollten. Es wurde nach ihren genauen Aufenthaltsorten am 26. und 27. April 1986 gefragt und nach gesundheitlichen Problemen in der Zeit danach: Wie oft waren Sie nach der Katastrophe im Krankenhaus? Welche Diagnosen wurden gestellt, welche Medikamente verabreicht? Haben Sie sie vorschriftsmäßig genommen? Haben Sie Lebensmittel gegessen, die an diesem Tag feilgeboten wurden? Wie alt waren die Kinder, wo haben sie sich aufgehalten, haben sie am 26. und 27. April im Freien gespielt? Haben Sie und Ihre Kinder die Jodtabletten eingenommen, die verteilt wurden?

»Sie wollen herausfinden, wie hoch die Strahlungsdosis war, die wir abbekommen haben«, hatte Vladimir vermutet.

Irina erinnerte sich beim Ausfüllen der Bögen gut an jenes Wochenende, an dem Volodja sie und die Mädchen in der Wohnung eingesperrt hatte. Wortlos umarmte sie ihn, ehe sie sich wieder den endlos scheinenden Fragenkolonnen zuwandte.

»Und der Staat will mit diesen tausend Fragen den Eindruck erwecken, dass etwas geschieht und man unsere Probleme ernst nimmt«, vermutete Vladimir. Doch Irina hatte nicht mehr den Eindruck gehabt, dass das der Fall war.

In diesem Jahr 1991 – fünf Jahre nach der Katastrophe – verabschiedet die Duma in Moskau das Gesetz über die Behandlung der ehemaligen Einwohner Tschernobyls und Prypjats und der ihnen zu gewährenden Leistungen und Vergünstigungen. In seinem Zuge werden drei Gruppen von Invalidität nach einem System festgestellt, das sich an der Häufigkeit der absolvierten

Krankenhausaufenthalte orientiert. Da Vladimir lediglich in unvermeidbaren Fällen Ärzte aufsucht und nicht, wie viele seiner Leidensgenossen, jeden Monat Hilfe in Anspruch nimmt, wird ihm nie ein Invalidenstatus zuerkannt.

Der Mann aus der usbekischen Wüste, Sohn einer aus ihrer Heimat vertriebenen Mutter, ist stolz darauf. Er hat Tschernobyl überstanden. Es hat ihn nicht zum Krüppel gemacht.

Allen Kindern aus der *Zone* wird automatisch der Status der dritten – einer leichter betroffenen – Gruppe zuerkannt. Sie bekommen dadurch bei der Schulspeisung mehr Gemüse und einen Apfel zum Nachtisch, ein Glas Fruchtsaft und nicht nur dünnen Tee, Suppe und *plov*, mit welchen die anderen Kinder versorgt werden. Gleichzeitig schlägt ihnen Neid und Missgunst entgegen, sie müssen auf ihre Teller und Gläser aufpassen, damit sie ihnen nicht eines der anderen ständig hungrigen Kinder wegschnappt, wenn sie einen Moment nicht aufmerksam sind. Obwohl Anna schon bald ihre ältere Schwester in Größe und Stärke eingeholt hat, behält Julia ihr Privileg, für die Kleinere zu kämpfen, sich deren Apfel zurückzuboxen und allzu frechen Klassenkameraden in der Speisehalle eine Backpfeife zu versetzen, wenn sie ihrer Schwester etwas weggenommen haben. Aber es ist ein ständiger Stress: Während Julia dem einen hinterherjagt, stibitzt ihr ein anderer ihren eigenen Fruchtsaft. Man muss kämpfen im Leben, das weiß Irinas Töchterchen längst, und manchmal, selten, gewinnt man auch.

Vladimir atmet tief ein und aus, entspannt zurückgelehnt, die Hände flach auf den Oberschenkeln. Sein Herz rast, und Irina sieht es ihm an und legt eine Hand auf seine. »Wenigstens rast mein Herz gleichmäßig«, sagt er lächelnd. »Du hättest mal die Ausschläge sehen sollen, die es während der Messung zu Protokoll gegeben hat. Wann passiert das schon, dass man unregelmäßig vorkommende Beschwerden hat – und sie treten tatsächlich in dem Moment auf, wenn ein Arzt sie untersucht?«

Und wann, spinnt Irina seinen Gedanken weiter, passiert es schon, dass der Arzt, der Zeuge dessen, was so selten protokollreif geschieht, einen Stift nimmt und alles ausradiert? Als wäre es nicht geschehen?

Oft, denkt Irina, es muss wohl oft passieren.

Vladimir wartet, bis sein Herz sich beruhigt, und Irina wartet mit ihm. Weil sie nichts Vorrangiges zu tun hat. Weil es nichts Wichtigeres gibt. Weil sie nicht immer bei ihm sein kann, wenn sein Körper ihn an die Jahre als Liquidator gemahnt. Weil sie es nicht immer weiß. Weil es gut ist, wenn sie es weiß und einfach mit ihm warten kann, bis es besser wird.

»Du lässt mich nicht im Stich«, sagt Vladimir leise, drohend, an sein Herz gewandt. »Du nicht.«

Dass sie kämpfen können, sie beide, ist ihr einziger Trumpf in diesem bitteren Spiel.

Im Dezember 1991, ein halbes Jahr nach diesem Vladimir kränkenden Erlebnis, zerbrach das sowjetische Reich; die Ukraine hatte sich bereits im August zum selbstständigen Staat erklärt. Aber es dauerte weitere zwölf Jahre, bis das ukrainische Gesundheitsministerium bekannt gab, dass die Zahl der als krank anerkannten Liquidatoren zwischen 1987 und 2002 von 21,8 Prozent auf 92,7 Prozent gestiegen war. Vladimir Wachidow gehörte somit zu jenen 7,3 Prozent, die »gesund« waren. Folglich stand ihm auch keine Rente zu. Der angeschlagene Mann lebte so gesund wie möglich, wobei ihm seine Abneigung gegen Alkohol und die selbst auferlegte Zigaretten-Abstinenz halfen. Nur mit Tauchen und Schwimmen wollte es nichts werden.

In einem Land fast ohne soziale Sicherungssysteme, in dem jeder bereit ist, auch die schlechtbezahltesten Jobs zu übernehmen, geht es einzig ums Überleben. Freizeit? Fehlanzeige. Ein Besuch im Schwimmbad, der nur dazu dient, die Gesundheit zu pflegen? Purer Luxus! Und obendrein viel zu teuer. Das wenige Geld, das zur Verfügung steht, wird gebraucht, um die notwendigen Dinge des Alltags zu bezahlen.

Um im Anschluss an seine Zeit als Liquidator überhaupt eine Stelle zu bekommen, musste Vladimir stundenlang durch die Stadt zu einem Arbeitsplatz fahren. Die Kollegen beäugten den eigenwilligen Abstinenzler zudem argwöhnisch. Wie zu alten Zeiten zählte nur ein Mann als Mann, der standfest dem Wodka zusprach. Wer diese Spielregel nicht einhält, gilt auch heutzutage als Außenseiter.

Dennoch fasste die Familie mit der Zeit Tritt in der Millionenstadt Kiew. Über die Ereignisse von Tschernobyl wurde möglichst selten gesprochen. Entsprechend Vladimirs schon früh ausgegebener Losung: nicht zurückblicken!

Es sei denn, es ließ sich nicht vermeiden. Von solch einer Begebenheit erzählte mir Julia, als ich mich mit ihr in einem Café in der Kiewer Altstadt traf.

Prometheus

Kiew, November 1992

Im ersten Moment kann Julia mit den Worten der Lehrerin nicht viel anfangen.

»Ich möchte«, hatte die Lehrerin gerade gesagt, »dass ihr malt, wie ihr euch Prypjat vorstellt. Oder Tschernobyl. Je nachdem, worunter ihr euch mehr vorstellt oder woran ihr euch besser erinnert. Aus den besten Bildern werden wir eine Ausstellung hier in der Schule gestalten, zu der eure Eltern und eure Freunde kommen können. Ihr habt diese und die nächste Unterrichtsstunde Zeit dazu.«

Hinter ihrem Pult verborgen beobachtet die Lehrerin durch ihre große Brille mit den dicken Gläsern ihre Schülerinnen und Schüler. Alle stammen aus der verlassenen Stadt Prypjat. Dreißig Kinder, die vor sechs Jahren aus der Zone um Tschernobyl evakuiert wurden. Jetzt sind sie neun Jahre alt, und viele können sich kaum mehr an das verwirrendste Ereignis ihrer Kindheit erinnern. Für viele war es nicht einmal das Schlimmste, was ihnen passieren konnte. Seit jenem Tag haben sie mehr verloren als nur ihr Zuhause und ihr Urvertrauen in eine sichere Umgebung: Viele Väter waren Liquidatoren in Tschernobyl und leben nicht mehr.

Papier und bunte Stifte sind inzwischen kein *defizit* mehr, aber für manches der Kinder ist das Vergnügen an den Stiften dennoch größer als das Gefühl für die Aufgabe. Sie sitzen da und malen bunte Blumen und Fantasietiere, bis sie plötzlich damit aufhören und sich umsehen, als erwachten sie gerade aus einem Traum. Dann schieben sie klammheimlich das oberste Blatt unter die anderen und sitzen mucksmäuschenstill vor dem nächsten weißen Bogen.

Prypjat, Tschernobyl ... Julia sieht aus dem Fenster in den grauen Novembertag und denkt an ihren Papa, der oft hustet, ein paar Mal fort war, weil er operiert wurde, und manchmal Probleme hat, die zwei Etagen zu ihrer Wohnung hinaufzusteigen. Sie hat Bruchstücke von Gesprächen ihrer Eltern mitgehört, die Anja noch nicht interessieren und von denen ihre Eltern denken, dass auch Julia sie noch nicht erfasst. Aber sie hat längst begriffen, dass alles in ihrem Leben irgendwie mit dem Wort Tschernobyl zusammenhängt. Und nicht nur in ihrem eigenen Leben gibt es nichts, was nicht damit zu tun hätte: Auch ihre Mitschülerinnen und Mitschüler kennen das Gespenst. Sie haben seltsame Beschwerden und Krankheiten, deren Namen sie nicht aussprechen können; sie sind Halbwaisen oder haben kranke, schwache Väter und traurige Mütter, für die sie Besorgungen und kleine Hilfsdienste leisten, so gut sie können; sie besitzen abgetragene Kleidung und Schuhe mit losen Sohlen, weil ihre Eltern nicht arbeiten und Geld verdienen können. Sie wissen nicht, woran all das liegt, wie es heißt und was sie davon halten sollen. Aber es gehört zu ihrem Leben und ist ein mysteriöser Teil von ihnen.

Julia schließt die Augen.

Sie läuft über den Spielplatz vor ihrem Haus in Prypjat. Es ist eine breite Straße, an der das Haus steht, und nur ganz wenige Autos fahren sie entlang. Der Spielplatz ist bunt und neu und groß, mit hellem, warmem Sand. Sie geht an der Hand ihrer Mutter durch die Straßen. Es ist Frühling, die Sonne kitzelt auf ihrer Haut. Sie trägt geschnürte weiße Lackschuhe, die ein wenig drücken, und ihre schulterlangen Haare sind mit einem rosafarbenen Band zusammengebunden. Ein Hund läuft an ihr vorbei und sie lässt ihre Hand über sein Fell gleiten. Es duftet nach etwas Süßem, jemand verkauft Bonbons. Ihre Mutter kauft ihr eine kleine Tüte. Sie wirft einen Blick in den Kinderwagen, in dem Anja schläft. In Julias Ohren rauscht Wasser. Sie sucht die Straße ab. Als sie auf den großen Platz am Ende der breiten Allee kommen, sieht sie den Brunnen. Sie schaut zu ihrer Mutter auf, die ihr lächelnd zunickt und ihre Hand loslässt.

Mit unbändiger Freude läuft Julia zur Mitte des Platzes und taucht beide Hände ins Wasser. Sprudelnd und kühl umplätschert es ihre Finger. Sie beugt sich vor und sieht ihr wackliges lachendes Spiegelbild und schaut auf zu der großen bronzenen Statue im Zentrum des Brunnens. Die Figur steht wie eingefroren in einem weit ausholenden Schritt, beide Arme mit der Schale, die das Feuer hält, hoch über den Kopf gehoben wie in ewigem Triumph. Ihr Blick ist fest und unbeirrt nach vorne gerichtet, über Julias Kopf hinweg. Die Flammen aus dem Inneren der Schale scheinen fast halb so hoch aufzulodern, wie die Figur groß ist, als habe der Jüngling sich übernommen mit seinem ungeheuerlichen Vorhaben. Julia weiß, dass in der Schale das Feuer ist, das Prometheus den Menschen bringt. Ihr Vater hat ihr den Mythos erzählt und sie war vom ersten Hören an begeistert. Sie liebt den tapferen Jungen, den selbst der Zorn seines Vaters nicht davon abbringen konnte, den Menschen sein unglaubliches Geschenk zu machen. Ihnen Wärme und Licht in der Dunkelheit zu bringen und Hoffnung. Unter Einsatz seines Lebens, denn seine Feinde waren mächtig …

Julia öffnet die Augen. Vor den beschlagenen Fenstern hat es in dünnen Fäden zu regnen begonnen. Sie senkt den Blick auf ihren Malblock. Sie wird Prometheus malen. Es ist ihre unbelastete Erinnerung an die Stadt, in der sie geboren wurde. Vielleicht, denkt sie, steht er immer noch dort auf dem Brunnen, vollkommen alleine, mit seiner Gabe in der Hand, die ihm niemand abnimmt.

Als das Bild zwei Wochen später in dem für die kleine Ausstellung hergerichteten Raum an der Wand hängt, steht Julia stumm davor und sieht es an. Es ist unverkennbar ihr Prometheus, einsam inmitten des sprudelnden Wassers, den Blick unbeirrt nach vorn gerichtet. Eine winzige Gestalt steht davor, den Blick auf den Betrachter des Bildes gerichtet und eine Hand gehoben, als ob sie winken würde. Ein Lächeln auf dem Gesicht, eine rosa Schleife im schwarzen schulterlangen Haar, in einem karierten Kleid und mit weißen Schnürschuhen an den Füßen, deren einer Schnürsenkel deutlich sichtbar offen ist.

Es gefällt ihr nicht, ihr Erinnerungsbild an Prypjat. Als sie das ihrer Mutter gesteht, weiß Irina sofort, warum ihr Kind sein Werk nicht mag: Es sieht aus, als winke das kleine Mädchen auf dem Bild dem Betrachter zum Abschied zu und sei selbst dort geblieben, beim Brunnen in Prypjat.

Dieser Eindruck würde in der Tat täuschen. Die Julia von heute hat mit der Wahl ihres Berufs ihren Traum wahr gemacht. Sie ist Reisebüro-Kauffrau geworden und nutzt jede sich bietende Gelegenheit, die Welt kennen zu lernen. Während ich ihr in dem Altstadt-Café gegenübersitze, das sich gleich um die Ecke von ihrem Arbeitsplatz befindet, wird mir klar, wann der Grundstein zu dieser Sehnsucht gelegt worden ist. Und vor allem wo: Nicht in Frankreich, sondern in Lampertheim, dem kleinen Ort in der Nähe von Mannheim. Es war im Sommer 1993 …

Neue Freunde

Diesmal sind sie zu zweit. Die Organisation *Kinder von Tschernobyl* hat beide Wachidowa-Schwestern auf ihrer Liste eingeladener Kinder. Als Julia ihre zweite Auslandsreise antritt – die erste für Anna –, ist sie schon zehneinhalb Jahre alt.

Noch heute glänzen ihre Augen, als sie davon erzählt: »Da wusste ich ja schon, dass es ein Privileg ist, verreisen zu dürfen.«

Der kleine innere Seitenblick, den sie auf sich selbst als Achtjährige in Frankreich wirft, entgeht mir nicht. Zum Großwerden gehören nun mal Erlebnisse, die man später gerne noch einmal ausprobieren und anders bewerten würde.

1993 reist sie mit ihrer kleinen Schwester, sie muss auf Anna aufpassen, allein schon dadurch ist alles anders. Und die Gasteltern in Deutschland gehen liebevoll auf die Bedürfnisse der fremden Kinder ein. Heike und Manfred Herberts Tochter Wibke ist etwa im Alter der beiden Ukrainerinnen, ihr Sohn Jonas etwas jünger. Heike hatte sich auf eine Anzeige des Vereins *Kinder von Tschernobyl* gemeldet, der Gasteltern suchte, und ein Bild von Anja gesehen. Spontan entschlossen sie sich, auch Julia einzuladen, die Wibke um einen Kopf überragt.

Mutter und Tochter Herbert eignen sich so viele russische Wörter an, wie sie sich nur merken können; sie wollen den Aufenthalt ihrer beiden Besucherinnen zu einem Erfolg machen. Und das gelingt ihnen: Sie fahren ins malerische Heidelberg, besuchen eine Burg mit Falknerei, wandern durch den Naturpark Felsenmeer und gehen ins Schwimmbad.

Diesmal will Julia nicht vorzeitig zurück in die Heimat; sie genießt alles in vollen Zügen. Offen und neugierig erobern Julia und Anna das Neue für sich, und ebenso ergeht es ihnen mit den Herzen ihrer neuen Freunde. Die Lebensart des deutschen Haushaltes wird genauestens beobachtet, und abends in ihren Betten tauschen die Mädchen flüsternd ihre Eindrücke aus.

Kurz vor der Abreise im Oktober richtet Heike zu Annas Geburtstag eine große Feier aus. Alle Kinder aus der ukrainischen Gruppe werden eingeladen, die in dem kleinen Ort, fünfzehn Minuten von Mannheim entfernt, auf verschiedene Familien verteilt sind. Es gibt einen richtigen deutschen Kindergeburtstag mit Kuchen, Spielen und Geschenken, und am Abend fallen die Mädchen spät und vollkommen erschöpft in ihre Betten.

Diesmal gelten die Tränen am Flughafen dem Abschied von den Gasteltern und der neu gewonnenen Freundin Wibke. Aber die Deutschen lassen die Beziehung zu den ukrainischen Mädchen nicht einfach fallen. Über die Jahre schicken sie ihnen Pakete mit Leckereien und schwer erhältlichen Dingen des Alltags, wie es viele Familien tun, die Kinder aus Tschernobyl in ihr Leben gelassen haben.

Im Herbst 1994, mitten in der zusammenbrechenden Perestroika, besuchen Heike und Wibke die Kiewer Familie. Sie gehen mit ihnen auf die mühsame Suche nach defizitären Lebensmitteln und stehen fassungslos vor leeren Regalen in den Läden, erfahren schockiert, dass eine Bettdecke einen ganzen Monatslohn kostet. Sie sitzen an einem wundersam vollen Tisch und kapitulieren vor der unglaublichen Gastfreundschaft der Ukrainer.

»*Tschut-tschut* war das erste Wort, das sie gelernt haben«, erzählt Julia, die sich heute noch gern an den Besuch der beiden Deutschen erinnert. *Tschut-tschut, ein bisschen*, wird einer von Wibkes Lieblingsbegriffen: Nur noch ein bisschen Essen auf ihren Teller, sonst platzt sie!

Denn auch wenn die Geschäfte leer sind, für ihre Gäste tischt Irina wie selbstverständlich auf, was sie finden kann. Das ist eine unumstößliche Tradition! Ich habe es auch erlebt, wie die Tische sich biegen in einem ukrainischen Wohnzimmer, in dem man selbst als Gast aus dem Ausland sitzt. Als mir auch Irina bei anderer Gelegenheit von Heikes und Wibkes Besuch in jenem schwierigen Jahr 1994 erzählt, weiß ich, wie beglückend ein solcher Empfang sein kann – und wie schlecht das Gewissen ist, das er einem angesichts des überall herrschenden Mangels bereitet.

»Das war einfach das Mindeste, was wir tun konnten, um uns erkenntlich zu zeigen«, sagt Irina, als wir über die deutsche Familie sprechen. »Sie haben uns über die Jahre so viel geholfen. Wir haben so viel Neues erfahren durch unsere Freunde. Wie es hinter den Grenzen aussieht. Wie da die Menschen leben und denken; was sie bewegt und wie ihr Alltag ist. Das wussten wir ja alles nicht. Wir waren ja noch nie im Ausland gewesen.«

Das Fernsehen zeigte damals nur ausgewählte Nachrichten über die Welt da draußen. Reisen war ein Luxus, den nur wenige genießen durften.

Es sind die ersten Jahre einer Hilfsleistung, die frei von Vorurteilen und von den künftigen Schatten ist, die früher oder später über viele der organisierten Hilfsreisen nach Deutschland fallen werden. Eine Familie nimmt eine andere als ihre Freunde an und tut ihr Bestes – es ist eine einfache Geschichte. Und wie die meisten einfachen Dinge ist sie der wirksamste Brückenschlag, den Menschen verschiedener Nationen und Lebenserfahrungen zueinander bauen können.

Von dieser gemeinsamen Reise nehmen Julia und Anna mehr mit als das Wissen, wohin sie gehören: Sie haben die ersten stabilen Bindungen an die Welt außerhalb ihres Landes geknüpft.

Ich spüre Julias Unruhe und blicke auf die Uhr. »Du musst zurück ins Reisebüro. Geh ruhig, ich trinke noch meinen Tee aus.«

»Macht dir das wirklich nichts aus, wenn ich dich allein hier sitzen lasse?«

Immer wieder staune ich über die Höflichkeit dieser jungen Frau, die ihren natürlichen Charme nur sehr sparsam einsetzt und sich ausgesprochen elegant kleidet. Ihr weltläufiger Stil unterscheidet sich erheblich von der leider oft wenig geschmackvollen Weise, wie manche Ukrainerin ihre körperlichen Reize zur Schau stellt. Zweifellos war Irina ihr – und auch der wesentlich zurückhaltenderen Anna – ein gutes Vorbild.

Während ich meinen Tee trinke, denke ich zurück an die erste Begegnung mit Irina und Julia. Julia half in jenem Reisebüro aus, das unter anderem auch die Fahrten nach Prypjat und Tschernobyl unternahm. Heute ist unser damaliger Reiseleiter Viktor ihr Chef.

»Wir dachten, wir sind allein«

Beim Einsteigen in den Bus am Stadtrand von Tschernobyl geht mir ein seltsamer Gedanke durch den Kopf: Ich werde sie aus den Augen verlieren, diese Menschen, diese Geschichte. Ich war schon immer ein Sammler von Geschichten, von Schicksalen. Vielleicht bin ich an diesem Ort, so nah am Horror des 26. April 1986, um hier etwas zu finden, das ich nicht einfach wieder hergeben darf. Wessen Geschichte es ist, die ich kennen und verstehen möchte, habe ich längst entschieden.

Der kleine Pulk Reisender hat sich vor der Tür des klapprigen Busses versammelt. Ein letzter Blick auf die menschenleere Landstraße, die verlassenen zweistöckigen Häuser, die ein paar Meter zurückgesetzt am verwilderten Straßenrand stehen. Das Denkmal für *die Männer, die die Welt gerettet haben*, versperrt nun der Bus unseren Blicken. Links und rechts ist nur noch die schnurgerade Straße zu sehen, die Prypjat mit Tschernobyl verbindet. Und Tschernobyl mit dem Rest der Welt. Nach Tschernobyl sind zu Beginn der neunziger Jahre Menschen zurückgekehrt; heute hat es sich erneut zum Verwaltungszentrum der Dreißig-Kilometer-Zone entwickelt. Forschungszentren haben sich hier niedergelassen. Von der direkten Verstrahlung am Tag des Unglücks war es weniger betroffen als Prypjat, das der vollen Wucht der tödlichen Wolke ausgesetzt war.

Viktor, unser Reiseleiter, steht neben dem Bus und verfolgt aufmerksam den Einstieg seiner Gäste; niemand darf vergessen werden, zurückbleiben, nur weil er noch einmal zum Denkmal zurückgegangen ist oder ein paar Schritte auf das verlassene Grundstück dahinter gemacht hat. Die Frau mit den hochtoupierten Haaren und dem Geigerzähler steht hinter dem Busfahrer und hat sich zu ihm vorgebeugt, um ein paar Worte mit ihm zu wechseln, vermutlich zu den Einzelheiten der Fahrt, die vor uns liegt.

Dem jungen Mädchen mit den glänzenden schwarzen Haaren unter einer Baseballkappe, das in Prypjat geboren wurde – Julia –, reicht Viktor galant die Hand, um ihr beim Einsteigen zu helfen. Sie lächelt und wechselt ein paar Worte mit ihm.

Viktor hat uns erzählt, dass er bereits im Mai 1986 zum ersten Mal in Prypjat war – damals selbst als Fahrer eines Busses. Er brachte eine Gruppe von Sängern und Musikern in die evakuierte Stadt, welche die Stimmung der zurückgebliebenen Arbeiter und Helfer aufmuntern sollten. Er hielt das damals für eine sinnvolle Sache. Und er wollte mit eigenen Augen sehen, was dort geschehen war, worüber alle schwiegen. Viktor verschwendete keinen Gedanken an die radioaktive Strahlung und die Gefahr, der er sein Leben aussetzte; davon wusste er so gut wie nichts. Vielleicht hatte man ihn deshalb für jene Kamikazefahrt ausgesucht, ihn oder einen anderen beliebigen Mann, der einen Bus fahren konnte und keine Ahnung hatte, wohin er ihn an jenem Tag steuerte.

Viktor muss in kürzester Zeit von einem knapp zwanzigjährigen jungen Kerl voller naiver Neugier und Abenteuerlust zu dem Erwachsenen geworden sein, der er heute ist: Ein Mann, der es als seine Aufgabe betrachtet, denjenigen, die es wissen wollen, von der Tragödie Tschernobyl zu berichten. Er ist ein Augenzeuge der unmittelbaren Folgen, einer, der nicht gestorben ist. Er kann die Male nicht mehr zählen, die er die Fahrt hierher nun schon gemacht hat mit immer demselben alten Bus, der zu keinen anderen Fahrten mehr herangezogen werden kann.

Hinter Julia steigt ihre Mutter in unseren Transporter, auch sie assistiert von Viktor. Ihre kastanienbraunen Haare leuchten rötlich in der Sonne. Sie nimmt die Brille ab und lächelt Viktor an.

Ich werde sie aus den Augen verlieren, denke ich erneut. Diese Geschichte, diese Menschen, denen ich nie wieder begegnen werde.

Die Sonne hat den Bus aufgeheizt; es ist stickig und warm. Die ausgeblichenen Vorhänge sind teilweise zugezogen. Ich setze mich in die Reihe hinter Julia und Irina, mein Freund sich auf den Platz neben mich. Während wir über die leere Landstraße durch die *Zone* fahren, sitzen alle mehr oder weniger stumm auf ihren Plätzen. Ihre Blicke schweifen über die helle Landschaft. Einige ziehen die Vorhänge nach und nach ganz zu, sperren die leblos wirkenden Wälder und Wiesen da draußen aus, und die letzten Gespräche versiegen. Es ist, als sitze man in einer unscheinbaren Raumkapsel und bewege sich zwischen zwei Welten, von sauerstoffarmer Wärme und stundenlangem Aufnehmen intensiver Eindrücke wie narkotisiert.

Wenn ich jetzt ebenfalls einschliefe, würde ich nachher einfach in meiner eigenen Welt wieder aufwachen; ich könnte mir vorstellen, dass das, was ich hier gesehen habe, nur ein Albtraum war und niemals geschehen ist. Doch mir ist nicht nach Schlafen, denn es *ist* geschehen.

Als Julia ihrer Mutter eine kleine Wasserflasche reicht und Irina sie ihr nach ein paar Schlucken zurückgibt, beuge ich mich vor.

»Entschuldigung.« Ich sage es leise, auch wenn das Motorengeräusch meine Stimme beinahe schluckt. »Darf ich Sie stören?«

Beide Frauen drehen sich in ihren Sitzen um. Irina runzelt die Stirn und lächelt gleichzeitig; es ist der Gesichtsausdruck, mit dem sie höflich bleibt, ohne ihre Distanz aufzugeben. Julia lächelt mit der Aufgeschlossenheit einer jungen Frau, die in ihrem Leben viel mit Fremden zu tun hat und ihrer nie überdrüssig wird. Die Reserviertheit und Arroganz, mit denen sich so viele ihrer jungen Landsleute aus der ersten Nach-Diktaturgeneration wie mit einem Schutzpanzer umgeben, sind ihr vollkommen fremd.

»Natürlich«, antwortet Irina, »aber Sie können gar nicht stören. Wir tun ja gerade nichts!« Sie lacht leise und ich denke, wie seltsam doch dieses Lachen ist, hier an diesem Ort, und doch wie berechtigt. Das Leben ist weitergegangen. Nur wie?

Wir stellen uns einander vor.

»Sie waren hier zu Hause, nicht wahr?«, frage ich die beiden. »Sie wurden evakuiert?«

»Am 27. April. Vor fast genau achtzehn Jahren.« Die beiden Falten zwischen Irinas Augenbrauen verschwinden; sie dreht sich so in ihrem Sitz, dass sie sich bequem mit uns unterhalten kann. Einen Moment lang sieht sie mich an, dann kommt eine Frage, mit der ich nicht gerechnet habe: »Warum sind Sie hierher gekommen? Sie sind Ausländerin – tut mir Leid, aber Ihr Akzent verrät Sie. Was hier passiert ist, hat doch nichts mit Ihnen zu tun.«

Ich schüttle den Kopf. »An den Tag damals kann ich mich noch sehr gut erinnern. Das ist etwas, das uns alle angeht. Es ist kein rein ukrainisches Problem, wissen Sie.«

»Es ist gut, wenn Ihr Ausländer hierher kommt und etwas darüber wissen wollt. Es wundert mich nur. Wir dachten, wir sind nach so langer Zeit alleine mit diesem Problem«, sagt die mir noch fremde Frau.

Vorne hat der Fahrer das Radio eingeschaltet. Die auf eine unverwechselbare Weise gleichzeitig temporeiche und melancholische ukrainische und russische Popmusik zieht wie ein leichter Luftzug durch den schlafenden Bus.

»Wie oft sind Sie schon zurückgekehrt nach Prypjat?«, frage ich Irina Wachidowa.

Sie lächelt. »Das war das zweite Mal«, sagt sie. »Julia hat mich überredet.«

»Und warum? Warum sind Sie mitgekommen?«

Mutter und Tochter sehen einander an, als hätten sie sich diese Frage noch nie gestellt.

»Ich fand, es war Zeit«, sagt Julia schlicht.

Ihre Mutter nickt, langsam, aber nicht zögerlich. »Es sind so viele Jahre vergangen. Ich wollte mit eigenen Augen sehen, was aus unserer Stadt geworden ist. Wir mussten sie so überstürzt verlassen, und ich habe mich immer gefragt, wie es dort jetzt ist, so ganz ohne Menschen. Jetzt weiß ich es. Ich kann vielleicht deswegen nicht besser schlafen, aber man muss die Dinge einfach einmal abschließen.«

Ich sehe von einer zur anderen. Julia sieht ihrer dunkeläugigen Mutter kaum ähnlich; vermutlich kommt sie mehr nach ihrem Vater. Er muss ein gut aussehender Mann sein, denke ich, wenn man von seiner hübschen Tochter auf ihn schließen kann. Wir schauen aus dem Fenster, wo kein Mensch und kein Tier zu sehen sind.

»Wenn ich ehrlich bin«, sage ich, »weiß ich nicht, wie wir in Europa mit einer solchen Katastrophe umgehen würden. Ihr Land ist so groß und weitläufig, und jetzt gibt es dieses ganze Gebiet, in dem niemand mehr leben kann. Für mich war das unvorstellbar, wie man mit so einer Tragödie umgeht.«

»Umgeht?« Irina zieht eine Augenbraue hoch, dann lächelt sie mit einer Spur Ironie. »Ich glaube nicht, dass wir damit umgehen. Wir machen einfach weiter.« Ohne dass ich es weiß, hat sie mir ihre Lebensphilosophie anvertraut, nach der sie seit jenem Tag lebt, der ihr Leben verändert hat.

Wir fahren noch eine halbe Stunde, bis wir wieder den Checkpoint am Schlagbaum passieren, und eine weitere Stunde durch immer dichter besiedeltes Land, bis die ersten Vorstädte Kiews vor den Fenstern auftauchen. Die Menschen im Bus erwachen und setzen sich zurecht, reiben sich die Augen und öffnen die Vorhänge.

Erleichterung legt sich auf die Gesichter: Sie sind in der richtigen Welt aus dem Albtraum erwacht.

Nach dieser Fahrt hätte fast doch die Gefahr bestanden, dass ich Irina und Julia aus den Augen verliere. Das Leben in einer Dreimillionenstadt ist hektisch; es gibt so viele Menschen und Verpflichtungen. Doch irgendwann klappte es und Irina lud mich ein. Ich faltete den Stadtplan auseinander und erschrak. Die Adresse, die sie mir genannt hatte, lag in einem Stadtteil – groß wie eine Kleinstadt –, in dem ich nie zuvor gewesen war. »Das finde ich nie!«, seufzte ich.

Ich sah mich über Autobahnen und Schnellstraßen irren, Abfahrten verpassen und hörte das aggressive Hupen schwerer Geländewagen, die in Kiew jedes kleinere Fahrzeug von der Fahrbahn zu drängen trachten. Wilder Osten, es herrscht das Faustrecht der PS-Kraftmeier.

Ich drehte mich zu meinem Liebsten: »Schatz, hast du morgen schon was vor?«

Mein Freund grinste verschmitzt: »Willst du mich bei eurem Kaffeekränzchen denn dabeihaben?« Ich sah ihm an, dass er genauso gespannt war, die Wachidows kennen zu lernen wie ich.

Am folgenden Tag müssen wir mehrmals fragen, bis wir endlich die Adresse gefunden haben. Trojeschtschina, wo zumindest für mich alle Häuserblocks gleich aussehen, macht es dem Autofahrer nicht leicht. Straßenschilder gibt es nicht. Entweder man kennt sich aus oder findet einen Ortskundigen. Es ist schon sehr hilfreich, wenn man sich zu zweit in diese Welt begibt. Man dirigiert uns in einen der hufeisenförmig ineinander gebauten, von der die Siedlung durchschneidenden Magistrale abgewandten Hinterhöfe, wo Autos neben überquellenden Mülltonnen geputzt werden. Eine Stahltür, ein enges Treppenhaus, schlechte Luft. Im zweiten Stock das namenlose Klingelschild.

Ich hatte Frau Wachidowa am Telefon nicht gefragt, ob ihr Mann noch lebt. So etwas tut man nicht. Und auch zwischen meinem Freund und mir hängt diese Frage unausgesprochen in der Luft.

Mir fällt ein Stein vom Herzen, als ein großer blonder, schlanker Mann von Anfang bis Mitte vierzig die Tür öffnet.

»Irina hat mir viel von Ihnen erzählt«, begrüßt er uns.

In Vladimir Wachidows klaren blauen Augen liegt ehrliches Interesse an uns, den Fremden. Hinter ihm taucht Irina auf und ich spüre sofort, wie ideal sich dieses Paar ergänzt. Es ist die klassische Rollenverteilung: Er ist bereit, die Welt zu erobern, und sie hält ihm dabei den Rücken frei. Irgendwie – und später, als ich ihre Geschichte kenne, werde ich denken: trotz allem – wirkt er jünger als sie. In Vladimir glaube ich noch den Jungen erkennen zu können, der er einmal war. Irina wirkt gesetzter, mütterlicher.

Als wir Irinas und Vladimirs Wohnung in Kiew betreten, erscheint sie mir so wohl geordnet und liebevoll gepflegt, wie ich selten eine gesehen habe in diesem Land. Die meisten Menschen in der Ukraine leben zwangsläufig beengt, zu viele Personen auf zu wenig Raum; nicht selten findet eine *babuschka* gerade noch ein Plätzchen zum Leben in der Loggia. Die Zimmer sind übervoll mit Möbeln, Teppichen, verstaubten Pflanzen, Fotogalerien, Nippes. Dazwischen Pappkartons mit beiseite geräumten Gegenständen, die nirgendwo anders mehr Platz fanden, und über allem immer die unvermeidbaren Deckchen, die alles Unschöne kaschieren.

Die Wohnung, in der Irina und Vladimir vor zwanzig Jahren einen Neuanfang machten, ist hell und klar und freundlich, wie die Menschen, die in ihr leben. In der rotbraunen Schrankwand im Wohnzimmer protokollieren gerahmte Fotografien den Werdegang einer Familie. Den kleinen Balkon hat der Hausherr eigenhändig zu einer verglasten Loggia umgebaut und hier stehen ein paar Pflanzen. Nicht zu viele, aber sehr gepflegte und natürlich hat sich gerade eine Blüte entfaltet, auf die man schon so lange gewartet hat. Noch kenne ich die Geschichte, die sich hinter dieser Flora verbirgt, nicht und bewundere sie, weil auch zwischen meinen vier Wänden allerhand Grünzeug gedeiht.

»Ach, Volodja hatte mal so viele Pflanzen!«, stöhnt Irina. Und ihrem Mann ist es ein bisschen peinlich.

»Das macht heutzutage mehr meine Frau. Und die Töchter«, sagt er nebenbei. Wer lieb Gewonnenes einmal aufgegeben hat, überschätzt es entweder maßlos oder er hängt nie mehr sein ganzes Herz daran. Aber das werde ich erst viel später begreifen, wenn ich die ganze Geschichte kenne.

Der Wohnzimmertisch ist übervoll gedeckt, aber niemand würdigt die liebevoll zubereiteten Speisen richtig. Wenn sich Menschen aus verschiedenen Welten treffen, kommt es entweder zu ratloser Sprachlosigkeit oder man vergisst beim Erzählen alles andere. Bei dieser Begegnung tritt der glückliche Fall ein, dass wir sofort einen Draht zueinander finden.

Monate sind seitdem ins Land gegangen und Irina hat ihre Geschichte meinem Tonband anvertraut. Sie hat mir erzählt, wie sie und Vladimir ihre Töchter großgezogen, die Klippen der Pubertät heil umschifft und zugesehen haben, wie aus Julia und Anna junge Frauen wurden. Und sie sind gesund. Aber die Zeit vergeht, und eine Frau wie Irina denkt manchmal: Da ist noch etwas, was das Leben mir schenken müsste – Enkelkinder. Die jungen Frauen aus Julias und Annas Generation lassen sich mehr Zeit damit, zu heiraten und Kinder zu bekommen, und auch für Julia und Anna ist der Zeitpunkt noch nicht gekommen. Irina wird noch eine Weile warten müssen, aber es ist kein Gedanke, der oft kommt.

Wie bei allen, die Tschernobyl als Hypothek in sich tragen, ist der Gedanke an die Kinder ihrer Kinder von Angst gefärbt. Einer Angst, die Irina nicht oft zulässt. Man weiß nicht, was in den Zellen lauert, die in einem so verwundbar frühen Stadium radioaktiver Strahlung ausgesetzt waren. Irina wünscht ihnen so sehr Liebe, einen Partner, wie sie das Glück hatte ihn zu finden, und vertraut darauf, dass alles gut wird.

Doch plötzlich tritt das Private zurück, weil sich draußen wieder einmal neue Zeiten ankündigen: Im November 2004 kann der mit weit reichenden Vollmachten herrschende Präsident Leonid Kutschma den von ihm selbst auserkorenen Nachfolger Viktor Janukowitsch nicht durchsetzen, weil die vorgeblich demokratische Wahl allzu offensichtlich manipuliert worden war. Das Volk tut etwas Unerhörtes: Es begehrt auf. Aber nicht so, dass Kutschma es einfach niederknüppeln oder sein Freund Vladimir Putin rasch ein paar Truppen aus Moskau schicken könnte, die für Ruhe im Land sorgen. Diese Menschen singen friedliche Lieder und schwenken orangefarbene Tücher und Transparente, mit denen sie ihren Helden Viktor Juschtschenko feiern. Orange ist ihre Revolution, wie ein Sonnenaufgang, wie das Symbol für einen Neuanfang.

In der Wohnung der Wachidows macht man sich Sorgen.

Orangene Zeiten

Kiew, Dezember 2004

Die Wachidows sitzen um den Küchentisch zusammen und es gibt nur *ein* Thema.

»Veränderungen bringen nie etwas Gutes. Wenn eine Regierung wechselt, wird alles nur schlechter statt besser.« Irina lehnt sich auf ihrem Küchenstuhl zurück. Sie hat ihr Statement gemacht, auch wenn sie weiß, dass es nicht gut aufgenommen wird.

Prompt schüttelt Julia den Kopf und beugt sich engagiert vor.

»Aber Mama, schlechter kann es doch gar nicht werden!«, ruft sie. »Sieh dir doch an, wie viele Menschen in unserem Land leben, und wie sich die Reichen die Taschen voll schaufeln, ohne wieder von ihrem Reichtum abzugeben und zu investieren! Unter einer neuen Regierung kann das anders werden.«

»Ich habe schon genug Wechsel erlebt«, beteuert Irina. »Erst hatten wir die Sowjets; da gab es Wohnung, Arbeit und die wichtigsten Lebensmittel, aber Freiheit und Sicherheit gab es keine. Dann kam Gorbatschow und hat die *Perestroika* eingeführt – und was hatten wir davon? Gar nichts! Das Leben wurde schwerer, die Läden waren leer, und tun, was wir wollten, konnten wir trotzdem nicht. Als die Sowjetunion zusammengebrochen ist, war sich das Ausland vielleicht einig, dass das gut war, aber für uns wurden die Zeiten noch unsicherer. Da konnte man dann nicht mal mehr nachts auf die Straße gehen und die Leute fingen an, betteln zu gehen, weil nicht mal mehr das Brot billig war. Was, mein liebes Mädchen, soll ich denn, bitte schön, von der nächsten Regierung erhoffen? Es wird nicht besser! Menschen, die sich ihren Lebensunterhalt ehrlich verdienen wollen, haben es immer schwer. *Vor* den Veränderungen weiß ich, wie mein Leben ist; *nach* den Veränderungen weiß ich das nicht mehr.«

»Du hast zu viel Angst«, erwidert Julia. »Man muss mutig nach vorne schauen und sich auf die Veränderungen einlassen.«

»Ach, haben wir das vielleicht nicht getan?« Irinas flache Hand fällt auf den Tisch, dass es knallt. Alle sehen sie an. »Haben wir uns vielleicht in unseren Wohnungen verkrochen, als die Sowjetunion ging und die *Perestroika* kam und ging und die freie Marktwirtschaft kam und der Reichtum für wenige, aber die Armut für viele? Und der Putsch 1991, haben wir uns da vielleicht verkrochen?«

Unbeeindruckt schüttelt Julia den Kopf, lächelt. »So meine ich das nicht, und das weißt du auch, Mama.«

»Na, es klang so.«

»Julia meint, dass man nicht aufhören darf, daran zu glauben, dass es auch besser werden kann durch eine Veränderung«, mischt sich Anna ein.

Eine ruhige, nachdenkliche Frau ist aus Irinas und Vladimirs jüngster Tochter geworden. Wie meistens gelingt es ihr auch diesmal, die Wogen am heimischen Tisch zu glätten. »Für uns wäre ein Regierungswechsel eine Chance und keine Bedrohung. Wir haben noch nicht eure schlimmen Erfahrungen gemacht.«

Julia nickt und hat ihrer Schwester nichts hinzuzufügen.

Sie waren in den vergangenen Tagen gemeinsam in der Zeltstadt auf dem Chreschtschatyk, der Prachtstraße, die sich über mehrere Kilometer durch das Stadtzentrum Kiews zieht. Seit zwei Wochen lagern hier Demonstranten aus dem ganzen Land und drängen mit ihrer Präsenz darauf, dass ein dritter Wahlgang das in ihren Augen von Regierungsseite massiv gefälschte Ergebnis der vorherigen Wahlgänge zu ihren Gunsten entscheiden wird.

Die Demonstranten haben Militärzelte aufgeschlagen und Notküchen, aus eisernen Öfen steigt Tag und Nacht der Rauch von

Kohlefeuern in die kalte Winterluft auf. Nachts sinkt das Thermometer auf minus zehn Grad und der Schnee liegt wie schwere Zuckerwatte auf den improvisierten Vorrichtungen. Wochen wollen sie hier ausharren; wenn es sein muss Monate. Sie haben ihre Zeltstadt mit einem liebevoll zusammengezimmerten Bretterzaun umgeben, und auf Höhe einer jeden angereisten Gruppe steht auf einem Schild der Name ihrer Stadt. *Uman für Juschtschenko!* steht auf einem der Plakate, *Dnepropetrowsk für Nascha Ukraina!* auf einem anderen, ein weiteres hat die schlichte Parole dieses Wahlkampfes aufgenommen: *Pora! – Es ist Zeit!*, ist darauf zu lesen. Das meistgemalte und meistgedruckte Wort jedoch ist kurz: *Tak! – Ja!*, denn darin sind sie sich einig, die *Orangenen*: ein Ja für gerechte und faire Wahlen.

Mit Herzklopfen sind Julia und Anna in diesen Tagen durch ihre Stadt gegangen, haben beobachtet, wie die Zeltstadt größer und größer wurde, wie immer mehr Menschen aus allen Landesteilen herbeigeströmt kamen, ihre zugigen und dennoch seltsam heimelig wirkenden Behausungen aufbauten und zu verstehen gaben, dass die Regierung eines nicht mit ihnen machen könne: Sie um ihre Stimme betrügen. Kleine verstreute Gruppen der Gegenseite werden in der Stadt gesehen, doch die *Orangenen* gehen freundlich auf sie zu; *orangene* Mädchen reichen den *Blauen*, den Demonstranten der Regierungsseite, einzelne Blumen über die Absperrung von deren Zeltlager, und einige Zeitungen berichten in diesen Tagen von eilig geschlossenen Hochzeiten zwischen Paaren aus gegnerischen Lagern. Auch die Milizionäre, die für Ruhe und Ordnung sorgen sollen, werden mit Blumen beschenkt. Kein Schuss fällt.

Es herrscht eine ruhige Euphorie, und Julia und Anna sind fasziniert von dieser einzigartigen Bewegung, die ihr Land auf die Beine gestellt hat. Und sie sind sich sicher, auf wessen Seite sie stehen. Veränderungen müssen her, und Viktor Juschtschenko, der charismatische Mann mit dem von Gift entstellten Gesicht, ist ohne jeden Zweifel der Richtige. Sie alle haben ihn noch aus seinem Wahlkampf im Herbst als strahlend und gut aussehend in Erinnerung, ein junger Vater, dessen eigene Kinder Perspektiven brauchen, ein Mann mit Visionen. Auf ihn vertrauen sie voller Energie und Zukunftshoffnung, beides auch Gefühle, die nach Jahrzehnten endlich in ihr Land zurückgekehrt sind.

Julias Eltern sind zurückhaltender.

»Selbst wenn Juschtschenkos Partei, die *Nascha Ukraina*, gewinnen sollte«, gibt Vladimir zu bedenken, »schnell geht es auf keinen Fall mit den Besserungen, das könnt ihr mir glauben.«

Er sitzt verkehrt herum auf einem Stuhl, die Arme auf die Lehne aufgestützt, eine nicht angezündete Zigarette zwischen den Fingern. Wie zum Zeichen, dass Normalität eingekehrt ist in seinem Leben, hat er zwar wieder angefangen zu rauchen, moderat und mit Genuss, jedoch nie in der Wohnung. Durch das geöffnete Fenster kommt kalte, klare Winterluft in die zu dieser Jahreszeit chronisch überheizte Küche.

»Das ist egal«, sagt Julia, ihren heißen Tee mit beiden Händen umfassend. »Hauptsache, es passiert etwas. Frischer Wind.«

»Und was ist, wenn die neue Regierung uns unsere Renten streicht?« Ihr Mann und ihre Kinder wissen sofort, was Irina meint.

Seit 1991 beziehen sie und die Mädchen geringe Invalidenrenten, die bereits die alten Machthaber mehrfach zu kürzen drohten. Die Haushaltskassen sind notorisch leer, wenn auch die Mitglieder der Kuschma-Regierung noble Wagen fahren und in schönen Häusern wohnen, ihre Söhne und Töchter finanziell abgesichert haben und man über Konten im Ausland munkelt. Die leidigen Zahlungen an die Flüchtlinge der lange zurückliegenden Katastrophe ergehen unregelmäßig, aber noch gibt es sie. Sie werden als ein Relikt aus der Sowjetunion betrachtet. Unliebsame Verpflichtungen aus einer anderen Zeitrechnung, für welche die neuen Machthaber nicht verantwortlich sind.

»Warum sollten sie sie streichen?« Julia hebt die Schultern und lässt sie abwägend wieder sinken. »Sie wollen die Nähe zu Europa, sie lassen Experten ins Land, die den Sarkophag prüfen. Sie wissen, dass das eine Bedrohung für alle ist. Warum sollten sie uns dabei vergessen und uns unsere Renten streichen?«

»Warum!« Ungeduldig steht Irina auf, schließt das Fenster, wendet sich wieder ihrer Familie zu. »Als ob sie einen Grund bräuchten! Diese Dinge passieren eben. Und wenn eine Regierung Geld braucht – und das tun sie alle –, dann gehen sie immer zuerst an die Schwächsten: die Alten, Kranken und Arbeitslosen. Die können sich nicht wehren.«

Anna nickt. »Ich verstehe, was du meinst. Aber wir können nur abwarten und hoffen, dass es diesmal nicht so ist.«

Irina sieht resigniert ihren Mann an, und sein gelassener Blick verrät ihr, dass er das Gleiche denkt wie sie: Letzten Endes hat Anna Recht. Die Jungen haben Recht.

Julia trinkt ihren Tee und atmet das Aroma ein. Das, denkt sie, ist unser Privileg: hoffen dürfen. Die Generation ihrer Eltern hat gelernt, mit jeder Situation fertig zu werden, jede so hinzunehmen, wie sie kam und das Beste daraus zu machen. Es ist der Fortschritt, das Privileg ihrer eigenen Generation, diese Fertigkeit weiterzuentwickeln, indem sie eine gegebene Situation nicht mehr nur akzeptieren, sondern auf die Straße gehen und versuchen, sie zu verändern. Sie machen Geschichte und lenken selbst die Geschicke ihres Landes mit. Sie sind die erste Generation, die es tut.

Der Albtraum rührt sich und geht wieder

»Wir haben erhöhte Strahlenwerte.«

Es ist ein Satz, der überall auf der Welt demjenigen, der ihn hört, für einen Moment die Sprache verschlägt. Nur dass man an vielen Orten der Welt nur sehr selten damit rechnet, ihn tatsächlich zu hören. Wenn man in Kiew lebt, ist man an den Gedanken gewöhnt, dass jemand diesen Satz sagen könnte. Vielleicht ist man deshalb auch weniger darauf vorbereitet: Man verdrängt diese Möglichkeit.

»Bist du sicher?«, ist das Klügste, was mir einfällt, als mein Kollege, der die täglichen Messungen an der deutschen Botschaft überwacht, mich mit der Neuigkeit überrascht.

Er nickt. »Es wurden heute früh schon erhöhte Werte gemessen, aber es gibt immer eine Fehlermöglichkeit. Ich musste erst Vergleichswerte haben.«

Er misst die gefährliche Gammastrahlung, die Schäden am Erbgut der ihr ausgesetzten Menschen und Spätfolgen wie Krebs verursacht.

»Heute Mittag habe ich noch mal gemessen, und da waren sie wieder erhöht«, fährt er fort.

»Kein Irrtum möglich?«, frage ich.

»Kaum. Wir haben den fünffachen Wert dessen, was normal ist.«

Mein Kollege ist ein gewissenhafter, sorgfältiger Mensch. Er hat mit beiden Geigerzählern, die zur Standardausrüstung der deutschen Botschaft in Kiew gehören, an zwei verschiedenen Stellen gemessen: im Innenhof, wo die Hitze des wärmsten Tages der Woche wie eine weiche Mauer steht, und draußen auf der Straße, wo der Granit unserer Treppe eine natürliche Strahlung abgibt und ein geringfügig anderer Wert angezeigt wird. Beide Male zeigen die Geräte an, dass etwas nicht stimmt.

Vor dem Fenster liegt ein strahlender Freitagmittag. Dieses Adjektiv mag man nun gar nicht mehr benutzen.

Der große Apparat, den unsere Auslandsvertretung darstellt, setzt sich an diesem 27. Mai 2005 langsam in Bewegung. Es wird telefoniert, Informationen werden eingeholt, Freunde und Bekannte mit kleinen Kindern benachrichtigt: »Lasst sie heute mal im Haus. Wir könnten hier möglicherweise ein Problem haben.« Auf alle Nachfragen melden die ukrainischen Behörden Entwarnung, Fehlanzeige: Nichts sei vorgefallen, im ganzen Land nicht, alle Kernkraftwerke funktionieren reibungslos. Eines wurde zwar abgeschaltet und an einem anderen wird gearbeitet, aber es sei nichts Besorgniserregendes, nur Routine.

Wir sind nicht beruhigt. In den maroden Kernkraftanlagen der ehemaligen Sowjetunion ist selbst Routine etwas nicht Alltägliches.

»Warum sollten sie heute anders handeln als vor neunzehn Jahren?« Mein Kollege zieht zweifelnd die Brauen hoch, hebt die Schultern und schüttelt desillusioniert den Kopf. »Oder hast du etwa Vertrauen?«

Ich sehe ihn an. Und denke an das, was damals geschehen ist, und wie es geschehen ist, wie damit umgegangen wurde. »Nein«, pflichte ich ihm bei, »es muss gar nichts heißen, wenn sie sagen, dass alles in Ordnung ist.«

»Eben. Ich mache meine Messungen und dann sehen wir weiter.«

Das Vertrauen ist zu tief erschüttert.

Ein Krisenstab bildet sich, ganz ohne dass irgendjemand ihn zusammentrommelt. Es geht auf Feierabend zu; die anderen Botschaften sind längst geschlossen, die Anrufbeantworter summen freundlich Öffnungszeiten in den Hörer. Es ist Freitag, alle wollen ins Wochenende. Ich auch. Wir sitzen in unserem Bau mit unseren Messwerten und einigen vagen, hereintröpfelnden Gerüchten, dass man auch im Nachbarland Weißrussland erhöhte Strahlung gemessen habe, allerdings schon seit dem Vortag.

Ein neuer Gedanke, nun beinahe belustigt: Vielleicht sind die Ukrainer diesmal gar nicht schuld! Vielleicht kommt es aus einer anderen Quelle.

Das hilft uns wenig. Erhöhte Strahlenwerte – das bedeutet, alles ist in Frage gestellt. Wir wollten nach Dienstschluss in den Biergarten gehen, etwas trinken, die Woche ausklingen lassen, und ich frage mich, ob wir es sein lassen sollten. Wir hatten Pläne für das Wochenende, wollten hinausfahren ans Ufer des Dnipro, grillen, und ich lege im Stillen das Vorhaben bis auf weiteres auf Eis. Der herrliche sonnige Tag hat plötzlich sein Gesicht verändert, wirkt falsch und bedrohlich, als gingen die Menschen auf der Straße alle ihrem Tod entgegen, ohne es zu wissen. Die Fenster sind offen und ich widerstehe nur schwer dem Impuls, sie zu schließen. Der Gedanke an erhöhte Strahlenwerte braucht keinen Beweis; die bloße Vermutung genügt, um sich die permanent vorhandene Gefahr ins Bewusstsein zu rufen. Es kann tatsächlich jeden Tag passieren: Du hast Pläne, du lachst, du streitest, du siehst auf die Uhr, du verabredest dich. Während ein Störfall passiert. Irgendwo auf der Welt. Irgendwo in der zerfallenen Sowjetunion. Irgendwo in Tschernobyl oder Riwne oder Saporishja. Irgendwo ganz in der Nähe.

Ich stütze mich auf die Brüstung, starre in den hübschen Innenhof unserer modernen Botschaft hinunter und denke mit ein wenig Bitternis, dass ich weit gekommen bin in diesen Jahren: Von Bielefeld nach Kiew – und das Damoklesschwert der Radioaktivität bedroht mich weiterhin. Ich weiß, dass diese Welt gefährlich ist. Mein Vater liebte kluge, wenig bedeutende Sprüche wie ›Nichts ist umsonst, nur der Tod, und selbst der kostet das Leben.‹ Man kann mit dem Flugzeug abstürzen oder von einem Lastwagen überfahren werden, an einer Gräte ersticken oder vergessen, den Gashahn zuzudrehen. Jeder hat seinen Albtraum, der ihm realistischer erscheint als ein anderes Szenario. So einfach ist das. Es gibt Menschen, die sich fürchten, einen Raum voller Artgenossen zu betreten.

Mein Alb ist Tschernobyl. Aber ich arbeite daran, ihn zu verscheuchen. Auch an diesem Nachmittag.

Gelassen wartet das Haus auf Entwarnung, und nach einer Stunde kommt sie, zögerlich und basierend auf Informationen aus dem weit entfernten Berlin, wo andere Kollegen über ihren Unterlagen und Geigerzählern sitzen und versuchen, das Problem in Kiew nachzuvollziehen.

»Wir haben eine erhöhte Strahlung, aber sie ist nicht gesundheitsgefährdend. Wir werden das über das Wochenende weiter beobachten«, sagt irgendeiner, dessen Dienstgrad ihn befugt, die Verantwortung für diese Worte zu übernehmen. Ich habe oft genug erlebt, wie leicht Verantwortung sich trägt, wenn man es gewöhnt ist, sie zu tragen; eine einzelne Entscheidung verliert an Gewicht.

Wir schließen unsere Büros ab und gehen nach Hause, durch den *strahlend* schönen Frühlingstag. Ich kaufe mir ein Eis und setze mich mit meinem Freund auf eine Bank im Park. Das Eis schmilzt schneller, als ich es essen kann, und schmeckt nach nicht viel mehr als Zucker, Vanille und Sahne, genau wie es sein soll. Ukrainisches Eis gehört meiner Ansicht nach zu den besten der Welt: süß und unprätentiös und relativ frei von Zusätzen. Man sollte es unbeschwert genießen. Es herrscht eine flimmernde Hitze wie im Hochsommer. Überall blüht und duftet der Flieder; Kiew ist wieder *Die Schöne*. Die ukrainischen Mädchen tragen extrem kurze Röcke und schwindelerregend hohe Stöckelschuhe. Sie halten einander an den Händen, als Stütze in vielerlei Hinsicht, und ignorieren die jungen Männer in ihren schwarzen Hosen und Netzshirts, blank geputzten Schnabelschuhen und protzigen Sonnenbrillen. Die jungen Männer ignorieren ihrerseits geflissentlich die herausgeputzten jungen Frauen. Man fragt sich, wie sie je zusammenkommen bei diesem Spiel.

Sie sehen nicht aus, als ob sie das Gerücht von den erhöhten Strahlenwerten gehört hätten. Aber vermutlich würden sie es genauso gelassen aufnehmen wie meine ukrainischen Kollegen. Ein Achselzucken, ein müdes Heben der Augenbrauen: Na und wenn schon!, scheinen sie zu sagen, kann ich vielleicht irgendwas dagegen tun? Ukrainischer Fatalismus, ukrainisches Phlegma? Eine Stärke oder eine Schwäche? Hilfsmittel in harten Zeiten oder Kern des Verderbens über kurz oder lang?

Ich frage mich, ob sich wirklich etwas verändert hat in den vergangenen zwei Jahrzehnten. Würden sie nicht auf die Straße hinausgehen, wenn man ihnen sagte, es gebe eine Gefahr? Würde man sie besser informieren und mehr respektieren, als man damals ihre Eltern informiert und respektiert hat?

In den nächsten Tagen sinken die Werte wieder. Der Spuk ist vorbei, ich schicke meinen Albtraum schlafen.

Wir leben noch

Kiew, Juni 2005

Auf dem festlich gedeckten Tisch ist kein Fleckchen mehr frei, so voll mit Speisen und Geschirr ist er. In der Mitte steht ein Turm von einer Torte, ein wahres Meisterwerk. Ab und zu macht Irina das heute noch: Torten backen für Freunde. Die Schüsseln und Teller auf dem Tisch mit eingelegtem und frischem Gemüse, frittierten und gebackenen Fleischgerichten, Süßigkeiten, Soßen und dampfenden Teigtaschen, die Karaffen und Flaschen mit Obstsäften, Wein und Wodka, die Tassen mit Kaffee und Tee sind nur halb geleert. Wie es sich für eine gute ukrainische Hausfrau gehört, hat Katja viel zu viel serviert. Die Gesellschaft hat sich über die enge Wohnung verteilt. Einige sitzen auf dem Sofa, das abends zum Bett für den noch zu Hause lebenden Sohn umgebaut wird. Andere stehen im Flur und auf dem winzigen verglasten Balkon oder sitzen und stehen in der Küche, wo die zufriedene Hausfrau es aufgegeben hat, das Chaos zu ordnen. Ihr gerötetes Gesicht strahlt und glänzt, ihre weichen kleinen Hände gestikulieren lebhaft beim Reden, ihre ganze untersetzte Gestalt ist der Mittelpunkt einer warmen, übervollen, geselligen Zelle – ihrer Wohnung. Ihr Weg hierher war weit. Seine härteste Etappe begann in einer neu gebauten, sauberen Kleinstadt: Prypjat.

Seit Irina und Katja sich nach der Evakuierung aus den Augen verloren haben und einander zufällig an der Strandpromenade auf der Krim wieder über den Weg gelaufen sind, ist ihr Kontakt nicht mehr abgerissen. Beide Familien wurden nach Kiew umgesiedelt und bekamen Wohnungen in zwei verschiedenen Stadtteilen zugewiesen, zwischen denen die vielen Hügel und breiten Boulevards der Millionenstadt liegen. Manchmal sehen sie einander ein ganzes Jahr lang nicht; von dem Ende Kiews, in dem die Wachidows leben, zum anderen Teil, in dem Katjas Familie seit zwanzig Jahren wohnt, benötigt man mit öffentlichen Verkehrsmitteln fast zwei Stunden. Ein Auto kann sich keine der beiden Familien leisten; der *Saporoshez*, Vladimirs einziger Hauptgewinn – abgesehen von Irina natürlich, würde er jetzt ergänzen –, ist längst ein Stück Familiengeschichte.

Heute wird ein Geburtstag gefeiert, und so sind sie wieder einmal beisammen.

Irina lehnt an der Arbeitsfläche der Küche, auf der sich abgegessene Teller und leere Gläser stapeln, und hört dem Fließen der Gespräche und der Musik aus dem Wohnzimmer mit einem Lächeln auf dem Gesicht zu.

Die Mädchen sind längst gegangen: Julia, Anna, Katjas Sohn und ihre Tochter, die aus Kanada angereist ist, wo sie seit ihrer Hochzeit lebt. Übrig geblieben sind die weit verzweigte Verwandtschaft und einige wenige Freunde, die meisten *tschernobylzy* wie Katja und ihr Mann auch. Auf einem Stuhl im Flur sitzt Vladimir, die Lehne wie immer nach vorn gedreht, damit er sich bequem aufstützen kann, ein halb volles Glas Fruchtsaft in der Hand, neben sich Katjas Mann Kolja, der Fahrer im Kernkraftwerk Tschernobyl war. Die beiden Männer unterhalten sich angeregt, lachen. Er spürt Irinas Blick und sieht sie an, das Lachen noch auf dem Gesicht.

Irina hört dem Wortschwall ihrer Freundin zu. »Irotschka, wie geht es dir, sag doch mal! Wir haben uns heute noch gar nicht unterhalten! Mein Gott, ist das wieder ein Abend! Meinst du, alle sind satt geworden? Wo sind eigentlich die Kinder? Ach, richtig, die hatten ja noch was vor. Ständig haben sie was vor, die jungen Leute. Aber ihr bleibt ja noch?«

Seit Katja und sie ganz junge Frauen waren und gemeinsam in der Brigade anfingen, im selben Wohnheim in Prypjat wohnten und ihre Männer und ihr Schicksal in Tschernobyl trafen, kennen sie einander. Katjas unbändige Lebensfreude ist für Irina ein Wunder. Sie legt der anderen die Hand auf den Arm.

»Leider können wir auch nicht mehr länger bleiben, Katja«, sagt sie. »Wir sind noch mit unseren deutschen Freunden verabredet, den beiden aus der deutschen Botschaft. Du erinnerst dich, ich hatte dir von ihnen erzählt. Die, die wir an dem Tag in Prypjat kennen gelernt haben?«

»Natürlich – der Tag, als Volodja nicht mitwollte! Ich erinnere mich. Ist er eigentlich inzwischen mal da gewesen? Ich meine, ich bin ja selbst auch nicht verrückt danach, unser liebes Städtchen so zerstört und verlassen und verseucht zu sehen. Ich will es auch lieber so in Erinnerung behalten, wie es war, als wir alle noch dort gelebt haben und glücklich waren.«

»Volodja möchte nicht mehr hinfahren.« Unwillkürlich wandert Irinas Blick zu ihrem Mann. »Er hat damit abgeschlossen. Aber Julia hat es ja immer mal wieder vorgeschlagen, also habe ich irgendwann gesagt: Gut, fahren wir hin! Traurig genug war es ja, noch mal mache ich das nicht.«

»Das sage ich doch! Es tut nicht gut, sich das anzutun. Volodja hat Recht.«

»Er war da«, stellt Irina richtig. »Er hat es sich angesehen. Aber nur im September 1986, als wir noch einmal kurz in die Wohnung durften. Das ist aber dann auch genug.«

Für Sekunden starrt Katja ins Leere. »Irgendwann muss die Vergangenheit mal vorbei sein, nicht?«, sagt sie leise. Ihr Blick wird wieder wach. »Wir leben noch, nicht wahr! Das ist zwar nicht das Verdienst der Regierung, aber unseres ist es. Zurückschauen bringt nichts. Dass wir leben, das ist das Wesentliche. So viele sind tot, wir haben um so viele getrauert. Aber du hast deinen Volodja und ich meinen Kolja, unsere Kinder gehen ihrer eigenen Wege, und wir kommen über die Runden. So ist das Leben! Immer auf und ab, und die Hauptsache ist, dass es wieder aufwärts geht! Nicht?«

Irina lächelt und nickt. Kurz drücken sie einander die Hände, sehen sich in die Augen.

»Weißt du noch, in Jewpatorija?«, raunt Katja verschwörerisch. »Was hätten wir für eine schöne Zeit haben können, am Meer, mit unseren Babys – und in schönster Ruhe vor den Männern!« Sie lacht herzhaft auf. »Aber wir Frauen sind ja nie zufrieden! Sind sie nicht da, wollen wir sie bei uns haben!« Sie schüttelt den Kopf und ruft einer Frau im Flur zu: »Natascha, iss noch was von der Torte, die ist ganz hervorragend! Ira hat sie gemacht!«

Die andere winkt ihr im Vorbeigehen zu zum Zeichen, dass sie das tun wird.

»Dabei war es wirklich schön auf der Krim, nicht wahr?« Katja lächelt sanft, verträumt, und Irina nickt. »Ich war nie wieder dort. Du?«

»Nein.« Irina trinkt ihren letzten Schluck Wasser aus. Aus den Augenwinkeln sieht sie, wie sich Vladimir erhebt, um aufzubrechen. »Ich habe seitdem überhaupt keine Reise mehr gemacht. Na, mal abgesehen von Usbekistan, als Volodjas Mutter noch lebte.«

»Es ist so schade um sie, so unendlich schade.« Katjas Hand streicht leicht über Irinas Arm. »So ein lieber, guter Mensch.«

»Ja, sie war ein goldener Mensch«, sagt Irina, den selten benutzten Begriff verwendend, mit dem im Russischen eine Person umrissen wird, die nichts Schlechtes in sich trägt. »Aber du weißt ja, wie ungern ich reise!«, lacht sie gleich darauf. »Ich bin froh, wenn ich nirgends hinmuss.«

»Trotzdem war's schön auf der Krim«, beharrt Katja und berichtigt sich sofort, wie nachgeschoben, nachdenklicher: »*Wäre* schön *gewesen*. Was für eine Verschwendung. In unserem Leben ist viel verschwendet worden.«

Irina zuckt die Achseln. »Vor allem Tränen. Um die ist es aber nicht schade.«

»Nein, wirklich nicht, davon hatten wir reichlich!« Die beiden Freundinnen lachen befreit.

»Dein Mann kommt. Ich glaube, er will gehen«, flüstert Katja laut, als Vladimir in Hörweite ist, und lächelt ihn an. »Eigentlich kann ich das ja noch nicht zulassen!«

»Katjuscha, wir werden darauf bestehen müssen«, geht Vladimir auf ihr Spiel ein und nimmt Irinas Hand in seine. »Es war, wie immer, herrlich bei euch. Ich danke dir.«

»Na, dann zieht Leine und werdet glücklich!«, ruft Katja, küsst beide mehrfach auf die Wangen und rauscht von dannen, um sich wieder um ihre anderen Gäste zu kümmern, schnatternd und heiter, eine perfekte Gastgeberin, der Mittelpunkt einer lauten kleinen Gesellschaft.

Irina sieht ihren Mann an. »Gehen wir?«, fragt sie.

Er nickt. »Gehen wir.«

Die Uhren gehen schneller

»Nachdem ich heute die Vergangenheit analysiert habe, merke ich erst, wie schwierig das damals war.«

Man glaubt ihr sofort, wenn Irina diese Worte ganz ruhig und wie nebenbei sagt. Wie viel die Katastrophe des 26. April 1986 sie und Vladimir gekostet hat, klingt in einem anderen Satz an. Vladimir spricht ihn ebenso en passant aus, nur mit einem leisen Bedauern in der Stimme, das ihm selbst nicht bewusst zu sein scheint und mit einem Lächeln verwischt wird. Zu sehr ist er daran gewöhnt, Tatsachen zu akzeptieren. »In Prypjat«, sagt Vladimir, »stehen ein paar Gebäude, die ich mitgebaut habe. Die wollte ich eigentlich später mal meinen Kindern zeigen. Damit sie sehen, was ich gemacht habe in meinem Arbeitsleben.« Sein Blick schweift ins Leere und ich weiß, was er denkt: Daraus wird nun nichts.

Wo die Eltern einander kennen, vertrauen und lieben gelernt haben; wo der Vater als Betonbauer aus theoretischen Plänen Formen zum Leben erweckt hat; wo die Mutter von einem jungen Mädchen mit schwieriger Vergangenheit zu einer starken, fröhlichen Frau wurde – für die Kinder ist dieser Ort eine Ruinenstadt. Die Jugend und die Gesundheit der Eltern blieben da.

Seit 2003 ist Irina Frührentnerin.

»Das war für mich nicht einfach zu verkraften«, sagt sie, als ich sie einmal danach frage. »Mit zweiundvierzig, da geht man einfach noch nicht in Rente. Da will man noch etwas leisten, noch gebraucht werden im Arbeitsprozess. Aber ich war zu oft krank, auch wenn ich meistens weitergearbeitet habe, selbst als ich diese chronische Bronchitis bekam. Ausgefallen bin ich trotzdem häufig. Und dann saß ich plötzlich zu Hause. Am Anfang dachte ich: So, jetzt geht es eben zu Ende mit dir. Jetzt bist du zu krank zum

Arbeiten. Jetzt kannst du dich bloß noch zu Tode husten. Aber dann wurde es doch wieder besser, und heute habe ich akzeptiert, dass ich nicht mehr arbeiten gehen kann.« Sie lächelt, sieht mich mit diesen gekräuselten Lachfältchen um die Augen an, die mir an jenem Tag in Prypjat schon aufgefallen sind. »Ich bin trotzdem nicht überflüssig«, sagt sie, halb ernst und halb scherzhaft.

Beinah scheint es eine gute Fügung gewesen zu sein, dass zur Bronchitis dann noch eine Mehlstauballergie hinzukam – eine ganz gewöhnliche gesundheitliche Beeinträchtigung von Menschen, die einen Großteil ihres Arbeitslebens in Backstuben verbringen. In der zweiten Invaliditätsgruppe, die Irina zuerkannt wurde, entspricht die monatliche Rente ungefähr der Armutsgrenze, an der eine ukrainische Rentnerin lebt. Hinzu kommt die monatliche Frührente, genauso hoch. Einmal im Jahr bekämen sie eine inländische Zugreise gratis, aber das nehmen sie nicht in Anspruch. Die zusätzlichen Kosten am Urlaubsort wären zu hoch.

Medikamente sind nicht gratis. Das ist jedoch ein Thema, über das Irina und Vladimir nicht so gern sprechen. Sie wissen, dass sie Medizin bräuchten. Doch wirkungsvolle Arznei müssten sie selbst bezahlen und das würde rasch Irinas Rente auffressen. Also tun sie lieber beide so, als ginge es auch ohne.

Vladimir arbeitet heute als Dachdecker in einer kleinen Firma. An den Tagen, an denen er nicht auf die Dächer hinaufsteigen kann, weil ihm schwindlig wird oder er sich schwach fühlt, übernehmen seine jungen Kollegen das für ihn, und er kümmert sich um das Büro, den Verkauf, die leichten Arbeiten. »Es sind gute Kollegen«, sagt er, »sie halten zusammen.« Obwohl er der einzige *tschernobylez* in der Brigade ist. Der, der mit siebenundvierzig nicht immer auf die Dächer steigen kann. Aber man altert schnell in der Ukraine und die Jungen wissen, dass das frühe Alter auch auf sie wartet. Wer dauernd zwei oder drei Jobs gleichzeitig hat, um über die Runden zu kommen, dessen Zeit vergeht vielleicht tatsächlich schneller. Die Menschen sehen oft so aus, als liefen die Uhren in ihrem Land rascher.

Julia hat im Sommer 2005 ihr Diplom als Touristik-Fachfrau gemacht. So sehr, wie ihre Mutter die Sicherheit eines festgelegten Ortes zu ihrer Zufriedenheit braucht und das Wissen, morgen keine Koffer packen zu müssen, so sehr zieht es die Tochter hinaus in die Welt. Um zurückkommen zu können. Um zu wissen, dass sie fort kann. Um es immer wieder zu tun: Koffer packen, fortgehen und wiederkommen.

In einem anderen Land, in einem anderen Leben, würde Anna Psychologie studieren und Ärztin werden. Es ist das, was sie fasziniert und was sie wirklich tun möchte. In der Ukraine hat sie sich dagegen entschieden: Nach einem Blick als Praktikantin in den maroden Gesundheitsbetrieb ihres Landes sieht sie ihren Weg nicht mehr dort.

»Menschen helfen«, sagt sie, »ist unter diesen Umständen nicht möglich.«

Aber ihnen nicht helfen zu können, das ertrüge Anna nicht. Anstatt Patienten direkt beistehen zu können, lernt sie nun den Beruf der pharmazeutischen Assistentin, um in einer Pharmafirma zu arbeiten.

Helfen kann die Medizin Irina auch nicht bei einem der am weitverbreitetsten Symptome, das den Alltag der Menschen begleitet, die aus Prypjat und Tschernobyl evakuiert wurden: Ihr Kurzzeitgedächtnis lässt sie im Stich. Sie sprechen und wissen plötzlich das nächste Wort nicht. Den Faden haben sie vor Augen, den Zusammenhang auch, sie wissen, was sie sagen möchten, aber das Wort will nicht kommen.

Vladimir erzählt von der letzten Flugreise, welche die Familie unternommen hat, im Herbst 1986 zu Tanja nach Leninsk in Usbekistan, den Ort der mittelasiatischen Hitze.

Ein Triebwerk war ausgefallen, erzählt er, und als die kleine, über der Wüste zwischen den weit voneinander entfernten Orten gebräuchliche Maschine alter Bauart im Landeanflug war, konnte er durch das Fenster sehen, dass die Landebahn mit Feuerwehren, Männern mit ausgerollten Wasserschläuchen und Krankenwagen mit Blaulicht gesäumt war. Er spricht vom Rattern des einzigen verbliebenen Triebwerkes, vom mehrfachen Versuch des Piloten, das Fahrwerk auszufahren, einmal vergeblich, zweimal vergeblich. Dann, endlich, das Einrasten der Räder, die stabile Schräglage des den Elementen ausgelieferten Flugzeuges. Unten die Piste, die viel zu schnell näher zu kommen schien, flimmernde Hitze in der Luft.

»Erinnerst du dich?«, sagt er zu Irina. »Ich dachte: Jetzt haben wir Tschernobyl überlebt, und nun erwischt's uns hier. Weißt du noch?«

Irina zuckt mit den Achseln, schüttelt den Kopf. Nein, das hat sie vergessen. Die Angst, die Luftlöcher, das stillstehende Triebwerk. Sie schüttelt den Kopf.

Manche Ängste hat die Zeit gelöscht. Andere nicht.

Anhang

Dank

Die Ukraine ist ein Land, das mit seinem Streben nach Europa und dem gleichzeitigen Verwurzeltsein im Osten in seiner Zerrissenheit schwer zu durchschauen ist. Oft bin ich entmutigt vom Leben in meinem Gastland. Die auf den westlichen Ausländer manchmal lethargisch wirkende Mentalität vieler Menschen habe ich durch die Beschäftigung mit dem Thema Tschernobyl zu verstehen gelernt; sie ist ein Ausdruck von Ohnmacht gegenüber einem Staat, der seine Bürger über Generationen hinweg unterdrückte. Die »orangene Revolution« vermittelte den Menschen das lang ersehnte Gefühl eines Neuanfangs. Die Korruption jedoch, der nicht immer angenehme Umgangston im Alltag und der aggressiv zur Schau gestellte Reichtum einer kleinen, aber umso augenfälliger auftretenden Gruppe von Gewinnlern der Wendezeiten bedrücken mich an den weniger guten Tagen.

Doch dann: Menschen wie Irina, Vladimir, Julia und Anna. Ihr Humor und ihre Kraft sind das Beste, was ihr Land in seinen Menschen hervorgebracht hat. Selbstbewusst, stolz und dennoch bescheiden gehen sie durch ein Leben, von dem ich nicht wüsste, wie ich es meistern würde, wäre ich an ihrer Stelle. Als ich ihnen von meiner Idee erzählte, ein Buch über ihr Schicksal zu schreiben, haben sie gelacht: »Was willst du denn über uns schreiben? Wir sind doch ganz normale Menschen, mit einem ganz normalen Leben! Das wird ja ein langweiliges Buch werden!«

Falls es das geworden ist, so ist es ganz allein meine Schuld. Wenn nicht, ist es ihr Verdienst.

Ich bin froh, sie zu kennen, und danke ihnen für ihr Vertrauen.

Irina und Julia möchten an dieser Stelle den Menschen danken, die ihnen in schweren Zeiten sehr geholfen haben. Sie lebten und leben in einem anderen Land, und das Schicksal der *Kinder von Tschernobyl* hat sie aus der Ferne berührt und betroffen gemacht. Vor allem waren Heike Herbert aus Lampertheim und ihre Tochter Wibke über Jahre hinweg eine unermüdliche Stütze.

Ich möchte meinem Bruder Peter danken, ohne dessen Rat und Hilfe es dieses Buch nicht gäbe. Seine Kreativität und Energie, und zum Glück auch seine Geduld, haben vermutlich keine Grenzen. Letzteres werde ich, als »kleine Schwester«, natürlich weiter auf die Probe stellen.

In den verschiedenen Stadien, die dieses Buch durchlaufen hat, waren Gerhards Geduld, seine Landeskenntnis, sein frischer Blick auf den Text und durch die Linse seiner Kamera für meine Arbeit so ein Glücksfall, wie er es für mich ist.

A. H.

Chronik der Katastrophe in Tschernobyl

1971 beginnt man mit dem Bau des Kernkraftwerkes »Lenin« in Tschernobyl, dessen vier Reaktoren zwischen 1977 und 1983 nacheinander in Betrieb genommen werden. Das Kernkraftwerk Tschernobyl gilt als das sicherste der Sowjetunion und soll ein Viertel des Energiebedarfs der Ukraine abdecken.

25. April 1986 – In der Nacht vom 25. auf den 26. April 1986 soll am Reaktorblock vier getestet werden, ob sich bei einem totalen Stromausfall im Reaktor die Dieselaggregate rechtzeitig einschalten, um die Atomfabrik weiterhin mit Elektrizität zu versorgen. Um diesen »Ernstfall« zu simulieren, wird das Notkühlsystem von Block vier abgeschaltet. Es soll gegen 23:10 Uhr wieder in Betrieb genommen werden. Doch die Bedienungsmannschaft vergisst diesen wichtigen Griff. Eine Reihe sicherheitstechnisch nicht vertretbarer Entscheidungen folgt: Die Techniker senken die Reaktorleistung weit unter das Niveau, das für den Test notwendig ist. Der Dampfblasenanteil im Kühlwasser steigt gefährlich an. Weitere Notsysteme werden abgeschaltet und die Brennstäbe, welche die kontrollierte Kernspaltung überhaupt erst möglich machen, zum Großteil herausgezogen.

26. April 1986, 1:23 Uhr – Block vier wird »überkritisch«: Unkontrolliert schießen frei gewordene Neutronen auf die Atomkerne des Uran-Isotops 235 – den Brennstoff des Atomreaktors. Unmengen von Kernenergie werden frei.

Innerhalb von nur vier Sekunden steigt die Reaktorleistung auf das Hundertfache der normalen Betriebsleistung. Eine ato-

mare Explosion, ähnlich der einer Atombombe, steht bevor. Uran
– mit einem Fließpunkt von mehr als 1100 Grad Celsius – beginnt zu schmelzen. Das gesamte Wasser, das die Uranstäbe hätte kühlen sollen, verdampft.

Dann sprengt eine gewaltige Dampfexplosion die Ummantelung des Reaktors, die vor der Radioaktivität schützen soll. Die fast tausend Tonnen schwere Abdeckung von Block vier fliegt in die Luft. Brennende Trümmer fallen auf die anderen drei Reaktorblöcke und an dreißig Stellen in der Umgebung entstehen Brände.

Der glühend heiße, sieben Meter hohe Graphitblock im Inneren des Reaktors kommt in Kontakt mit dem Kühlwasser. Hochexplosiver Wasserstoff entsteht, der drei Sekunden später in einer weiteren gigantischen Explosion Reaktortrümmer und strahlenden Staub eineinhalb Kilometer hoch in den Himmel schleudert. Atmosphärische Strömungen treiben den Staub weiter. Wo er niedergeht, spricht man später von einer *Wolke*.

Die 256 Arbeiter der Nachtschicht dürfen das Kraftwerk nicht verlassen. In der drei Kilometer entfernten Stadt Prypjat leben zu dieser Zeit 45 000 Menschen, davon 16 000 Kinder. Der 26. April 1986 ist der erste warme Samstag im Frühjahr, den viele Familien draußen verbringen.

27. April 1986 – Die Stadt Prypjat ist abgeriegelt, die Telefone funktionieren nicht. Die Behörden informieren die Bewohner darüber, dass sie für drei Tage evakuiert werden. Die Löscharbeiten im Kraftwerk dauern an. Von Hubschraubern aus wird Sand, Stahl, Blei und Lehm auf den brennenden Reaktor geworfen.

28. April 1986 – In Schweden, Norwegen und Finnland wird erhöhte Radioaktivität gemessen. Eine schwedische Militärforschungsanstalt schließt einen Unfall in einem russischen Atomkraftwerk nicht aus. Die sowjetische Atomenergiebehörde bestreitet eine Reaktorkatastrophe.

28. April 1986 – Um 21 Uhr gibt die sowjetische Nachrichtenagentur TASS bekannt, dass es im Kernkraftwerk Tschernobyl einen Unfall gegeben habe. Es seien Menschen zu Schaden gekommen. Man werde eine Untersuchungskommission bilden, Maßnahmen zur Beseitigung der Unglücksfolgen seien eingeleitet. Ein dänisches Laboratorium für Nuklearforschung teilt um 23 Uhr mit, dass im Atommeiler Tschernobyl ein GAU stattgefunden habe, bei dem eine Reaktorstufe vollständig geschmolzen sei. Beim Durchschmelzen des Reaktorkerns werde die gesamte Radioaktivität an die Außenwelt abgegeben.

29. April 1986 – In Deutschland erfolgt die erste offizielle »Eilmeldung« darüber, dass sich in der Sowjetunion »offenbar ein ernster Atomunfall ereignet hat«. Die Meldung vom GAU in Tschernobyl läuft zum ersten Mal im Fernsehen. Mehr als 40 Stunden sind seit der Explosion vergangen. Bundesforschungsminister Riesenhuber teilt mit, dass auf Grund der Windverhältnisse nicht damit zu rechnen sei, dass die freigesetzte Radioaktivität auf die Bundesrepublik zutreibt. Bundesinnenminister Zimmermann schließt eine Gefährdung der bundesdeutschen Bevölkerung aus, »... denn eine Gefährdung besteht nur im Umkreis von 30 bis 50 Kilometer um den Reaktor herum«. Es soll eine 30-Kilometer-Sicherheitszone um das Kraftwerk gezogen werden, aus der 130 000 Menschen evakuiert werden sollen.

30. April 1986 – Russischen Pressemeldungen zufolge ist der Reaktorbrand gelöscht.

3. Mai 1986 – Erstmals warnen die deutschen Behörden nun doch vor den Auswirkungen der Reaktorkatastrophe. Bei der Explosion wurde etwa ein Viertel der radioaktiven Stoffe sofort aus dem Reaktor nach außen gestoßen, der Rest gelangte innerhalb der folgenden 14 Tage in die Atmosphäre. Die strahlende Wolke

verteilte sich in drei Windrichtungen. Am 26. April über Skandinavien, am 27. und 28. April über Westeuropa, am 29. und 30. April über dem Balkan. Am stärksten betroffen sind weite Regionen von Weißrussland, Russland und der Ukraine. Die höchste Strahlenbelastung innerhalb der Bundesrepublik wird in Bayern gemessen. Am 6. Mai bricht die Freisetzung von Radioaktivität abrupt ab. Erneut aufflackernde Brände im Reaktor lassen am 15. und 16. Mai wieder Radioaktivität austreten.

21. Mai 1986 – Die Stadt Prypjat wird offiziell vollständig evakuiert.

23. Mai 1986 – Eine sowjetische Regierungskommission ordnet die Verteilung von Jodpräparaten an. Zu diesem Zeitpunkt hat diese Prophylaxe keinen medizinischen Sinn mehr. Das radioaktive Jod ist nur zehn Tage aktiv und hat sich in dieser Zeit bereits in den Schilddrüsen der Bewohner der verstrahlten Gebiete eingelagert.

15. November 1986 – Der so genannte Sarkophag aus Beton, der den zerstörten Reaktor ummanteln und abschirmen soll, ist fertig. Die so genannten Liquidatoren sind jedoch noch mehr als zwei Jahre damit beschäftigt, Schutt, Asphalt und Wälder strahlensicher zu beseitigen, um so eine neue Infrastruktur rund um die weiterhin bestehenden Blöcke eins bis drei zu ermöglichen.

15. Dezember 2000 – Auf massiven Druck der Weltöffentlichkeit wird der letzte Block des Kernkraftwerks »Lenin« in Tschernobyl abgeschaltet.

Beispiele für die Folgen der Katastrophe

- Weißrussland (Belarus): Der nördliche Nachbar der Ukraine trägt die Hauptlast des atomaren Niederschlags. 23 Prozent des Staatsgebiets wurden mit mehr als 37 000 Becquerel/m^2 Cäsium-137 belastet* – eine Fläche mehr als zweimal so groß wie Sachsen-Anhalt. Damit wurden 40 Prozent der landwirtschaftlichen Nutzfläche von Weißrussland kontaminiert. Wirtschaftlicher Schaden durch den Unfall (hochgerechnet bis 2015): 235 Milliarden US-Dollar. Krankheiten: Bis zum April 1986 galten 85 Prozent Kinder Weißrusslands als gesund. Weißrussische Ärzte bezeichnen in offiziellen Angaben für das Jahr 2000 nur noch 5 bis 15 Prozent der Kinder ihres Landes als gesund. In der besonders betroffenen Region Gomel rechnet die Weltgesundheitsorganisation WHO mit 100 000 Fällen von Schilddrüsenkrebs, die erst noch bekannt werden.
- Ukraine: 5 Prozent des Staatsgebiets oder über 30 000 km^2 wurden mit mehr als 37 000 Becquerel/m^2 Cäsium-137 belastet. Wirtschaftlicher Schaden durch den Unfall (hochgerechnet bis 2015): 201 Milliarden US-Dollar. Zum Vergleich: 2003 betrug das Bruttoinlandsprodukt der Ukraine 48,7 Milliarden US-Dollar. Krankheiten und Todesfälle: Nach Angaben des ukrainischen Gesundheitsministeriums stieg der Anteil der als

---

* Der Wert von 37 000 Becquerel/m^2 entspricht etwa dem Zehnfachen des durchschnittlichen Eintrags durch atmosphärische Atomtests in den Jahrzehnten nach dem Zweiten Weltkrieg.
Quelle: O. Becker/H. Hirsch: Tschernobyl: Sanierung des Sarkophags – Wettlauf mit der Zeit. Einzusehen unter: www.greenpeace.de

krank anerkannten Menschen unter den von der Katastrophe betroffenen Menschen von 1987 bis 2002 von 37,5 auf 85 Prozent. Die gleiche Stelle gibt an, dass im Jahr 2002 circa 15 000 Liquidatoren gestorben sind, andere Schätzungen vermuten bereits 1999, dass es bis zu 50 000 sein könnten.
- Russische Föderation: 1,5 Prozent des Staatsgebiets oder über 255 000 km^2 wurden mit mehr als 37 000 Becquerel/m^2 Cäsium-137 belastet.

Radioaktive Strahlung im menschlichen Körper

Die kurz- und langfristigen Folgen von radioaktiver Strahlung hängen von der aufgenommenen Menge ab. Mögliche betroffene Organe sind:
- Die Schilddrüse reagiert als Erstes auf die Strahlung. Radioaktives Jod wird zu 100 Prozent vom Körper aufgenommen. Mögliche Spätschäden: Krebs.
- Im Gehirn werden durch starke Bestrahlung hochempfindliche Zellen beschädigt. Spätschäden im Extremfall: Geisteskrankheiten und andere psychische Erkrankungen.
- Die Lunge wird beim Einatmen von radioaktivem Staub belastet, der sich in den Luftwegen ablagert. Eventuelle Spätschäden: Krebs.
- Brustkrebs tritt zumeist erst nach 10 bis 20 Jahren auf.
- Bei Leber und Nieren führt radioaktives Cäsium im Spätstadium zu Leber- und Nierenkrebs.
- Magen- und Darmwände werden durch hohe Strahlendosen zerstört. Bei akuten Strahlenschäden kommt es zu Übelkeit und Erbrechen. Später setzen innere Blutungen ein.
- Knochen reagieren sensibel auf Strontium. Die Nuklide speichern sich im Knochengewebe und schädigen das für die Blutbildung wichtige Knochenmark. Mögliche Folge: Leukämie.

- In den Keimdrüsen führt Radioaktivität zu Veränderungen des Erbmaterials. Die mögliche Folge sind Fehl- und Missgeburten.

Je nach Alter und Vorbelastung reagiert der menschliche Körper unterschiedlich. Deshalb werden zahllose Fälle nicht erfasst (unklare Ursachenerforschung, Mobilität der Betroffenen etc.) und Interessenvertretungen wie die Internationale Atomenergie-Agentur IAEA, die sich laut Satzung der Förderung der zivilen Nutzung der Atomenergie widmet, kommen so zu wesentlich niedrigeren statistischen Angaben von Erkrankungen und Todesfällen als unabhängige Untersuchungen. Wissenschaftler auf der ganzen Welt sind überzeugt, dass das wahre Ausmaß der gesundheitlichen Schäden wohl erst 30 Jahre nach der Katastrophe bekannt sein wird. Die Betroffenen, die nach Hunderttausenden zählen, leiden und schweigen, weil sie es so gewohnt sind.

Glossar

Anja – Koseform von Anna
babuschka – Großmutter
biftek – gebratenes Hackfleisch
borschtsch – traditionelle Suppe aus Gemüse und Fleisch, der die Beigabe von Roter Beete die typische rote Farbe verleiht
Chreschtschatyk – Prachtstraße im Zentrum Kiews
defizit – Produkt, das es in den Geschäften und auf den Märkten nicht zu kaufen gibt
dispatcher – leitender Angestellter, der für die Lenkung von Arbeitsabläufen zuständig ist
do swidanija! – Auf Wiedersehen!
fortotschki – kleine Fensterluken oberhalb der eigentlichen Fenster
Griwna – Währung der Ukraine (seit September 1996)
Irotschka, Ira – Koseformen von ›Irina‹
Julitschka – Koseform von ›Julia‹
komsomol – Rat, eigentlich Jugendorganisation der KPdSU
komunalka – Gemeinschaftswohnung, in der mehrere Familien je ein Zimmer bewohnen und sich Küche und Badezimmer mit den anderen Mietern teilen
kwas – Saft aus gegorenen Rüben, ein beliebtes Erfrischungsgetränk
mamotschka – Kosewort für ›Mutter‹
marschrutka – städtischer Kleinbus mit festgelegten Strecken, aber ohne feste Haltestellen, der auf Zuruf anhält
nado – es muss sein
Nascha Ukraina – »Unsere Ukraine«, Wahlbündnis Viktor Juschtschenkos

natschalnik – Chef
oblast – Verwaltungsgebiet
papotschka – Kosewort für ›Vater‹
plov – mit Fleisch, Gemüse und gerne auch Resten vom Vortag zubereiteter gewürzter Reisbrei
pora! – es ist Zeit!
priwos – ›Herbeigeschafftes‹, defizitäre Lebensmittel, die in den normalen Geschäften nicht erhältlich sind, von der Landbevölkerung angebaut oder hergestellt und in die Stadt gebracht werden
propusk – Zugangserlaubnis
prospekt – vier- bis achtspurige Prachtstraße
putjowka – Reiseerlaubnis innerhalb der Sowjetunion
rajkompartii – Bezirksbüro der Kommunistischen Partei
Saporoshez – sowjetischer Kleinstwagen, benannt nach der ukrainischen Stadt Saporishja
smetana – Crème fraîche, saure Sahne
tak – ja
tschernobylzy – Bewohner Tschernobyls (tschernobylez = Einzahl)
tschut-tschut – ein bisschen
Volodja – Koseform von ›Vladimir‹

Weiterführende Informationsquellen

www.chernobyl.info
Website der Direktion für Entwicklung und Zusammenarbeit
Schwerpunkt: Fakten zum Themenkomplex, aktuelle Entwicklungen und weiterführende Informationen zu Projekten zur Bewältigung der Katastrophe; Links zu anderen Organisationen.

www.umweltinstitut.org/frames/radi/tschernobyl4.htm
Website des Umweltinstituts München e.V.
Ausführliche Berichte und die Chronologie des Unfalls.

www.strahlentelex.de/Tschernobyl-Folgen.htm
Informationsdienst Strahlentelex Berlin.
Kommentiertes Register des Sachgebietes Tschernobyl-Folgen.

www.leben-nach-tschernobyl-ev.de
Private Website.
Schwerpunkt: Gegen das Vergessen. Projekte zur Erholung und Rehabilitation von Strahlenopfern. Wissensaustausch. (Focus auf Belarus.)

www.tschernobylhilfe.ffb.org/dispans.htm
Website des Otto-Hug-Strahleninstitutes München.
Schwerpunkt: die Arbeit des Schilddrüsenzentrums in Gomel/Belarus mit ausführlichen Informationen zu Früherkennung, Diagnose und Therapie von Schilddrüsenerkrankungen bei Kindern, Jugendlichen und Erwachsenen.

www.kirchliche-dienste.de/extern/AG-Tschernobyl-Kinder/
Tschernobyl-Hilfe der Ev.-luth. Landeskirche Hannover.

Schwerpunkt: humanitäre Hilfsleistungen für Kinder, Kindererholung in Deutschland, Patenschaften, Hilfslieferungen.

www.heimstatt-tschernobyl.com
Gemeinnütziger Verein für Umsiedlung, Integration, Versöhnung. Schwerpunkt: praktische Hilfsprojekte.

www.belarusnews.de/news_de/kongress2001.shtml
Weißrussische Internetzeitung zum Schwerpunkt »Die Welt nach Tschernobyl«.

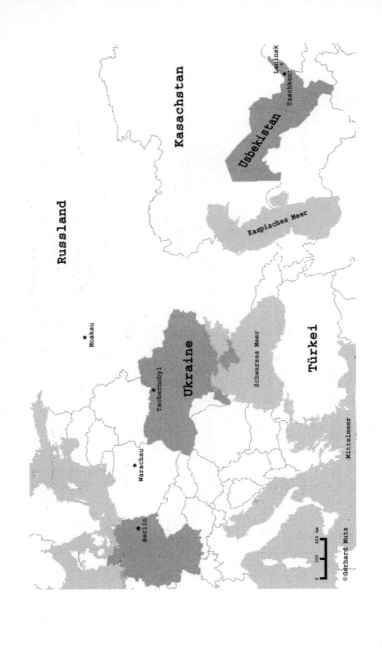

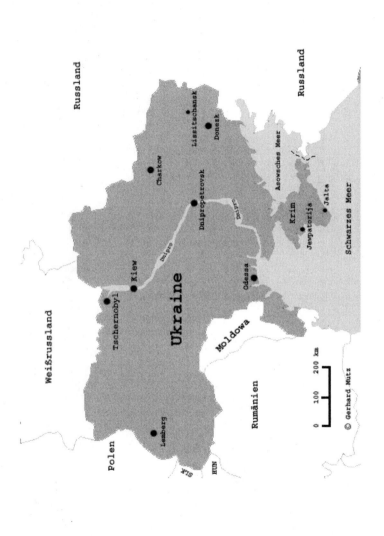

Wie Phoenix aus der Asche

Ich überlebte das Massaker in Ruanda

Ein aufrüttelnder Schicksalsbericht, der den Völkermord an den Tutsis in Ruanda 1994 vor dem politischen und geschichtlichen Hintergrund schildert.

»Am Rande des Abgrunds, in Extremsituationen, entblößen Menschen ... ihre schrecklichsten oder edelsten Züge ... Annick verkörpert die Ethik der Zukunft.«
André Glucksmann

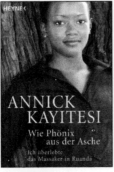

Annick Kayitesi
Wie Phoenix aus der Asche
Ich überlebte das Massaker in Ruanda
Mit einem Vorwort von
André Glucksmann
3-453-64015-2

3-453-64015-2